가치를—가르칩니다

가치를 가르칩니다

처음 만나는 주제통합수업, 어떻게 할까?

초판 1쇄 발행 2019년 7월 15일
초판 3쇄 발행 2021년 1월 20일

지은이　　경기도중등독서교육연구회
　　　　　김현민 박시영 이경주 정은경
펴낸이　　이영선
책임편집　김선정

편집　　　이일규 김선정 김문정 김종훈 이민재 김영아 김연수 이현정 차소영
디자인　　김회량 이보아
독자본부　김일신 김진규 정혜영 박정래 손미경 김동욱

펴낸곳 서해문집 | 출판등록 1989년 3월 16일(제406-2005-000047호)
주소 경기도 파주시 광인사길 217(파주출판도시)
전화 (031)955-7470 | 팩스 (031)955-7469
홈페이지 www.booksea.co.kr | 이메일 shmj21@hanmail.net

ISBN　978-89-7483-989-5　03370

이 도서의 국립중앙도서관 출판예정도서목록(CIP)은 서지정보유통지원시스템 홈페이지(http://
seoji.nl.go.kr)와 국가자료공동목록시스템(http://www.nl.go.kr/kolisnet)에서 이용하실 수
있습니다.(CIP제어번호: CIP2019025043)

처음 만나는
주제통합수업,
어떻게
할까?

가치를—가르칩니다

경기도중등독서교육연구회

김현민, 박시영, 이경주, 정은경

서해문집

머리말

오늘은 우리 학교 1학년 선생님들이 평소보다 한 시간 일찍 출근하셨습니다. 시험 기간이라 몸도 마음도 지치고 바쁜 아이들을 위해 주먹밥을 만들어 먹이는 날입니다. 밥은 담임들이 아이들 수에 맞춰 해오고, 재료는 함께 준비했습니다. 터지지 않게 꼭꼭 누르며 주먹밥을 싸는 선생님들의 이마에 땀이 송글송글 맺힙니다. 교실에 들어가서 아이들에게 주먹밥을 건네주고 나오는 선생님들의 표정이 어느 때보다 밝고 환합니다. 선생님은 아이들이 너무나 잘 먹어서 보람 있다고, 주먹밥 만들기에 참여하길 잘했다고 참 뿌듯해 하십니다.

대부분의 선생님들은 기본적으로 아이들을 사랑하고, 좋은 것을 함께 나누기를 잘하는 사람입니다. 학년부 교무실은 쉬는 시간마다 아이들이 찾아와 와자지껄 부산스러운 분위기입니다. 갈등도 있고 웃음도 있고, 아이들이 문제를 일으키면 긍정적인 쪽으로 해결하려고 여러 선생님들이 지혜를 모으기도 합니다.

그런데 수업에 대한 협력은 아직 부족합니다. 서로 자신의 수업을 챙기기도 바빠서인지 활발하게 논의가 되고 있지 않습니다. 부끄러운 고백이지만, 저도 '시간이 절대적으로 부족하다', '관리자가 혁신의 의지가 없다', '아이들이 의욕이 너무 없다'는 핑계를 대며 하루를 살아내고 있습니다. 정년까지 십 년도 남지 않은 시점에 있기 때문에, 힘들 때마다 연금관리공단에 들어가 지금 그만두어도 사는 데 지장이 없을지 확인하기도 합니다. 수업하기가 점점 힘들어지고, 핑계를 대며 자신의 수업을 합리화하는 비겁한 교사가 되어가고 있는 것입니다.

예전에 한 선배 교사가, 세상에서 봄이 가장 늦게 오는 곳이 어딘지 아느냐고 제게 질문한 적이 있습니다. 선배 교사의 답은 '학교'였습니다. 학교는 봄이 한참 지난 뒤에도 춥게 느껴지고, 세상의 변화를 가장 늦게 받아들이는 곳이라고 했습니다. 학교 수업만 하더라도 조금씩 새로워지고 있기는 하지만, 오래 전 우리가 학교를 다닐 때와 비교해 수업의 형식이 크게 바뀐 것 같지는 않습니다.

사회에서는 지금의 교육 방식으로는 아이들이 급변하는 미래 사회에서 인간다움을 잃지 않고 살아가기 쉽지 않으니 교육을 바꿔야 한다는 목소리가 커지고 있습니다. 그래서 수업을 바꿔야 학교가 바뀌고 공동체가 바뀔 수 있다고 주장하는 '배움 중심, 학생 중심 수업'이 큰 흐름이 되고 있습니다. 교사들은 이에 부응하기 위해 수업을 바꾸기 시작했고 '어떻게 하면 아이들이 자신의 생각과 언어를 가지게 할 수 있을까?'를 고민하기 시작했습니다. 비판적 시민으로 성장하기 위해서는 자신의 생각을 사람들과 나누고, 경쟁보다 협력을 할 수 있어야 한다고 생각했습니다. 협력수업, 프로젝트 수업, 독서토론 수업, 하부르타 토론수업 등 다양한 수업 방법을 자신의 수업에 적용하고 고치고 만들어가는 노력을 하고 있습니다.

또 혁신교육은 교사들에게 교과 간의 벽을 허물고 융합하는 수업을 요구합니다. 그래서 교사들은 각종 연수와 연구회 모임, 독서토론, 세미나를 찾아다닙니다. 하지만 많은 경우 실패하고 좌절하기도 합니다. 훌륭한 교사의 '치밀하게 계획하고 준비해서 실행한 수업'은 볼수록 배울 점이 있기는 하지만, 나에게 적용하기는 그리 쉽지 않다는 것을 느낍니다. 갈수록 점점 작아지는 자신을 보게 되는 경우가 많습니다.

그런 가운데서도 제게 좋은 자극이 되고 힘을 주는 모임이 있습니다. 2007년부터 함께했던 경기도중등독서교육연구회, 선생님들이 매달 같은 책을 읽고 토론하는 모임입니다. 대부분 저보다 후배들이지만 그들의 삶에 대한 진지한 태도와 수업에 대한 열정, 반짝이는 아이디어, 그리고 이를 나누려는 열린 마음을 만나기 위해 이끌리듯 모임에 참여하면서 지금까지 이어오고 있습니다. 그곳에서 만난 분들이 이 책의 중심 저자인 정은경, 박시영, 이경주, 김현민 선생님입니다. 이분들은 모임에서 독서토론을 할 때도 단순히 교양 함양을 넘어서, 어떻게 하면 함께 읽은 책을 수업에 접목시킬 수 있을까를 치열하게 고민하고 나누는 모습을 보여주었습니다.

그리고 이 선생님들은 학교로 돌아가 이 책에서 소개하는 '주제 통합수업'을 실현하기 위해 동료 교사들을 모으고, 협의를 통해 수업의 목표를 공유하고, 학생들이 소외되지 않는 수업을 실천하면서 교사와 학생 모두가 함께 성장하는 좋은 본보기를 만들어냅니다. 그 치열하고 아름다운 '주제통합수업'의 과정을 누가 보아도 이해할 수 있게 자세히 설명해놓은 것이 바로 이 책입니다. 물론 말미에 수업에 대한 반성도 빠뜨리지 않았습니다.

이 책은 다음과 같은 주제로 구성되어 있습니다.

첫 번째는 '전쟁과 평화'에 관한 통합수업인데, '공감과 공존'의 가치를 아이들이 제대로 고민할 수 있는 기회를 주자는 것을 수업 목표로 삼고 있습니다. 국어 시간에는 김훈의 《칼의 노래》를 비롯해 전쟁의 비극과 관련된 글을 읽고 토론하고 글쓰기를 합니다. 한국사 시간에는 《칼의 노래》 주인공인 이순신을 중심으로 임진왜란이 조선에 끼친 영향과 전쟁을 바라보는 관점에 대해 깊이 살펴봅니다.

두 번째는 '탈핵'을 주제로, 서로 어울릴 것 같지 않은 물리, 세계지리, 영어, 체육 교과가 핵에너지를 소재로 수업을 합니다. 물리 시간에는 '정책 마켓' 프로젝트 수업을 통해 핵발전소를 우리의 삶과 연결 지어 생각해보게 합니다. 세계지리 시간에는 세계지도를 펴놓고 핵에너지 사고가 일어난 곳의 위치와 그 피해 경로를 공부하고, 영어 시간에는 영화·인터넷·CNN 뉴스 등으로 핵사고 관련 영문 독해 수업을 진행합니다. 체육 시간에는 방사능 오염으로 인한 먹거리 문제와 안전에 대해 배우며 공공성을 기르는 플라잉디스크 윷놀이 수업을 한 내용을 볼 수 있습니다.

세 번째는 '인간과 기술, 디스토피아와 유토피아'를 주제로, 전 교과 주제통합수업에 도전합니다. 한 학년 전체가 같은 주제로 통합수업을 진행하다니요! 여기에 참여하는 교사들이 적지 않은데, 어떻게 수업을 계획하고 협의하고 소통하고 평가하는지 그 구체적인 과정과 생생한 경험을 공유할 수 있습니다. 그리고 그 용기에 감탄합니다.

네 번째는 '공동체와 오래된 미래'를 주제로, 주제통합수업과 '한 학기 한 권 읽기'의 결합이 인상적입니다. 헬레나 노르베리호지의 《오래된 미래》라는 책을 중심으로, 고전 시간에는 라다크 공동체와 현대 사회를 비교하며 바람직한 공동체의 모습을 탐색합니다. 그리고 세계사 시간에는 이를 제국주의 시대의 사회진화론과 인종주의까지 확장해보고, 생활과윤리 시간에는 '세계화'에 대한 찬반토론을 하며 우리가 지키고 되살려야 할 전통문화에 대해서도 생각해봅니다.

다섯 번째는 '사회와 개인'을 주제로, 한국·중국·일본·독일 등 4편의 문학작품을 통해 '사회 속의 인간'을 성찰해봅니다. 국어 시간에 임철우의 〈연대기, 괴물〉과 루이제 린저의 〈빨간 고양이〉를 읽고, 중국어 시간에는 루쉰의 〈광인일기〉, 일본어 시간에는 아쿠타가와 류노스케의 〈라쇼몽〉을 읽습니다. 전쟁과 같은 시대적·사회적 폭력이 한 개인의 인간성을 어떻게 파괴해가는지 살펴보면서 바람직한 인간성을 추구하기 위한 과제를 모색해봅니다.

여섯 번째는 '갈등과 평화, 그리고 세계시민의식'를 주제로, 통합사회 시간에는 현재 지구 곳곳에서 벌어지고 있는 국제분쟁에 대해 공부하고, 국어 시간에는 갈등을 해결하는 협상에 대해 배우면서 아이들이 실제로 모의협상도 해보고 협정서도 작성해보는 수업을 합니다. 그리고 통합과학실험 수업에서는 인간과 자연의 갈등인 환경문제를 다루면서 친환경 도시를 설계해보는 수업을 합니다.

저도 작년에 우리 학교 윤리와사상 선생님과 주제통합수업을 해보자고 의기투합했었는데, 각자의 교과 수업 준비로 정신이 없는데다 학년부장과 담임을 맡아 학생들의 생활지도에 급급하다 보니 제대로 시작도 못하고 말았습니다. 솔직히 어디서부터 어떻게 시작해야 할지, 두 사람 다 감을 잡지 못한 것입니다. 이 책을 작년에 만났더라면 주제통합수업의 길이 조금은 보이지 않았을까 하는 생각을 해봅니다.

이 책 전반에는 세월호 사건을 계기로, '미래를 담보로 현재를 희생하는 삶'이 무의미하다는 인식이 담겨 있습니다. 그리고 수업에서 무엇을 '가치'에 두고 가르칠 것인가에 대한 고통스러운 고민의 흔적들이 있습니다. 여전히 일반 교사들에게는 새로운 수업 모형인 주제통합수업을 기획하고 준비하며 많은 시간과 노력, 시행착오를 겪으면서도 지속할 수 있었던 힘은, 함께하는 동료가 있었기 때문이라고 생각합니다. 그래서인지 이 책의 주제통합수업에는 교사들의 소통과 연대, 협력의 모습이 고스란히 투영되어 있습니다.

물론 이 책의 수업이 완성이라고 생각하지는 않습니다. 그러나 새로운 수업을 시작하는 사람들에게 길잡이 역할을 하기에 충분하다고 생각합니다. 아이들에게 '가치'를 가르치기 위해 가치 있는 일을 하신 여러 선생님들의 용기와 노고에 마음을 담아 감사의 인사를 전합니다.

선생님들이 우리 곁에 있는 것이 자랑스럽습니다.

2019년 6월
경기도중등독서교육연구회 구리남양주 지회장
서명숙

추천의 글

'가치', '공공성', '용기', '함께', '좌절', '씨앗'…… 우리 선생님들이 한 명 한 명의 아이들과 함께 호흡하며 정성껏 길어 올린 수업의 모습이다. 2008년 경기도중등독서토론직무연수 이후 11년이 지났다. 교사가 지치지 않고, 밥을 먹듯 일상 속에서 꾸준히 해나가는 독서교육은 경기도 각 지역에서 뿌리 내리며《함께 읽기는 힘이 세다(1, 2)》의 사례로 이어져왔다. 강산이 한 번 바뀌는 동안 독서교육은 '한 학기 한 권 읽기'로, 주제탐구 독서수업으로, 그림책 활용 수업으로, 진로심화 독서수업으로, 주제통합 독서수업으로, 또 다른 많은 새로운 길로 함께 나아가고 있다.

이 책은 세상을 교과로 분리하지 않고 종합적인 관점에서 바라보려는 선생님들의 통합수업의 사례를 담고 있다. 여러 교과 선생님들이 의미 있게 여기는 하나의 가치를 중심으로, 아이들이 여러

011

교과를 들락거리며 자신의 생각을 흩뜨리고 서로의 생각을 모으며 세상을 더 크고 깊게 보는 눈을 터득해나가는 모습이 생생하게 그려지는 듯하다. 이러한 가치들이 각자의 수업 속에 스며들 수 있도록 교사가 세밀하게 단계와 단계를 이어붙이면서, 아이들이 한 걸음 더 들어갈 수 있도록 친절하게 안내하는 모습이 감동적이다. 그 중심에 책이 있다. 책은 아이들의 단편적인 생각이 서로 연결되도록 도우면서도 너무 멀리 가지는 않도록 붙들어주는 매개다.

선생님들은 자신의 교과에서 늘 하던 방식을 되돌아보고 다른 교과의 수업 방식을 기꺼이 배우면서 함께 나아간다. 물리 시간에 정책을 고민하고, 세계지리 시간에 에너지의 미래를 상상하며, 수학 시간에 기술의 역사를 배운다. 오랜 시간 각자의 교과에서 의미 있게 쌓아올린 벽을 허물고 서로의 수업을 들여다본 경험은 선생님들에게도 매우 신선한 경험이었을 것이다. 선생님들은 용기 내어 조심스럽게 함께 내디딘 통합수업의 첫걸음이 많은 아이들의 호기심 어린 눈망울로, 즐거움으로 벙글어진 입으로, 꾹꾹 눌러 담은 반짝반짝한 글로 돌아왔다고 고백한다.

무엇을 어떻게 가르쳐야 하는가에 대한 끊임없는 고민과 성찰은 동료 교사와 함께 수업의 가치와 목표를 공유하는 일에서 시작하여 교과의 특색에 맞는 수업 프로그램을 짜고, 아이들 한 명 한 명의 다채로운 빛깔을 드러내는 일까지 이어진다. 선생님들의 끊임없는 고민과 협력을 거치면서 국가 수준의 교육과정은 살아 있는 수업과 깊이 있는 과정 평가로 구체화된다. 너의 생각이 무엇인지를 끈질기게 묻는 수업은 능력 있는 소수를 위해 다수 아이들을 희생시키는 교육의 소외 구조를 깨뜨리고, 모든 학생을 교육의 중심에 위치시키고자 하는 선생님들의 균형감이 향하고 있는 수업의 모습일 것이다. 자신에게 필요한 학습의 경험을 통해 성장하고 삶의 질을 향상해가는 것이 교육이라면, 주제통합 독서수업 속에서 성장한 아이들은 자기 삶의 역량을 갖추는 데 한 걸음 더 다가가 있으리라 믿는다.

교과를 허물고 책을 중심으로 서로 협력하면서 가치를 가르치려는 교사들의 발랄한 시도를 따라가다 보면, 아이들 한 명 한 명을 알아봐준 선생님들의 정다운 시선과 마주치게 된다. 행복한 수업의 길을 동료와 함께 찾다니 멋진 일이다.

2019년 봄
경기도중등독서교육연구회장
김안나

차 — 레

전쟁과 평화

소설 〈칼의 노래〉와 임진왜란
국어+한국사

탈핵 수업

에너지와 환경, 그리고 선택의 윤리학

물리+세계지리+영어+체육

인간과 기술,
디스토피아와 유토피아

전 교과 주제통합수업 도전기
세계사+지구과학+화학+생활과윤리+문학+경제+중국어 외

공동체와
'오래된 미래'

주제통합수업과 '한 학기 한 권 읽기'의 결합
고전+세계사+생활과윤리

사회와 개인

세계 문학작품 겹쳐 읽으며 '사회 속의 인간'을 성찰하다

문학+중국어+일본어

갈등과 평화,
그리고 세계시민의식

국제분쟁, 협상, 인간과 자연

통합사회+국어+통합과학실험

전쟁과 평화

소설 〈칼의 노래〉와 임진왜란

국어+한국사

글 박시영 into-abyss@daum.net

수업 참여 교사 박시영 · 정은경 · 허수연 · 이남숙(국어) + 이경주 · 정세희 · 최설화(한국사)

'가치'를
가르칩니다

네가 어떤 삶을 살든…

지금은 학교를 옮겨 다른 학교에서 근무하고 있지만, 이전에 내가 근무하던 고등학교의 교문에는 정기고사 때마다 다음과 같은 플래카드가 걸렸다.

'네가 어떤 삶을 살든 나는 너를 응원할 것이다. - ○○교사 일동'

작가 공지영의 책 제목인데, 시험을 잘 보지 못한 아이들이 의기소침해지지 않도록 격려하는 차원에서 몇 년 전부터 걸기 시작했다. '시험 때 이런 플래카드를 걸다니, 역시 혁신학교로군!' 처음 보는 사람들은 이렇게 감탄하기도 하지만, 이 플래카드를 건 첫해에는 교사들 사이에서 많은 논란이 있었다. 비평준화 지역의 인문계 고등학교로 과거에는 우수한 학생들이 지원했던 학교였으나 이제

023

는 거의 평준화되다시피 하면서, 더 이상 과거의 영광을 누리지 못하는 것은 혁신학교가 되었기 때문이다 아니다로 많은 갈등이 있었고, 그 갈등이 여전히 끝나지 않고 있었기 때문이다.

그래서 플래카드의 '네가 어떤 삶을 살든'이라는 문구가 교사들 사이에 논란을 일으켰다. 어떤 교사들은 아이들에게 공부를 하지 않아도 된다는 무책임한 생각을 심어준다며 반대했고, 또 어떤 교사들은 아이들이 바른 길로 가도록 이끌어야 하는 교사가 '어떤 삶을 살든'이라는 표현을 썼을 때 문제가 생길 수 있다며 비판했다. 반면 어떤 교사들은 아이들의 삶을 있는 그대로 바라보고 이해하려 노력해야 하는데 교사들이 그렇지 못하다며 비판했다.

지금 와서 생각해보면, 교사들의 가치관 차이라기보다는 우리 교육 속에 내재된 갈등, 즉 입시와 혁신을 병행해야 하는 인문계 혁신학교의 고충을 그대로 드러낸 일이 아니었을까 싶다. 아이들의 진로를 걱정하는 마음은 모두 같으나 어느 방향이 옳다고 정하기에는 현실과 이상의 간극이 너무 커서 차이를 좁히기 어려웠던, 어찌 보면 뻔한 고민이 밖으로 불거진 일이었다.

나 역시 뼛속까지 혁신으로 똘똘 뭉친 투사인 것은 아니다. 교직 17년 중 13년을 인문계 고등학교에서 보냈고, 고3 담임을 할 때는 야간자율학습과 보충수업의 중요성을 설파하며 아이들 공부 스케줄까지 일일이 참견하고 간섭했다. 아이들이 자신의 특기에 따라, 원하는 것에 따라 진로를 선택했으면 좋겠지만 현실적으로 그 '원하는 것' 찾기가 가장 어려웠다. 그래서 오히려 성적에 따라 대학을 선택하는 것이 아이 인생에는 가장 무난한 길이 아닌가 싶어서 대학이 인생의 가장 큰 목표인 양 설파했었다.

문제풀이 수업을 통해 가장 효율적으로 문제를 잘 풀 수 있는 방법을 강의했고, 아이들이 집중해서 듣고 이해가 잘 된다며 칭찬할 땐 최고의 강사가 된 양 어깨가 으쓱하기도 했다. 입시 지도를 하면서 아이들이 제 성적보다 좋은 대학에 합격하면 그렇게 기쁠 수가 없었다. 그런데…… 어느 순간부터 지치기 시작했다. 계속되는 문제풀이 수업도 지치고, 아이들에게 A대학이 아니라 B대학을 가면 인생이 엄청 달라질 것처럼 이야기하는 것 자체가 사기인 것 같아 지쳤다. 실제 그렇게 삶이 달라질까? 대학 간판이 달라지면 아이들이 행복해지나? 그동안 나도 모르게 추구해왔던 길에 회의가 들었다.

내가 대학이라는 목표를 아이들에게 강조했던 이유에는 분명 경험이라는 근거가 밑바탕에 깔려 있었다. 많은 교사들이 명문고와 명문대의 코스를 무리 없이 밟아 임용고시에 합격해서 교사가 되었다. 그렇게 별다른 이탈 없이, 큰 어려움 없이 살아온 교사들 대부분이 그렇듯 안정적 코스가 주는 편안함과 확신은 아이들에게도 같은 길을 가도록 종용하는 근거가 되곤 했다. 물론 나는 교사로서의 내 삶에 만족하고 있다. 다른 길을 갔다고 해서 더 특별하게, 다르게 살았을 것 같지도 않다. 하지만 가끔 중학교나 고등학교 때 친구들을 만나 대화할 때면 나도 몰랐던 내가 툭툭 튀어나온다.

중학교 때의 한 친구는 이렇게 말한다.

"난 네가 작가가 될 줄 알았어. 너, 애들한테 야한 로맨스 소설 잘 써줬잖아. 그거 완전 히트였어."

"난 네가 만화가가 될 줄 알았어. 만화 엄청 좋아해서, 명동 뒷골목 돌면서 일본 만화 해적판 찾아다니던 거 기억 나? 우리, 원수연 작가 집 앞에도 찾아갔잖아. 동호회 활동도 하고."

고등학교 때 친구는 이렇게 말했다.

"난 네가 영화평론가나 음악평론가 할 줄 알았어. 고등학생이 뭔 영화를 그렇게 혼자 보러 다니냐? 그것도 이상한 예술영화만. 무슨 용기로 대학로 음악카페에 가서 그렇게 음악을 듣고 말이지."

맞아, 맞아! 난 이런 것도, 저런 것도 좋아하는 호기심 많은 학생이었다. 그런데 그런 건 그냥 취미일 뿐이라고 일축해버리고 다 잊고 만 것은, 잘 짜여 있는 길에서 벗어나고 싶지 않았기 때문이다. 물론 지금 내가 하고 있는 일에 불만족인 것은 아니지만, 다른 가능성은 생각도 해보지 않았다는 사실에 아쉬움이 일었다.

그런 와중에 대학에 진학한 제자 녀석들의 소식도 내 마음을 흔들어놓았다. 한 녀석은 정말 리더십도 있고 인간성도 아주 괜찮은 아이인데 공부만 못했다. 그런 녀석이 터무니도 없는 대학을 지원하겠다고 했을 때 얼마나 반대했는지 모른다. "너, 그럼 재수해야 해. 그게 얼마나 힘든지 알아?" 하면서 계속 성적에 맞는 대학을 지원하도록 설득했다. 하지만 녀석은 결국 원하는 대학에 지원했다.

결과는? 물론 떨어졌다. 나는 속상하기도 했지만 그것 보라는 듯이 의기양양하기도 했다. '내 말을 안 들으니 그렇게 되는 거지' 하면서 녀석의 어리석음에 쯧쯧거렸다.

하지만 녀석은 아주 잘 살고 있다. 바로 재수를 선택하지 않고 자기가 하고 싶은 공부를 해보겠다며 독학사 코스를 밟기도 하고, 이것저것 살펴보다가 그 이후에 대학에 진학했다. 지금도 연락하고 지내는 그 녀석은 알아서 자신의 인생을 잘 설계해가고 있다.

또 한 녀석은 성적에 맞춰 대학을 보냈다. 아니, 오히려 자기 성적보다도 좋은 대학에 갔다. 과는 딱히 마음에 들지 않았으나 이중전공이나 복수전공을 하면 될 거라고 생각했다. 나나 그 녀석이나 성적보다 나은 대학에 가는 것이 더 현명한, 아니 더 좋은 선택이라고 생각했다. 문과 계열의 녀석이 생명과학 계열의 학과를 지원할 때 여러모로 걱정이 안 되었던 것은 아니지만, 이 정도 성실한 녀석이라면 잘 따라갈 수 있을 거라 생각했다. 하지만 웬걸? 그 성실하고 착실했던 녀석이 학교를 못 다니겠단다. 뭐든 스스로 선택하는 과정이 힘들고 수업에도 흥미가 없단다.

"재미도 없고, 따라가기 힘들어요. 학교 가기 싫어요. 고등학교 때가 훨씬 좋았어요."

이 말에 나는 뒤통수를 얻어맞은 듯했다. 이 녀석은 고3 담임 경력의 최고 실적 중 하나였는데 이런 녀석이 방황을 하다니. 왠지 녀석의 방황이 내 탓인 것 같아 미안하고 또 미안해졌다. 스스로 살아갈 힘을 찾는 게 우선인 녀석에게 나는 성과 위주의 대학입시 성공의 잣대만 들이대고 녀석을 대학으로 밀어 넣은 것이다. 결국 녀석의 선택이었다고는 하나, 현명한 길을 선택하도록 조언하지 못하고 그 선택에 한몫 해준 게 나이니 어찌 내 책임이 없다고 할 수 있겠는가?

새로운 고민이 시작됐다. 내가 교사로서 아이들에게 어떤 것을 가르치고 얘기해야 하는가에 대해서! 이제야 그 고민을, 정말 진지하게 밑바닥까지 들춰보면서 제대로 하기 시작한 것이다.

혁신 열풍 속에서, 달콤쌉싸름한 전쟁

그런 고민 속에서 독서토론실기 직무연수를 신청해 들었다. 학교에 날아온 공문을 냉큼 주워서 듣겠다고 했다. 내게는 당시 뭔가 구원의 동아줄이 필요했으니, 뭐든 내가 변할 수만 있다면 주워 담고 싶었다. 경기도에서 했던 독서토론실기 직무연수는 당시로서는 꽤나 획기적인 연수 방법이었다(지금은 이런 좋은 연수가 많지만). 교사들에게 무작정 강의를 듣게 하는 게 아니라 책을 사주고 토론을 시키다니! 이 연수를 통해 독서토론의 재미를 알았고, 구리 남양주의 독서모임에 참여하게 되었다. 국어 교사니 그 전부터 독서에 대한 관심은 많아 아이들에게도 종종 책을 읽게 했으나, 함께 읽는 맛을 제대로 본 것은 이 연수가 처음이었다. 대학 때 선배들과 함께 했던 세미나를 다시 하는 것 같기도 했고, 서로 얘기를 주고받으며 함께 성장한다는 즐거움이 교사들과의 독서모임을 지속적으로 하고 싶다는 마음을 갖게 했다.

그러던 중 혁신교육 기초과정 연수를 신청하라는 공문도 내려왔다. 그 즈음 독서토론실기 직무연수 독서모임에서 만난 대학 선배가 자신이 근무하고 있는 학교를 혁신학교로 지정받기 위해 노력 중이라는 얘기를 들었다. 사실 당시 경기도 교육감이 혁신학교를 공약으로 내세우며, 공교육 정상화를 위해 혁신학교를 확대하겠다고 했으나 인문계 고등학교의 반응은 뜨뜻미지근했다. '대학입시가 절대적으로 지배하는 고등학교에서 혁신이 되겠어?'라는 의심에 대다수 교사들은 암묵적으로 동의하고 있었다. 나 역시 반신반의하면서 선배의 준비 모습을 바라보았다. 그러던 중에 공문이 내려왔으니, 아무튼 혁신이라는 것이 무엇인지 한번 알아보고 싶었다. 겉으로만 볼 것이 아니라 속으로 들어가서, 지금 내 고민을 해결해줄수 있을지 맛이라도 보고 싶었다.

그렇게 시작된 15시간의 연수는 무척 짧았지만 혁신에 대한 흥미를 불러일으키기엔 충분했다. 다양한 학교의 사례를 보니 그렇게 불가능한 일은 아닐 수 있겠다 싶었다. 하지만 그래도 뭔가 부족했다. 내가 바뀌기 위해선, 내 고민을 더 깊이 있게 하기 위해서는 다른 환경이 필요하겠다 싶었다. 그래서 선배가 근무하는 학교에 초빙교사 지원 원서를 냈다. 그 학교는 이제 막 혁신학교로 지정된 터라 그 안에 많은 갈등이 있다는 것을 알았지만, 그 갈등조차 함께하고 싶었다. 그런데 하필 그때에 같은 교과 초빙교사 자리로 내가 근무하는 학교에서만도 3명이나 지원을 했다는 얘기를 들었다. 이런! 뭐 하나 쉽지 않구나 싶었다. 다른 곳은 초빙교사 자리가 미달되기도 하던데 이게 뭐람. 초조하게 기다리고 기다리다가 드디어 결과가 나왔다. 앗싸! 초빙교사로 내가 당첨이란다. 그때는 전장 속으로 뛰어드는 것인 줄도 모르고 좋아서 콧노래까지 불렀다. 이렇게 달콤한 전쟁 속으로, 무장도 제대로 하지 않은 채 한 걸음을 성큼 내딛게 되었다.

물론 쉽지 않을 거라 생각했다. 인문계 고등학교에는 단단한 벽이 존재한다. 역시나 대!학!입!시! 그 안에서 뒹굴며 그것이 고등학교 최대의 목표라고 생각했던 나이니 그놈의 전지전능함과 파워를 모르고 있지 않다. 인문계 고등학교에서는 그놈을 앞에 내세우면 그 어떤 말도 힘을 쓸 수 없다. 게다가 중상위권 학생들이 선호했던 비평준화 고등학교였으니 얼마나 많은 갈등이 존재할지는 듣지 않아도 뻔했다. 초빙교사로 가기 전부터, 5교시 이후 학생들을 보내고 교사협의회 시간을 가지려다 학부모의 반대로 무산되었다는 얘기를 들었다. 수능 공부를 시켜야 한다는 교사들과, 수업을 바꿔야 한다는 교사들 사이에 갈등이 계속되고 있다는 얘기도 들었다.

그럼에도 불구하고 뭔가 다를 거라는 낭만적인 환상을 품은 채, 두려움 반 설렘 반으로 이른바 '헬 게이트'에 입성을 했다. '헬 게이트'라고 당장 느낀 것은 아니다. 2월에 진행된 3일간의 연수는 오히려 낭만적인 환상에 환상을 더해주었다. 확실히 그 학교에서의 수업은 예전의 수업과는 달랐다. 한글날을 주제로 한 국어 수업이라든지, '교과의 날' 운영이라든지, 갖가지 동아리 운영 사례를 보면, 학교 교육이 아이들의 성장과 배움에 초점이 있고 학생 중심 수업에 많은 힘을 쏟고 있다는 것을 알 수 있었다.

교사들이 모여 아이들의 등교 시간과 교사의 출근 시간, 야간자율학습 감독 같은 민감한 사안을 한 시간 넘게 토론했다. 일방적으로 부장회의에서 결정된 사항을 전달받기만 했던 예전과는 확실히달랐다. 긴 토론 때문에 지치기도 했지만, 내가 이 과정에 참여하고있다는 사실에 쾌감도 느꼈다. 하지만 우울하게도, 초빙교사인 내가 첫해에 받은 보직은 고3 담임이었다. 그래서 첫해에는 별다른 변화 없이 예전 학교에서와 비슷하게 보냈지만, 다른 학년에서 진행되는 다양한 시도와 움직임을 곁눈질로 볼 수 있었다. 그리고 참고하고 싶은 수업들은 슬쩍 슬쩍 체크해두었다.

드디어 다음해에는 비담임을 맡아 고2, 고3 아이들의 수업에 들어가게 되었다. 고2 아이들과는 블록으로 수업을 묶어서 대부분 활동 중심 수업으로 진행했고, 고3 아이들과는 일주일에 한 번씩 꼭책읽기 수업을 했다. 고3 아이들은 책읽기 수업을 꽤나 좋아했다.아이들 수준에 맞춰 다양한 책을 준비해 가지고 들어가니 아이들은그 시간을 마치 오아시스처럼 여겼다. 하긴 매 시간 이루어지는 문제풀이 수업 속에서 아무런 부담 없는 독서 시간은 단비 같았을 것이다. 고3이라는 특수한 사정을 감안해서 서평쓰기도 빡빡하게 하지 않고, 편안하게 읽도록 했다. 마지막에 자신이 읽은 책 한 권에 대해 간단한 글쓰기만 하는 것으로.

아이들은 생각보다 잘 따라와 주었고, 수업에 대한 평도 좋았다. 혼자서만 한다면 큰 문제 없이 계속 그렇게 갈 수도 있을 듯했다. 하지만 국어는 주당 수업 시수가 많기 때문에 같은 학년에 들어가는 교사 수가 많은 편이다. 게다가 내신 점수가 대학입시와 직결되기 때문에 혼자서 마음대로 진도를 나가고 평가를 할 수 없다. 같은 교과 내에서 충분한 합의가 이루어져야 한다. 그런데 같은 학년에 들어가는 교사들 사이에 미묘한 갈등이 있었다. 수업의 지향점이 저마다 다르니 수업 방식, 커리큘럼, 시험문제 등에서 계속 갈등이 생겼다. 겉으로 크게 싸우거나 한 경우는 없었지만 서로 불편하게 여긴다는 것이 여실히 느껴졌다.

이는 비단 수업뿐만이 아니었다. 그때 내가 느낀 혁신고등학교는 이것저것 섞이다 못해 따로 놀아서 산으로 가고 있는 마살라 영화 같았다. 노래와 춤, 오락, 멜로, 폭력이 적절하게 섞인 스파이시한 인도 영화를 마살라 영화라고 하던가. 잘 섞이면 관객과 배우 모두가 즐길 수 있는 영화가 될 텐데, 혁신고의 마살라는 서로 조화를 이루지 못해 배우와 관객 모두가 괴로웠다. 그런 가운데 수업을 혁신해보겠다고 설치려니 혼자 우스꽝스럽게 춤추며 야유를 받는 광대가 된 기분이었다.

기대했던 것과는 다른 학교생활에 지치면서도 포기하지 못하고 아등바등하며 지냈던 2013년이었다. 그 한 해 동안 플래카드 갈등도 있었고, 교육과정을 어떻게 짜야 하는가, 업무 분장을 어떻게 해야 하는가에 대한 갈등도 있었다. '혁신업무'라는 맡은 직무상 그 갈등의 중심에 서다 보니 많은 오해도 받아야 했다. '내가 웃는 게 웃는 게 아니야'를 입에 달고 살았다. 그렇게 쌉싸름하게 한 해를 보내고 2014년이 왔다.

잔인한 봄, 우리가 정작 가르쳐야 하는 것은?

2014년에는 1학년 담임을 자원했다. 이제는 좀 많은 것을 내려놓고 갈등의 중심에서 벗어나 수업에만 집중하겠다고 다짐했다. 다행스럽게도 마음이 맞는 교사들이 같은 학년 교과로 많이 왔다.

처음 교과회의를 하면서 수행평가 비율을 조정했다. 작년의 경험을 통해 올해는 좀 번거롭더라도 논의를 많이 해야겠다 싶었다. 무엇보다 서로간의 생각을 충분히 이야기 나누는 것이 중요하다는 것을 알았다. 수업의 방향은 어떻게 잡고 싶은지, 아이들과 어떤 활동을 하고 싶은지, 평가에서 중요하다고 여기는 것은 무엇인지 제대로 이야기를 나누어야 하는데, 지난해에는 서로간의 갈등이 뻔히 눈에 보이다 보니 이를 피하고 말았다. 그게 문제가 되어 끊임없이 미묘한 갈등 속에서 기 싸움을 많이 했다. 올해는 그런 일들을 방지하기 위해 귀찮더라도 같은 교과 교사들과 많은 얘기를 나누었다.

수행평가 비율과 평가 요소, 아이들 활동 내용, 제재 선택까지 오랜 시간 의견을 나누다 보면 귀찮음보다는 뿌듯함이 생긴다. 다들 처음에는 바쁜 3월 일정 때문에 기존대로 가기를 원하는 마음이 생기기 마련이다. 이 마음을 조금만 다잡고 교과 교사들끼리 자꾸 모여서 이야기 나누다 보면 괜히 모였다는 생각은 절대 하지 않게 된다. 이야기를 나누면 아이디어가 나오고 더 좋은 방안을 또 고민하게 된다. 그리고 서로의 생각 차를 좁히는 과정에서 서로를 이해할 기회도 생긴다.

아무튼 좀 더 바쁘기도 했고 부담스럽기도 했으나 여러 번의 논의 끝에, 교과서에서 쳐낼 것은 쳐내고 넣을 것은 넣어서 가르칠 내용을 정했다. 아울러 일주일에 한 번은 꼭 책읽기 수업을 하기로 했고, 서평쓰기도 수행평가에 넣기로 했다. 수행평가는 전체 중 50%를 잡아서 학생 활동을 늘리고, 수업의 참여 과정을 평가하기로 했다. 태도 점수 항목은 없애고 한 단원이 끝날 때마다 학습지를 걷어서 수업에 참여한 정도를 평가하는 것으로 정했다. 학습지의 내용은 단원의 내용을 확인하는 것도 있지만 간이 토론이나 의견 쓰기를 중심으로 구성하기로 했다.

그렇게 수업 내용을 정하고 각 단원에 대한 역할 분담도 하고 나니 시작부터 수월했고, 의욕도 생겼다. 또 서로에 대한 믿음도 커졌다. 상대의 생각을 어느 정도 알게 되니 학습지를 만들 때 지향하는 바를 좀 더 고려해서 만들 수 있었다. 함께 고민하고 소통하는 것이 학생 중심 수업을 설파하는 것보다 우선임을 깨닫게 되었다.

그렇게 많은 기대를 품고 시작한 2014년, 믿을 수 없는 참혹한 사건이 일어났다. 4월 16일 세월호 침몰. 그 사건이 얼마나 많은 상처와 고통을 주었는지 굳이 쓰지 않아도 모두가 동감하리라 생각한다. 분노하고 슬퍼하고, 또 분노하고 마음 아파하고. 그렇게 보낸 시간들을 어떻게 글로 표현할 수 있으랴. 세월호 사건 이후 미래를 담보로 현재를 희생하는 삶이 무의미하게 느껴졌다. 대학을 목표로 현재의 많은 것을 포기하고 살았을 그 아이들의 죽음. 성적 때문에 아이에게 따뜻한 말 한마디보다 공부하라는 말을 잔소리로 달고 살았을 부모들의 안타까움. 아이들 학원비 대느라 먹고 싶어 하는 것 마음껏 사주지 못한 부모들의 한. 이 모든 것들이 고통으로 느껴졌다.

아이들에게 무엇을 가르쳐야 할지 모르겠다는 생각이 들면서 머릿속이 멍해졌다. 당장 우리가 수업을 왜 하는지 그 의미를 찾는 것부터가 중요해졌다. 난 왜, 무엇을 가르치기 위해 수업을 하는가. 우리 아이들은 어떤 삶을 살아야 하는가. 그리고 난 아이들에게 어떤 도움을 줄 수 있을까.

다행스럽게도 이런 고민과 고통을 안고 있는 사람은 나만이 아니었다. 주변의 여러 교사들이 함께 고통스러워하고 있었고 고민하고 있었다. 같은 학년에 들어가는 국어 교사와 역사 교사가 모두 모였다. 이제 우리가 아이들에게 무엇을 가르치고 아이들은 무엇을 배워야 하는가에 대한 이야기를 함께 나누었다. 그리고 함께 가르쳐야 할 가치에 대해서 논하고 이를 바탕으로 교과 연계 주제통합 수업을 해보기로 했다. 통합수업을 하는 목적은 통합이라는 방법에 있지 않았다. 이렇게 여러 교과가 집중해서 가르치고자 하는 것이 무엇이냐에 중점을 두었다. 새로 무엇인가를 만들어내고 실행해야 한다는 것은 어려운 일이지만, 같이 하겠다고, 같이 해보자고 하는 이들이 있을 때는 부담 역시 나누어 가지게 된다. 그때 그 어려운 제안에 순순히 동의해주고 격려해준 선생님들에게는 지금도 감사의 마음이 가득하다. 그들 덕분에 계속 용기를 낼 수 있었으니.

자본주의 사회는 아이들과 어른들 모두에게 잔인하고 폭력적이다. 자신의 미래를 위해 현재를 저당 잡히며 죽어라 공부를 한다고 해도 자신이 원하는 삶으로 보상받을 수 있다는 확신은 더 이상 존재하지 않는다. 오히려 보상받을 수 없다는 것을 알면서도 달리는 열차에서 뛰어내리지 못해 그저 몸을 싣고 있는 상황이다. 이 속에서 단지 자신만을 지키기 위해 살아간다면 그건 너무나 외로운 삶이 될 것이고, 또한 자신을 놓아버린다면 그것 역시 비참한 삶이 될 것이다.

그렇다면 어떻게 살아야 할까. 세월호 사건은 자본의 횡포 속에서 자신의 욕심만 채우려고 했던 이기심들이 만들어낸 비극이었다. 이런 비극에 아이들이 내몰려서도 안 되고, 아이들이 이런 비극을 만들어내는 사람이 되어서도 안 된다는 절실함을 가지고 수업에 대해 고민했다. 단기간의 목표가 아니라, 우리가 가르치는 아이들이 이 학교에 다니는 동안 이것만큼은 꼭 배웠으면 좋겠다는 생각으로 교사들이 함께 머리를 싸맸다.

여러 날 동안 대화해서 잡은 목표는 '공감'과 '공존'의 가치를 배울 수 있는 수업을 만들어보자는 것이었다. 고민의 정도에 비해 너무 상투적이라고 느껴질지 모르나, 그것이 우리에게 가장 부족하고 필요한 것이 아닐까 싶었다. 그래서 '공감'과 '공존'의 가치에 대해 아이들이 제대로 고민할 수 있는 기회를 주자는 것이 우리 수업의 목표가 되었다. 그리고 이것은 우리가 가르치는 아이들이 고2까지 2년 동안 계속 고민하게 될 중요한 화두가 되었다.

'공감'과 '공존'의 가치를 교육과정에 녹여내려면 어떤 주제가 가장 좋을까. 국어 교과서와 역사 교과서를 함께 놓고 보면서 이 두 가치를 녹여낼 만한 주제를 찾았다. 첫 시도이니 한 번이라도 수업 진행을 할 수만 있다면(어설프더라도!) 그 자체로 만족하기로 했다. 그렇게 교과서를 뒤져보던 중 역사과 선생님들이, 국어 교과서 1단원에 나오는 김훈의 〈칼의 노래〉를 가지고 함께 수업을 풀어보면 좋겠다는 제안을 했다.

단순하게 얘기하면 국어과에서 소설인 〈칼의 노래〉를 가르치고, 그 배경인 '임진왜란'을 역사과에서 가르쳐서 좀 더 깊이 있게 수업을 진행하는 것 정도가 될 것이다. 하지만 우리는 이미 그 이상을 수업에 녹여내 보기로 합의하지 않았던가. '공감'과 '공존'이라는 두 가치를 어떻게 커리큘럼에 녹여낼 것인가? 생각보다 이 논의 과정이 꽤 오래 걸렸다.

'이 수업을 통해 아이들이 무엇을 얻어갈 것인가?'

"임진왜란이 어떤 전쟁이었는지, 이순신이 어떤 인물이었는지를 소설적 장치를 통해 알게 되는 것?"

"아니, 더 깊게 나가야 해. 결국 전쟁이 일어나지 않아야 한다는 것이잖아. 그럼 아이들에게 전쟁의 참상을 알려주고 전쟁의 문제점을 깨닫게 해주자. 그리고 평화라는 가치를 어떻게 구현할지 고민해보는 거지."

"그럼 평화는 무엇이지? 전쟁의 반대?"

교사들과 함께 고민하는 자리는 즐거웠다. 나 혼자라면 생각해내지 못했을 다양한 아이디어와 제재, 커리큘럼이 쏟아져 나왔다. 수업 방법에 대해서도 여러 가지 방안이 나왔다. 그렇게 고민한 흔적을 남기기 위해 수업계획서도 함께 만들었다. 그리고 어설픈 수업이지만 함께 나누고자 전 교사에게 수업 공개도 했다. 나 혼자 하면 두려움이지만 여러 명이 같이 하니 용기가 생겼다. '잘하는 수업은 아니다, 그냥 이렇게 하는 수업도 있구나 하는 것을 봐주면 좋겠다, 첫 시도이니 너그럽게 봐주길 바란다'는 소심한 당부도 잔뜩 적어서 메시지로 보냈다. 학교에서 시켜서가 아니었다. 우리 스스로, 우리가 치열하게 고민한 것들을 공유하고 싶었을 뿐이다. 실제로는 생각보다 화려한 수업이 아니어서 실망한 교사들도 꽤 있었을 거라 생각한다.

무엇을 어떻게 가르칠까?

공존의 가치를 실현하는 평화 수업: 목표 설정과 공유

주제통합수업에서 중요한 것은 앞서 이야기했듯이 동료 교사들과 자주 소통하는 것이다. 소통을 하면서 통합수업의 목표를 함께 잡아가는 것이 중요하다. 단지 통합 자체가 목표가 되어선 안 된다. 통합수업을 통해 아이들에게 어떤 것을 전하고, 생각하게 하고, 느끼게 하고 싶은가가 중요하며, 그 목표가 통합수업의 구심점이 되어야 한다. 이 목표가 공유되지 않으면 교사는 그냥 기계적으로 수업안을 따라가고, 아이들에게 수업의 의의도 제대로 설명하지 못하게 된다. 긴 시간을 들여 교과서를 벗어난 새로운 안을 고안해 수업해야 한다는 수고로움이 있는데 이 의미가 전달되지 못한다면, 교사는 수업이 생각대로 되지 않을 경우 '그냥 교과서 수업이나 할걸' 하는 회의감과 자괴감에 빠지게 된다. 그렇기 때문에 충분한 협의를 통해 수업의 목표를 분명하게 정하고 공유하는 일이 가장 먼저 이루어져야 한다.

'전쟁과 평화' 통합수업의 경우, '공감'과 '공존'이라는 가치에 맞춰서 교과서에서 알맞은 제재를 찾아내고 다른 교과와 연계할 수 있는 지점을 찾았다. 배경지식을 깊이 파악하고 교과서를 밀도 있게 보는 정도에서 그치지 않고, 아이들이 어떤 가치를 배워나갈 것인가에 중점을 두었다. 그런데 막상 교사들과 논의를 하면서 어려웠던 것은 오히려 욕심을 버리는 것이었다. 새로운 시도를 해볼 수 있는 좋은 기회이니 깊이 있는 수업을 해보자는 공감대가 생기면서, 평소 아이들과 함께 나누고 싶은 주제였으나 여건상 하지 못해 포기했던 것들이 이리저리 톡톡 떠올랐다. 처음에는 '평화'에 대한 논의를 더 확장해보자는 이야기도 나왔으나, 그럴 경우 너무 광범위해져서 주제가 모호해질 수 있겠다는 의견이 나왔다. 2개 교과만 참여하는 것이니 다루는 내용을 좁힐 필요가 있다는 얘기도 나왔다. 이렇게 서로의 욕심을 조율하고 조정하면서, 아이들에게 '전쟁'의 폐해를 알리고 '공존'과 '평화'의 중요성을 알리는 수업을 하기로 했다.

수업 시기는 6월로 정했다. '호국보훈의 달'이니 평화 수업을 하기에 가장 적기라고 생각했기 때문이다. 국어과에서는 〈칼의 노래〉가 1단원에 들어 있지만, 수업 순서를 바꿔 뒤의 단원을 먼저 수업하기로 했다.

역사과에서는 임진왜란이라는 역사적 사건에 대한 평가, 백성들의 고통과 전쟁을 이겨내기 위한 노력, 이순신의 역할, 임진왜란이 동북아시아의 평화에 어떤 영향을 미쳤는가를 중심으로 수업을 하고, 국어과에서는 이순신이라는 인물의 고뇌를 중심으로 다양한 전쟁의 참상을 다룬 후 평화를 지키는 방안도 모색해보기로 했다. 국어과 수업의 주제가 너무 방대한 것 아닌가 하는 우려도 있었지만, 기회와 용기가 있을 때 시도해보자 싶어서 일단 수업을 진행하면서 조절하기로 했다.

수업은 주로 토론식, 협동학습, 학생 활동 중심으로 진행하며, 되든 안 되든 전체 교사에게 공개하는 것을 원칙으로 했다. 우리에게 부담은 컸지만, 이 즐거운 과정을 선생님들이 한번 보아야 적극 참여하게 되지 않을까 싶은 마음에 용기를 냈다. 그리고 수업들이 진행되는 중에도 계속 소통하면서 서로의 어려움을 함께 해결하고, 공강 시간에는 수업에 같이 들어가 도와주기로 했다.

실패하지 않으려면 철저한 준비가 필요해!: 수업 계획과 설계

이제 구체적인 수업안을 마련하고 제재들을 만들기 위해 논의하는 단계다. 국어과에서 협의한 사항은 다음과 같다.

(1) 기본 제재인 〈칼의 노래〉를 어떻게 가르칠 것인가?

(2) 역사과의 임진왜란과 〈칼의 노래〉를 어떻게 엮을 것인가?

(3) 전쟁의 폐해를 알리는 수업은 어떤 방식과 제재를 활용해서 할 것인가?

(4) 평화에 대한 논의는 어느 정도 선까지 할 것인가?

(1), (2)를 논의하면서 〈칼의 노래〉 학습지를 만들고 수업 방법을 정했다. 이후의 수업 과정을 모둠활동 위주로 할 예정이었기 때문에, 〈칼의 노래〉는 함께 내용을 살펴보는 정도로 간단하게 진행하기로 했다. 대신 역사과에서 〈칼의 노래〉 주인공인 이순신을 중심으로, 임진왜란이라는 전쟁이 끼친 영향과 의미에 대해 깊이 있는 토론을 진행하기로 했다. 그리고 이후 국어과에서는 세계에서 일어난 다양한 전쟁의 형태를 살펴보고, 이 전쟁들이 인간에게 끼친 영향, 전쟁을 바라보는 관점 등에 대해 깊이 있게 살펴보기로 했다. 그리고 통합수업의 큰 흐름을 정했다(표1).

큰 흐름을 정한 이후에는 각 교과 교사들끼리 모여 차시별로 수업의 세부적인 내용을 정했다(표2, 표3). 수업의 구체적인 방법, 예를 들어 어떤 제재를 사용할 것인지, 학습지에는 어떤 내용을 담을 것인지, 토론은 어떤 방법으로 할 것인지 등등 수업에 대한 세세한 계획이 이때 정해진다. 자세하게 내용을 정해놓으면 수업에 대한 두려움 없이 수업을 진행할 수 있게 된다.

표1 1학년 '전쟁과 평화' 주제통합수업 흐름

	1차시	2차시	3차시	4차시	5차시	6차시	7차시	8차시
국어	〈칼의 노래〉 깊이 읽기			전쟁의 비극과 관련된 글 읽고 토론하기				통합 수행 논술
한국사	임진왜란에 대해 깊이 알기		〈칼의 노래〉와 임진왜란 토론하기					

표2 국어 수업계획서

차시	개요	수업의 세부 내용 및 방법	수업 자료
1	〈칼의 노래〉 ('노량해전' 부분)	• 드라마 〈불멸의 이순신〉 일부 장면을 통해 소설의 이해 돕기 • 수업시간에 각자 소설 읽기	학습지 영상물
2	〈칼의 노래〉	• 수업시간에 각자 소설 읽기 • 소설 내용을 통해 '이순신'의 고뇌와 '임진왜란'에 대해 살펴보기 • 학습지 작성: 협력학습	학습지
3		• 〈지식채널e〉의 '킬링필드'편 감상하기 (다음 차시 학습을 위해)	학습지 영상물
4	〈빨간 고양이〉 《집으로 가는 길》	• 전쟁의 비극에 대한 토론 • 5~6명 모둠 구성 후 개별학습지에 적힌 내용을 바탕으로 토론 진행	학습지
5	《타인의 고통》 《여행자의 인문학 노트》 〈관을 짜는 아이〉	• 우리나라의 전쟁뿐 아니라 세계의 다양한 전쟁을 알고, 전쟁의 비극이 어떻게 나타나는지 파악함 • 전문가 토론 혹은 원하는 제재 골라 토론하기(교사에 따라 다름) • 학습지 작성	학습지

6		• 각 글의 배경이 되는 전쟁 알아보기 • 그 비극이 글에서 어떻게 드러나는지 살펴 보기 • 전쟁이 일어나지 않기 위한 방안 모색하기 • 토론 내용 정리	학습지 전지
7		• 공유 및 발표	학습지 전지
8	논술형 수행평가	• 역사과와 통합해서 논술형 수행평가 실시 (1, 2번 문항-역사과 출제 / 3번 문항- 국어과 출제)	문제지

표3 한국사 수업계획서

차시	개요	수업의 세부 내용 및 방법	수업 자료
1	임진왜란의 발발과 전개	• 임진왜란의 원인과 전개 과정을 시기별로 알아보기 • 수군과 의병의 활약, 명나라 참전의 영향 파악	학습지 PPT
2	임진왜란의 결과와 동아시아 정세 변화	• 임진왜란이 동아시아 3국의 정치에 미친 영향 • 광해군의 중립외교와 병자호란의 발발	학습지 PPT
3	〈칼의 노래〉 및 토론 학습지	• 임진왜란, 이순신에 대한 상반된 입장의 글을 읽고 자신의 생각 정리하기	학습지 영상물
4	〈칼의 노래〉 및 토론 학습지(짝토론)	• 동아시아 역사에서 임진왜란이 갖는 의미: 짝토론(지난 시간에 작성한 학습지를 토대로) (주제 예: 임진왜란은 승리한 전쟁인가?) • 전쟁 이후 조선 정부가 펴야 하는 정책 토론: 짝토론	학습지

5	〈칼의 노래〉 및 토론 학습지 (모서리 토론)	• 임진왜란에서 이순신의 역할 평가하기: 모서리 토론 (주제 예: 임진왜란에서 이순신의 역할에 대한 평가는 온당한가?)	학습지
6	논술형 수행평가	• 국어과와 통합해서 논술형 수행평가 실시 (1, 2번 문항-역사과 출제 / 3번 문항-국어과 출제) ※ 국어 시간에 진행	문제지

수업
속으로

국어 시간에 소설 읽고, 역사 시간에 토론하기

수업은 개별 활동과 토론 활동을 적절히 섞어서 진행했다. 역사과
에서 임진왜란의 역사적 사실 및 내용에 대해 수업할 때는 PPT 자
료를 이용한 교사 강의와 개별학습지 정리를 중심으로 수업을 진행
했다. 그리고 역사과에서 임진왜란에 대해 수업하는 동안 국어과에
서는 〈칼의 노래〉('노량해전' 부분)를 읽혔는데, 교과서에 실린 내용이
너무 짧아 이후의 내용을 조금 더 추가해서 제공했다. 3시간의 수업
동안 〈불멸의 이순신〉 드라마로 소설의 장면에 대한 이해를 돕고,
소설을 다 읽은 뒤에는 소설 내용에 대한 학습지를 작성했다. 학습
지는 개별적으로 해도 되지만 짝이나 앞뒤 친구와 적극적으로 의논
해서 작성하기를 권했다. 교실이 다소 소란스러워지기는 해도, 서

로 돕는 과정에서 더 나은 내용을 찾아낼 수 있기 때문이다.

국어과에서 〈칼의 노래〉를 읽는 과정이 마무리될 무렵, 역사과에서는 〈칼의 노래〉와 관련해 두 가지 토론을 진행했다. 임진왜란과 이순신에 대해 자신의 생각을 정리한 다음, '임진왜란이 승리한 전쟁인지 패배한 전쟁인지'에 대한 짝토론을 진행했다. 짝토론은 상반된 두 입장 중 각자 한 가지 입장을 선택한 후 그에 대한 찬반토론을 하는 것이다. 상반된 입장이 원활하게 정해지지 않는 경우에는 가위바위보나 뽑기 형식으로 정할 수 있다. 그럴 때는 토론 참여자인 두 사람 모두 두 가지 입장에 대한 충분한 고찰을 하고 있어야 한다. 자신이 생각한 쪽이 아닌 입장에 서게 될 수도 있기 때문이다.

짝토론 다음 시간에는 임진왜란과 이순신의 역할에 대해 4가지 입장을 정해서 모서리 토론을 진행했다. 모서리 토론은 먼저 4가지의 입장을 정해놓고, 아이들이 각자 자신이 동의하는 입장의 모서리로 이동하면서 시작한다. 그리고 토론 과정 중에 자신의 생각이 변하게 되면, 다른 입장의 모서리로 이동하게 한다. 모든 아이들이 참여할 수 있고 몸을 움직여서 입장 변화를 원활하게 할 수 있기 때문에 아이들이 즐거워한다.

모서리 토론에서 가장 어려운 것은 4가지의 입장을 설정하는 것이다. 4가지의 입장이 각기 중요한 요소를 포함하고 있으면서도 각 입장마다 차이점이 분명히 존재해야 한다. 그렇지 않으면 아이들이 논제 파악을 제대로 하지 못하고 혼란을 겪어 아무 곳으로나 이동

표4 모서리 토론 입장 4가지

(1) 임진왜란은 이순신이 있었기에 승리할 수 있었다.	(4) 이순신에 대한 역사적 평가는 정치적 목적으로 과장되었다.
(2) 임진왜란의 승리에서 이순신의 역할이 매우 컸다.	(3) 이순신은 임진왜란 승리의 다양한 요인 중 하나다.

하는 현상이 생기기 때문이다. 역사과에서 정한 모서리 토론의 4가지 입장은 표4와 같았다.

각 모서리에 그 입장에 동의하는 아이들이 모인다. 그리고 교사의 진행에 따라 각 입장을 옹호하는 토론을 시작한다. 토론 중간중간 아이들은 토론 내용을 들으며 생긴 자신의 입장 변화에 따라 모서리를 이동한다. 어떤 모서리는 활발하게 자신의 생각을 표현하기도 하고, 또 어떤 모서리는 조용한 아이들끼리 모여 소극적이기도 하다. 그럴 때는 교사가 적절히 학생을 지목해서 이야기를 시켜도 된다. 또는 같은 모서리 친구들끼리 잠깐씩 논의할 시간을 주는 것도 좋은 방법이다. 모두가 서 있는 상태에서 언제든 자신의 입장을 유연하게 변경할 생각으로 이야기를 듣기 때문에 아이들의 집중도가 좋다. 또 일정한 기준에 따라 마련한 여러 입장에 대해 토론하는 방식이라 어떤 사건이나 인물을 깊이 있게 알아보기에 좋다.

실제 모서리 토론이 진행될 때는 가장 극단에 있는 (1)번 논제와 (4)번 논제에 처음에는 아이들이 적게 모였다. 아이들도 중간 입장

이 논리를 전개하기에 가장 편하다는 것을 잘 알기 때문이다. 하지만 토론이 진행될수록 가장 격렬하게 자기주장을 펼치는 쪽은 양극단에 있는 모서리다. 그러면 스멀스멀 눈치를 보며 자리를 옮기는 아이들이 생긴다. 그런 아이들을 보면 재밌기도 하고 웃음이 나오기도 한다. 실제로 한 시간 동안 발표는 한 번도 안 하고 떼로 몰려다니며 애들 얘기를 듣기만 하다가 모서리만 줄창 옮겨서 큰 웃음을 준 녀석들도 있었다.

제재의 확장, 전쟁의 비극과 평화 공존의 모색

이렇게 역사과에서 임진왜란이 우리나라와 동아시아에 미친 영향과 이순신의 역사적 업적을 중심으로 거시적 관점에서 살펴보았다면, 국어과에서는 이순신이라는 인물이 겪었을 고뇌와 고통, 전쟁이라는 상황이 그의 삶에 미친 영향 등 임진왜란을 개인의 삶과 연관 지어서 깊이 있게 논의했다.

049

그러고 나서 국어과에서는 전쟁의 비극을 담은 다섯 편의 글을 읽고(표5), 평화를 지킬 구체적 방법을 모색해보는 수업을 진행했다. 단편소설 같은 짧은 글은 전문을, 장편소설이나 단행본은 일부를 발췌하여 타이핑해서 나눠주고 수업시간에 읽게 했다. 이 다섯 편의 글은 제각기 나름대로의 다양한 주제를 보여주는 것들로 골랐는데, '전쟁에 의한 인간성 파괴', '전쟁과 언론, 이를 보는 사람들', '자원전쟁의 비극', '베트남전쟁 참전이 만든 결과' 등의 이야기를 담은 글들이다. 국어과에서 궁극적으로 합의한 수업 목표는, 아이들이 이 다섯 가지 제재에 대한 내용을 알고, 전쟁이 사회와 한 개인의 삶에 어떤 영향을 미치는지를 이해하며, 전쟁이 일어나지 않도록 평화를 유지할 수 있는 방법을 찾는 데 있었다. 제재 역시 그런 측면에서 내용이 쉬우면서도 전쟁의 다양한 양상을 살펴볼 수 있고 전쟁의 비극이 잘 드러나는 것으로 찾았다. 내용 이해에 많은 시간을 들이기보다는 아이들이 논의에 집중하도록 하기 위해서였다. 그래서 모둠발표 때도 제재의 내용 전달보다는 전쟁의 비극을 알고 평화 공존의 방법을 찾는 데 주력해서 발표하게 했다.

제재가 많고 아이들의 특성에 따라 교사마다 적용하고 싶은 방법이 다르다 보니 수업은 약간씩 다른 방식으로 진행되었다. 어떤 교사는 아이들이 5편의 글을 모두 읽어 오게 한 뒤 5명의 모둠원이 각자 원하는 제재를 하나씩 골라, 같은 제재를 고른 아이들끼리 전문가 토론을 하게 했다. 자기 모둠 대표로 전문가가 되어 심도 깊은

표5 전쟁의 비극을 담은 5가지 제재

제목	선정 이유
〈빨간 고양이〉 (루이제 린저)	전쟁을 겪은 한 소년이 전쟁 이후 가난 속에서 인간성을 잃어가는 과정을 그린 단편소설. 전쟁이 보통 사람들에게 끼친 물질적·정신적 피해에 대해 논의해볼 수 있음.
《집으로 가는 길》 (이스마엘 베아)	시에라리온 내전에 참전한 소년을 통해 전쟁이 인간을 얼마나 참혹하게 만드는지 그린 자전적 장편소설. 그중 일부를 발췌하여 전쟁의 참혹함과 참상에 대해 논의해볼 수 있음.
《타인의 고통》 (수전 손택)	전쟁을 바라보는 언론의 태도와 방관자들의 문제점을 비판한 에세이 부분 발췌. 세계 각지에서 일어나는 전쟁을 어떻게 바라봐야 할 것인지 논의해볼 수 있음.
《여행자의 인문학 노트》 (이현석)	작가가 여러 지역을 여행하며 인문학적 사유를 펼친 내용을 담은 여행기. 그중 '미스터 빈' 부분 발췌. 베트남전쟁이 베트남에 남긴 것을 통해, 우리나라의 베트남 참전에 대해 논의해볼 수 있음.
〈관을 짜는 아이〉 (한정영)	물 자원 문제 때문에 일어난 비극을 담은 짧은 동화. 자원 때문에 벌어진 케냐와 우간다의 전쟁을 통해, 자원 및 식량 문제를 어떻게 해결할 것인지 논의해볼 수 있음.

토론을 하는 것이다. 그리고 토론 후 작성한 학습지를 원래 모둠으로 가져가서 이를 설명하고 공유하는 방식으로 진행했다.

나의 경우는 훑어보기 정도로 끝내고 싶지 않아서, 기본적으로는 제재를 다 읽되 처음부터 같은 제재를 고른 아이들끼리 한 모둠을 이루게 하고, 모둠별로 토론해서 학습지를 작성하고 전지에 내용을 정리해 발표까지 하게 했다. 아이들은 발표를 준비하는 과정

에서 집중력을 발휘해 모둠의 논의 내용을 더 깊이 있게 익히게 된다. 그리고 모둠 내 토론 과정에서 자칫 아이들이 제재 글에 대한 소개 및 감상 정도로만 토론을 진행할 수도 있기에, 반드시 갈등을 해결할 수 있는 방법을 찾아보도록 지도했다. 아이들이 제시한 방법은 실현 가능성이 없기도 하고 어설프기도 했지만, 한 번쯤 전쟁이라는 것에 대해 진지하게 고민해보길 바랐다. 전쟁이 불가피한 것이 아니어야 한다는 인식도 가져주길 바랐다.

이렇게 수업이 진행되는 동안 교사들은 계속 긴밀하게 협력하며 서로의 수업이 어떻게 진행되는지 동향을 살폈다. 수업 자료와 수업 내용은 미리 공유했다. 그러지 않으면 국어과 수업과 역사과 수업에 엇박자가 날 수도 있기 때문이다. 또한 교사의 말이 서로 맞지 않으면 아이들이 혼란을 느낄 수 있기 때문에, 같은 교실에 들어가는 역사 교사 또는 국어 교사의 수업을 서로 한 번씩 참관했다. 요청이 있을 경우에는 토론 수업을 도와주기 위해 들어가기도 했다.

사실 토론 수업은 강의식 수업보다 부담이 많기 때문에 다른 교사가 들어와 도와주면 많은 도움이 된다. 진행이 원활하게 안 되는 모둠에 가서 도움을 줄 수도 있고, 교과 교사가 놓치고 있는 부분을 세밀하게 찾아줄 수도 있기 때문이다. 특히 많은 아이들이 이동하면서 진행되는 모둠토론의 경우, 공강 시간이 맞을 때는 두 교과의 교사가 같이 들어가서 협력해 진행했다. 토론 방법 역시 미리 공유하여, 각 교과에서 이루어지는 토론이 서로 겹치지 않게 했다. 아이들이 다양한 방식으로 생각해볼 기회를 갖게 하기 위함이었다.

국어+한국사 합동 수행평가

이렇게 수업을 모두 진행한 이후에는 논술형 수행평가를 실시했다 (표6). 시수가 부족해서 진도에 쫓기는 역사과와 협의해서 국어 시간에 논술평가를 하되, 문항은 역사과와 국어과의 것을 함께 제시했다. 그리고 채점은 각 교과에서 해당 문항을 채점했다.

평가 문항의 논제를 국어과와 역사과가 같이 고민하고 같이 결정했으면 좋았을 텐데 실제 그러지는 못했다. 수업 진행에 허덕이다 보니 평가를 해야 할 때는 고지가 눈앞에 보인다는 생각에 좀 나태해졌던 것 같다. 역사과에서 문항을 먼저 만들고 거기에 국어과 문항을 더했더니 문항과 문항 사이의 긴밀감이 떨어졌다. 이 부분에 대해서는 수업 평가 때에도 많은 아쉬움으로 지적되었다.

표6 국어+한국사 통합논술형 수행평가

♣ 각 논제를 읽고 자신의 생각을 서술하시오.(8줄 이상~10줄 이하)

(1) 기적처럼 살아난 조선왕조
조선은 전쟁 전에 붕당정치로 나라의 힘을 모으지 못했고, 전쟁 초반 크게 고전했다. 다행히 이순신과 의병의 활약으로 나라를 지켰으나, 인구가 턱없이 줄고 농토가 황폐해졌다. 많은 의병장이 역적으로 몰려 처형되었고, 백성이 바라는 적극적인 개혁이 뒤따르지 않았다. 이에 비해 임진왜란은 중국에서 명나라가 무너지고 청나라가 들어서는 계기가 되었으며, 일본에서도 정권 교체가 이루어져 새로운 시대를 맞이하게 되었다. 전쟁 당사자 가운데 조선만이 기적처럼 살아난 것이다.

(2) 임진왜란 당시 조선 민중의 행동에 대하여!
임진왜란 초기 20일 만에 한양이 왜군에게 함락된 것은 충격적인 일이었다. 그 무렵 궁궐이 불탔는데, 놀랍게도 한양에 사는 백성들이 불을 질렀다고 한다. 이들은 밤에 몰래 의주로 피난길을 나선 선조 일행에게 돌을 던지기도 했다. 조선 정부는 비협조적인 백성들의 태도로 고심했다. 군사를 모으러 갔던 두 왕자가 백성들의 고발로 왜군에게 붙잡힌 적도 있었고, 백성들 가운데는 스스로 왜군에 항복하여 앞잡이 노릇을 하는 자도 있었다. 물론 용감한 의병도 그들 백성들에서 나왔다.

역사 논제 1. 임진왜란 이후 동아시아 삼국 중 유일하게 조선 정부만 유지되었다. 이는 조선 정부가 전쟁에서 이기고 국가를 안정적으로 이끌 수 있는 충분한 힘을 가지고 있었기 때문일까, 아니면 수군과 의병, 명나라의 도움으로 가까스로 위기를 넘겼기 때문일까? 이후 조선이 취해야 할 정책과 연결하여 자신의 생각을 논술하시오.(5점)

역사 논제 2. 임진왜란이 조선의 역사, 나아가 동아시아 역사에서 가지는 의미와 영향에 대해 논술하시오.(5점)

국어 논제 3. 인간의 역사가 시작된 이래 끊이지 않고 있는 전쟁의 목적과 본질에 대한 자신의 생각을 쓰고, 지속가능한 평화를 위해 필요한 조건 3가지를 서술하시오.(5점)

> 조건 ① 수업시간에 토론했던 5가지 글에 나온 내용 중 한 가지 이상을 근거로 들 것 (빨간 고양이, 집으로 가는 길, 관을 짜는 아이, 타인의 고통, 미스터 빈).
> 조건 ② '전쟁은 그것이 뭔지 모르는 사람에게나 달콤하다'(에라스무스)라는 격언을 활용해서 글을 쓸 것.

수업 평가 협의

이렇게 수행평가까지 수업의 모든 단계가 끝난 뒤, '전쟁과 평화' 통합수업에 대한 수업 평가를 진행했다. 평가 요소는 '전체 수업 설계 과정, 텍스트의 적절성, 수업 및 토론 방법의 적절성, 수업 분량 및 내용의 적절성, 목표 달성 여부'였다. 자유롭게 이야기를 나누는 형식으로, 주로 비판보다는 보완점을 찾는 데 주력했다.

역사과에서는 임진왜란이 동아시아에 미친 영향에 대한 논의를 하면서 평화에 대해 언급하긴 했으나 깊이 있게 진행되지 못한 점을 아쉬워했고, 국어과에서는 너무 욕심을 많이 부리다 보니 여러 제재를 가볍게 훑어보기 식으로만 진행한 것 같아 아쉬워했다.

교과 간 긴밀성도 생각보다 얕았다는 지적도 있었다. '전쟁과 평화'가 주제였지만 각 교과에서 이를 통합적으로 다루지 못했다는 것이다. 〈칼의 노래〉라는 제재로만 엮었을 뿐 연결고리가 긴밀하지 않았다는 아쉬움이 남았다. 그러다 보니 역사과와 국어과에서 같이 했던 수행평가도 사실 1, 2번 문항은 역사, 3번 문항은 국어, 이렇게 기계적으로 나누어 이루어졌을 뿐 문항 간의 통합성은 매우 떨어졌다.

하지만 첫 시도였음에도 불구하고 교사들이 적극적으로 협력해서 끝까지 완주함으로써 교사의 자존감과 수업 만족도가 높았다는 데는 다들 동의했다. 또한 수업 과정을 전체 교사에게 공개함으로써 주제통합수업에 대한 두려움을 없애고, 새롭게 시도할 수 있는 용기를 교사들에게 주었다는 데 큰 의미가 있었다는 것에도 다들 공감했다. 이런 노력을 기반으로 이듬해에는 더 큰 규모의 주제통합수업을 시도할 수 있었다.

에필
로그

수업을 통해 배우고, 느끼고

상투적인 이야기일 수 있지만, 이 수업 진행 과정은 내게 많은 배움을 주었다. 사실 그전까지 아이들이 딱히 내 수업에 불만을 가진 적도 없었고 나 역시 특별히 수업 진행에 어려움을 느낀 적도 없었기 때문에, 다른 교사의 수업을 들여다볼 생각을 거의 하지 않았다. 같은 국어과 수업이라면 잘 가르친다는 교사의 수업이 궁금하기도 했지만 다른 교과의 수업에는 무관심했었다.

하지만 이번에는 다른 교과의 수업을 열심히 참관했다. 역사과에서 진행한 짝토론과 모서리 토론에 들어가 수업 참관도 하고, 수업을 도와 같이 진행하기도 했다. 교과 간 연계로 이루어지는 주제 통합수업에서는 다른 교과 수업의 참관은 필수였다. 사실 하루종일 바쁜 시간을 보내는 교사들에게 다른 교사의 수업을 참관하는 일은 꽤 큰 부담이다. 수업을 공개하는 교사가 느끼는 부담 역시 크다. 그럼에도 불구하고 여러 차례의 수업 참관 및 공개를 통해 내가 깨달은 것은 '할 만하다!'와 '배울 게 많다!'이다.

수업 공개에 부담을 느끼는 것은 자기 수업에 대한 자신감이 부족하기 때문이다. 나 역시 수업이 애초 예상대로 진행되지 않는 경우가 허다하기 때문에 남들에게 보여주는 것이 부끄럽다. 하지만 주제통합수업에서의 공개는 남들에게 평가받기 위한 것이 아니고 수업 진행 상황을 공유하기 위한 것이기 때문에 공개의 목표가 다르다. 애초에 교사들끼리, 서로가 수업을 잘하는지 못하는지 보지 말고 아이들이 어느 정도 인지하고 따라가는지, 그 교과 수업에서 무엇을 배우는지 정도만 확인하자고 약속하면 서로 실례(?)가 되도록 평가하는 상황은 잘 일어나지 않는다.

실제로 다른 교사의 수업을 참관하는 것은 시간을 들인 만큼의 가치가 있다. 아이들이 어떤 토론에서, 어떤 지점에서 흥미와 재미를 보이는지를 알 수 있고, 내 수업에서는 무기력했던 아이가 다른 수업에서는 어떻게 반응하는지 보면서 내 수업을 성찰해볼 수도 있다. 역사과 수업 참관도 마찬가지였다. 아이들이 짝토론과 모서리 토론의 형식에 재미를 느끼고 적극적으로 참여하는 것을 보면서 이제껏 내가 진행했던 토론을 되짚어보고 활용할 요소들을 찾았다. 또한 아이들이 어느 정도로 주제를 깊이 이해하고 이야기 나눌 수 있는지 확인해보고, 내가 진행할 수업의 학습지나 발표 방식을 수정하기도 했다.

국어과에서만 〈칼의 노래〉 수업을 진행했다면 본문을 이해하는 정도로 끝냈을 테지만, 역사과와 연계를 하면서 작품의 배경인 임진왜란과 주인공 이순신에 대해 아이들은 더 깊이 이해할 수 있었다. 게다가 운 좋게도 그해 7월 영화 〈명량〉이 개봉되어 인기를 끌면서, 아이들은 자신이 잘 알고 있는 사건과 인물이 나와 신났다며, 선생님들이 알고 이렇게 수업했냐며 재미있어 했다.

미숙하고도 미숙한, 그러나 용기!

사실 꽤 오래 전에 했던 수업이라 '전쟁과 평화' 주제의 통합수업을 지금 제시하는 것이 괜찮을까 하는 우려도 했었다. 하지만 2018년에 남북관계에 극적인 변화가 생기고 평화의 분위기로 기대감에 들떴다가 하노이 회담의 지지부진한 결과로 다시 낙담하는 모두의 모습을 보며, 이 주제는 아직 우리에게 유효함을 다시 한 번 느꼈다. 우리뿐만 아니라 전 세계의 전쟁 종식과 평화를 염원한다면 영원한 숙제로 남지 않을까 싶다. 그렇게 의미를 두고 이 어설프고 미숙한 수업의 내용을, 부끄러운 민낯을 공개하는 것이다.

또한 동료들과 함께 뭔가를 시도하고 끝까지 실행해나가는 과정을 다른 교사들에게 보여주고 싶기도 했다. 멋들어지진 않아도 함께 무엇인가를 이루어가는 과정은 성취감과 뿌듯함을 주기에 충분했다. 그당시 다른 교과에서도, 다른 학년에서도 '어라? 불가능하고 어려워 보이는데 하긴 하네?' '우리도 시도해볼 수 있겠는데?'라고 생각하는 것 같았다. 그랬기에 그해 2학기에는 음악과와 국어과가 함께 뮤지컬 수업도 했고, 창의체험활동과 엮어서 '탈핵 수업'도 진행할 수 있었다. 뭐든 잘하진 못해도, 완성도는 떨어져도 시도해보는 용기가 가장 중요하다는 것을 깨달았다.

실제로 이런 무모한 용기를 바탕으로, 이 아이들이 2학년이 되었을 때 전 교과가 함께하는 주제통합수업을 진행했다. 처음 2학년 모든 교과가 모였을 때, 전문적학습공동체 운영을 제안하면서 아울러 주제통합수업도 해보자고 했는데 의외로 모든 교과 교사들이 '그럼 한번 해볼까?' 하는 마음으로 참여 의사를 밝혔다. 그리고 바로 그 자리에서 함께 머리를 맞대고 언제, 무엇을 주제로 할지 논의하고 결정했다. 정말 얼떨떨하면서도 황홀한 순간이었다. '잘되든 안 되든 일단 시도해보자'라는 무모함이 모두에게 전염되었을지도 모른다.

그런 면에서 '전쟁과 평화'로 진행했던 첫 주제통합수업은 우리에게 큰 전환점이 되었다. 이 수업에 참여했던 교사들이 주제통합수업의 매력에 흠뻑 빠져, 다른 학년 혹은 다른 학교에 가서도 계속 통합수업을 실행하고 있으니 말이다. 나 역시 학교를 옮겼지만 여전히 우리 학교 아이들에게 어떤 가치를 어떻게 가르쳐야 할지, 다른 교과 교사들과 머리를 맞대며 고민하고 있다.

탈핵
수업

에너지와 환경, 그리고 선택의 윤리학

물리+세계지리+영어+체육

글 김현민 shootingstar153@daum.net

수업 참여 교사 김현민(물리) + 이용걸(세계지리) + 조현수(영어) + 임범식(체육)

'공공성'을
생각합니다

뜨거웠던 '핵에너지 주제통합수업'의 시작

우리나라의 첫 번째 핵발전소[*]는 부산에 있다. 부산시 기장군 장안
읍 고리, 효암리, 그리고 울산시 울주군 서생면 신암리 일대에 위치
한 고리원자력발전소(Kori Nuclear Power Plant)다. 2017년 6월 19일,
핵반응로 '고리 1호기'의 운행이 영구 중지됐다. 1977년 6월 19일
에 가동을 시작했으니 정확히 40년 만이다. 고리 1호기의 영구 정
지와 함께 '탈원전'이 선언^{**}됐다. 탈원전은 19대 대통령 선거의 공약

---

    * 원자력발전소는 원자력이 아니라 핵에너지를 이용해 전기를 생산하
기 때문에 '핵발전소'라고 쓰는 것이 정확하다. 핵발전소의 영어 표기도 'Nuclear Power
Plant'다. 원자로 역시 '핵반응로(Nuclear Reactor)'라고 해야 옳은 표현이다.
    ** 그럼에도 불구하고, 문재인 정부 임기에 신고리 4호기와 신한울 1, 2호기
가 완공되어 가동될 예정이다. 당시 공정률이 75% 이상이었기 때문이다.

이다. 탈원전 선언으로 2031년까지 적용되는 8차 전력수급계획에 따라 착공을 앞둔 핵발전소의 건설은 모두 취소됐다. 하지만 건설 중인 핵반응로 신고리 5, 6호기가 문제였다. 신고리 5, 6호기의 공정률은 28.8%로, 건설이 중단되면 2조 6000억 원의 매몰 비용이 발생하게 된다. 또한 인근 지역 주민과 관련 산업의 이해관계가 복잡했기 때문에 사회적 합의가 필요했다. 공론화 위원회가 출범했고, 여기저기에서 핵발전소에 관한 토론이 이루어졌다. 2017년의 여름은 신고리 5, 6호기로 뜨거웠다. 덕분에 2014년부터 해마다 진행한 '핵에너지 주제통합수업' 역시 뜨거웠다.

2014년 2학기. 개학 직전에 영어과의 조현수 선생님께 전화를 걸었다. 2학기 수업 준비를 하다가 선생님이 생각났기 때문이다.

"쌤~ 우리 주제통합수업 해볼래요?"

영어 교과는 핵에너지와 직접 연결되지는 않지만, 도구교과(?)이니 충분히 '에너지'를 주제로 함께 통합수업을 해볼 수 있을 거라 생각했다. 무엇보다 현수 쌤은 아이들에게 정말 좋은 선생님이며, 나에게도 참 든든한 동료였기에 부담 없이 제안할 수 있었다.

"김현민 선생님의 제안을 듣고 살짝 고민을 했어요. 여름방학을 1급 정교사 자격 연수로 너무나도 뜨겁게 보낸 후라 재충전의 시간이 없어서 쉬고 싶은 마음도 조금 있었고, 다른 한편으로는 여름방학 내내 학습의 자양분을 얻었더니 아이들에게 줄 수 있는 에너지가 생겨서 수업을

180도 바꾸는 큰 공사를 진행 중이었기 때문이죠. 하지만 오래 고민하지 않았어요. 이 역시도 두 가지 이유였는데, 첫째는 제가 좋아하는 셰익스피어의 글귀 '시련이여, 엎친 데 덮쳐서 오라. 이겼을 때의 기쁨은 배가 되리니'가 제 내면의 등을 든든히 받쳐주었고, 두 번째는 현민 샘이 제안하셨기에 그냥 무조건 동참하고 싶었어요. '우리'까지는 모르겠지만 적어도 현민 샘은 '나'에게 그런 존재거든요. 감사하게도 2학기에 이천교육지원청에서 주관하는 수업 코칭 연수를 들으면서, 그동안 부재해 보였던 제 수업 신념을 다시 한 번 바로잡는 계기를 갖게 되었어요. 저의 수업 신념은 '사랑과 존중이 기본이 되는 수업, 흥미 있는 수업, 학생의 인생에 도움이 되는 수업'입니다. 이 가시화된 신념을 수업에 적용하기로 마음먹었어요."(영어 교사, 조현수)

고등학교에서 여러 교과가 연계하여 주제통합수업을 진행하는 일은 쉽지 않다. 함께 수업을 꾸려간다는 것은 함께 시간을 들여 무엇인가를 준비하는 것이기 때문이다. 주제통합수업은 결과보다 그 진행 과정이 의미 있어야 하기에, 수업을 준비하는 데 노력과 품이 정말 많이 든다. 기본적으로 수업 시작 전에 전체 수업 기획, 각 교과별 수업 내용 계획, 평가 계획이 필요하다. 그리고 수업을 진행하면서는 함께 참여하는 다른 교과의 수업도 참관해야 한다. 다른 교과 수업은 어떻게 진행되고 있는지, 아이들은 어떻게 반응하고 있는지 단계별 과정을 살펴 자기 수업에 반영해야 하기 때문이다.

배움의 과정이 살아 있어야 아이들에게 의미 있고 교사에게 보람 있는 수업이 된다. 여러 교과의 교사들이 각 교과의 지식을 통합하여 아이들에게 제공하는 데 그치는 것은 진정한 통합수업이 아니다. 특정 주제를 다양한 영역에서 접근해 그에 대한 문제나 쟁점 사항을 다양한 각도에서 바라보고 질문하며 생각하는 과정을 통해 아이들 스스로가 서로 다른 입장과 판단들을 존중하며 자신의 생각을 정리해나가는 것이 통합수업의 본질이다.

그런데 학교에 근무하는 교사의 일과가 여유롭지 못하다. 이미 수업과 업무로 자신의 일정이 꽉 차 있다. 정규 수업이 끝나고도 방과후학교와 각종 프로그램이 교사마다 제각기 진행되면서 사실상 9시가 되어야 공식적인 일과가 끝난다. 정규 수업 이후는 모두 학생 개인의 선택이므로 아이들의 선택에 따라 교사의 일정이 정해진다. 그래서 학기 중에 여러 교사가 모여 수업에 대해 이야기하는 것이 쉽지 않고, 뭔가를 새롭게 함께 해보자고 제안하기가 어렵다. 거기에 생활 지도가 어려운 아이들이 있다면 학기 중에 수업을 준비하기란 불가능에 가깝다. 그럼에도 불구하고 우리나라의 교사들은 서로와 함께한다. 아이들의 삶에 보탬이 된다고 생각되는 일에 자신을 아끼지 않는 분들이 많다. 신임 교사 때부터 그 모습을 보고 배워왔다.

조현수 선생님과 통화를 한 후 생각이 많이 정리되었다. 멋진 수업을 하려는 욕심을 내려놓고 아이들의 삶에 도움이 되는 수업에 초점을 맞추되, 교사에게 부담이 되지 않는 수업이 되도록 고민을 많이 했다. '뭔가를 새롭게 하기'보다는 각 교과에서 핵에너지를 주제로 다룰 수 있는 내용의 학습 시기를 맞추고, 각 교과 수업에서 '한 가지'만 진행해보자, 그리고 수업을 준비하는 시간과 품이 많이 드는 만큼 '평가에서 수고를 덜자'는 생각을 했다. 평가의 수고를 줄인다는 말은 학생의 평가 부담을 줄인다는 말과 같다.

함께 공부하는 선생님

개학을 한 뒤 세계지리를 담당하는 이용걸 선생님과 체육 교과의 임범식 선생님을 찾아갔다. 지난해에 물리 교과에서 '핵에너지' 수업을 진행할 때 다양한 발전소의 입지조건을 다루는 모둠 아이들로부터 이용걸 선생님께서 도움을 주셨다는 이야기를 들었다. 선생님께 주제통합수업이란 말은 꺼내지 못했다. 그저 물리 수업과 세계지리 수업의 진도를 맞추는 것이 가능한지만을 여쭈었다. 영어 교과와는 내용으로 좀 더 밀접하게 연결하고, 세계지리 교과는 발전소의 현황과 입지조건을 같은 시기에 학습해서 아이들이 스스로 발견하고 생각하게 하면 되겠다 싶었다. 그런데 이용걸 선생님께서 지난해의 '핵에너지' 수업을 관심 있게 보셨다며, 많이 부담되지 않는 범위에서 함께하자고 말씀해주셨다. 그리고 수업을 함께 진행하려면 '가치'를 공유해야 하니, 주제통합수업의 시작을 1차 지필고사

표1 2학년 '핵에너지' 주제통합수업 템플릿

주제	핵에너지			

교과	물리		세계지리	
핵심 질문	어떻게 우리는 '핵'을 에너지화하게 되었는가?		우리에게 적합한 대체에너지는?	
수업 내용 및 수업 방법	1	**핵에너지 이해하기** • 《10대와 통하는 탈핵 이야기》 함께 읽기[1~2차시] • 책 읽고 쓰는 과학글쓰기[3~10차시]	1	**나라별 위치 살피기** • 3대 사고 지역 • 나라별 핵발전소 현황 • 핵발전소 입지조건
	2	**에너지 정책 마켓**[11~15차시] • 여러 가지 발전의 원리 　- 화력발전, 수력발전, 핵발전, 　태양열발전, 태양광발전, 　풍력발전, 조력발전, 지열발전, 　연료전지 • 핵발전의 원리 & 핵폭탄의 원리	2	**기후(바람&해류)** • 피해 확산 경로 • 피해 범위 예상하기
	3	**에너지의 수송**[16차시] • 전기의 생산과 사용 　- 밀양(이천)송전탑 & 　(롯데월드)변전소	3	**대체에너지** • 제너하임, 태양열주택, 서울시 '원전 하나 줄이기' 사례 나눔 • 우리에게 적합한 대체에너지는?

통합활동	핵에너지 심포지엄

영어	운동과 건강생활
안전한 핵발전소는 가능한가?	다수를 위한 소수의 희생은 정의로운가?

1

핵에너지 문제에 관한 외신 탐색 • 핵 관련 3대 사고 - 사고 경위 - 사고 후 피해 상황 • 〈지식채널e〉 - '10만 년 동안의 고민' - '에너지 슈퍼마켓'	**글로벌 지구촌** • 체르노빌 사고 후 독일의 식품 정책 • 먹거리와 방사능 그리고 유전자조작

2

〈**CNN Student News**〉 • 3대 사고의 원인 • 안전한 핵발전소는 가능한가?	**공동체 훈련** • 플라잉디스크 윷놀이 - 균형이 무너진 상태가 주는 영향 • 다수를 위한 소수의 희생은 정의로운가?

3

〈**CNN Student News**〉
• 핵사고의 영향
예) 체르노빌의 낙진이 독일까지 날아갔다면, 후쿠시마의 영향은 우리나라에 미치지 않을까?

이후로 미루어 교사들이 핵에너지에 대해 공부할 시간을 확보하자며 적극적으로 제안하셨다.

에너지 문제의 핵심은 불편을 감수하는 것이다. 꼭 필요하지 않으면 사용하지 않는 것이다. 또한 나만 불편을 감수한다고 해서 해결되지 않는다. 그래서 에너지 문제는 결국 공동체의 문제다. 공공성은 지식의 영역이 아니다. 몸으로 경험하며 익혀야 한다. 체육 선생님을 찾은 이유다. 임범식 선생님은 체육 교과와 핵에너지를 어떻게 연결해야 할지 바로 떠오르지는 않지만 함께 고민하면 의미 있는 활동을 만들 수 있겠다고 말씀하셨다.

선생님들과 함께 한국수력원자력주식회사 누리집[*]의 자료와 소식들을 살폈고, 《10대와 통하는 탈핵 이야기》(최열 외), 《탈핵학교》(김익중 외), 《탈핵으로 바꾸고 꿈꾸는 세상》(탈바꿈프로젝트)을 읽었다. 바쁜 시간을 쪼개고 쪼개 7주를 함께 공부했다. 공부를 하면서 수업에서 다룰 핵심 내용들이 자연스럽게 정리됐고, 아이들이 어떤 문제에 대해 고민하면 좋겠는지가 정해졌다. 그리고 아이들의 생각을 자극하기 위한 활동을 정하고, 아이들이 만들 결과물을 결정했다. 이런 과정을 통해 계획안이 다듬어졌다(표1).

---

[*] http://www.khnp.co.kr/sub/main05.do?mnCd=FN05

책 읽고 글 쓰는
물리 수업

에너지와 우리의 삶

물리 교과 2단원은 "물질과 전자기장"이다. 여기서 나오는 발전(發電)의 원리인 '전자기 유도'는 4단원 "에너지"에서 '전기에너지의 생산과 수송', '여러 가지 발전 방법', '전기에너지의 이용'과 이어진다. 이때 태양광발전의 원리인 '광전 효과'와 핵발전의 원리인 '핵의 변환과 에너지', '원자로와 방사선'을 함께 학습한다. 이와 관련된 교과서 목차는 다음과 같다.

Ⅳ. 에너지

1. 에너지의 발생

(1) 전기에너지의 생산 / (2) 전기에너지의 수송 / (3) 핵의 변환과 에

교과서는 패러데이의 법칙을 통해 전기를 생산하는 원리를 설명한다. 그리고 생산한 전기를 멀리까지 보내는 '송전(送電)'과, 송전할 때 전력 손실을 줄이기 위한 방법을 서술한다.

전기를 생산해서 사용하기까지의 과정은 사람을 거치는 일이다. 수력발전소 하나를 지을 때, 마을 7개가 사라졌다. 안개일수가 증가하고 비 오는 날이 많아졌다. 화력발전소가 가동되면서 공기의 질이 변했다. 전기를 발전하는 방식은 사람들의 생활방식도 바꾼다. 수력발전소, 화력발전소, 핵발전소, 태양광발전소 등 어떤 발전소를 어디에 짓느냐는 그래서 중요한 문제다. 우리의 편리한 생활에는 누군가의 수고와 희생이 숨어 있다. 교과서에는 없는 이야기다.

핵발전은 효율이 높은 전기 생산 방식이지만 감수해야 하는 위험도 크다. 스리마일, 체르노빌, 후쿠시마 사고에서 드러난 위험은 상상을 초월했다. 과학기술은 양날의 검이다. 사용하기에 따라 그 가치와 효용이 달라지는 첨예한 문제는 최대한 많은 사람이 알아야 하고, 함께 생각해야 한다. 공적 영역의 모든 일이 그렇지만 특히 사람의 목숨을 담보로 한 일은 '그들만의 리그'가 되어서는 안 되기 때문이다.

이 수업에서 아이들은 에너지와 관련된 도서들 중 마음에 드는 책을 선택해 읽고, 핵에너지에 대한 자신의 생각을 정리해서 글로 제출한다. 그리고 최종적으로 교내 '핵에너지 심포지엄'으로 확장한다.

수업에도 안내가 필요하다. 간단한 공지 또는 쪽글이 될 수도 있고, 수업의 내용이나 성격에 따라 수업시간 한 시간을 다 할애해 설명회나 모둠별 활동으로 진행하기도 한다. 수업은 교사가 어떤 말을 하느냐보다 아이들이 무엇을 배우느냐가 더 중요하기 때문이다. 그러므로 어떤 의도와 목적을 가지고 어떤 활동을 통해 무엇을 배웠으면 좋겠다는 교사의 교육적 선택에 대해 아이들에게 설명하는 것은 수업의 지도를 제공하는 것과 같다. 핵에너지 수업은 아이들 스스로가 다양한 관점의 의견과 그와 관련된 현안들을 살펴보고 자신의 생각을 정리하는 데 목적이 있다. 자칫 아이들이 느끼기에 전혀 다른 상황의 제재로 수업이 진행될 때도 있는데, 그러한 상황에서 동일하게 작동하는 원리와 맥락을 발견하는 데 도움을 주는 지남철이 수업 안내다.

수업 안내와 짧은 글 낭독

그래서 우리는 본격적인 수업이 진행되기 전 아이들에게 물리, 세계지리, 영어, 체육 시간에 '핵에너지 주제통합수업'이 진행됨을 안

핵에너지 주제통합수업 준비

내했다. 물리의 경우 학기의 첫 시간에 미리 살짝 운을 떼었다가, 본격적으로 "에너지" 단원을 시작할 때 20분 정도를 할애해 상세히 안내했다. 앞으로 각 교과마다 핵에너지 제재로 비슷한 시기에 수업을 진행하며 관련 정보를 제공할 테니 이 분야를 폭 넓게 살피고 깊게 생각하는 계기가 되길 바란다는 당부로 시작했다. 그리고 그동안 이 수업을 위해 선생님들이 모여 공부한 모습과 준비 과정을 조금 티를 냈다. 처음 접하는 주제통합수업에 아이들이 당황하지 않도록 하기 위한 안전장치이자, 선생님들이 애쓴 수업이니 조금 더 이 수업을 귀하게 여겨주었으면 하는 바람이었다.

수업 안내를 마치고 1~2차시 동안《10대와 통하는 탈핵 이야기》 중 '하나의 뿌리에서 나온 핵발전소와 핵무기'를 함께 읽었다. 마이크를 준비해서 한 사람이 한 단락씩 돌아가며 낭독하게 했다. 마이크가 주는 힘이 있어 목소리에 힘이 들어간다. 필요한 경우에 한해서 중간중간 교사가 개입해 용어를 간단히 설명해주거나 교과서의

어느 부분에 나온다는 정보를 주었다. 그리고 연관 지어 생각해볼
만한 뉴스와 쟁점의 제목 정도를 제시해주었다.

"'핵의 변환과 에너지' 수업을 들으면서 핵발전과 핵무기의 원리가 같
다는 것을 배웠어요. 교과서 내용만으로는 그 과정을 충분히 이해하지
못했는데, 책에서 자세한 설명을 읽으며 구체적으로 핵발전의 과정을
알 수 있었어요. 증기를 만들고 뜨거워진 원자로를 식히는 데 물이 필
요한 줄은 알았지만, 100만 킬로와트(㎾)급 원자로에 초당 70톤이 필요
하다는 사실은 정말 놀라웠어요. 핵분열로 얻는 100만큼의 에너지 중
에서 1/3만 전기로 생산된다는 내용과, 발전소의 수명이 정해져 있다
는 내용은 교과서에 없어요. 폐기물을 처리하는 방법도 없었고요. 이
문제는 중요한 문제인 것 같아요. 그리고 예전보다 더 잘 입고 잘 먹는
일이 더 많이 소비하는 것과 관련되어 있다는 사실, 그 '소비'가 '에너
지'와 연결된다는 생각은 못했어요. 혼자 책을 읽었다면 그냥 지나쳤을
것 같아요."(고2, 정○○)

핵에너지 독서수업:
함께 읽고, 설명하고, 이야기 나누고[*]

3~9차시는 본격적인 핵에너지 독서 시간이다. 첫 시간(3차시)은 각자 읽을 책을 선택하는 시간이다. 교사는 12종의 책을 각 4~5권씩 준비해서, 아이들이 과학실에 들어오면 책을 구경할 수 있는 시간을 주고, 준비한 책에 대해 교사가 간략하게 소개한다. 소개를 마치면 읽고 싶은 책을 두세 권 정도 마음속으로 정하게 한다. 책을 차례로 들면서 읽고 싶은 아이들이 손을 들게 하는데, 학생이 4명 이하면 그대로 책을 나누어주고, 4명 이상이면 가위바위보를 해서 이기는 사람이 양보하거나 뽑기 종이를 만들어 'ㅇ'를 뽑은 학생이 우선 책을 갖고 가게 하였다. 가져간 책을 10~20쪽 정도 읽어보고 자기가 예상했던 내용과 수준, 글의 형식이 아닌 경우, 남아 있는 다른 책으로 바꿀 수 있게 했다. 책 읽는 것이 익숙하지 않은 아이들을 위해 다소 가벼운 그림책과 사진책, 동화책도 준비했다. 하지만 이런 책만을 읽는 건 금지했다.

책을 선택한 후 일주일에 3시간씩, 2주 동안 수업시간에 책을 읽으며(4~9차시), 생각을 정리하여 핵에너지에 대한 글을 자유롭게 작

---

[*] 3~10차시의 책 읽고 글 쓰는 수업의 자세한 진행은 내가 공저로 참여한 《한 학기 한 권 읽기》(서해문집, 2018)의 '서평쓰기2: 과학도서'와 '주제별 책 읽고 발표하기'의 방법을 따랐다.

성해 제출하도록 했다. 3명이 한 모둠이 되어, 수업시간 중 35분간은 자신이 선택한 책을 정독하고, 15분간은 자신이 읽은 내용을 친구들에게 이야기해주는 방식으로 진행했다. 한 모둠의 아이들이 서로 다른 책을 읽기 때문에 동시에 3권의 책을 읽는 효과가 있다. 같은 주제에 관한 각기 다른 책을 읽음으로써 이 분야의 다양한 관점을 살피게 하고 싶었다.

서로에게 설명하고 질문하며 이야기 나누는 이 시간이 매우 중요하다. 세계지리, 영어, 체육 시간에 다룬 내용들이 자연스럽게 소재로 등장했다. 책의 내용과 각 교과에서 학습한 내용이 어우러져 다양한 이야기와 질문이 나왔다. 교사는 아이들 사이를 지나다니며 아이들의 이야기를 안 듣는 듯 듣다가 꼭 필요한 순간에 보충 설명을 하거나 질문에 답을 해준다. 모둠의 대화에 개입하는 것을 의식적으로 피해 최소한의 질문에만 답을 하는데도 50분의 시간이 부족한 날이 종종 있었다. 물론 모든 학급이, 모든 모둠이 똑같이 활발하게 반응한 것은 아니다. 조근조근 깊이 있게 이야기를 나누는 아이들도 있었고, 컨디션이 좋지 않아 그 과정에 적극 참여하지 못하는 아이도 있었다. 같은 내용과 같은 방법으로 수업을 진행해도 구성원과 환경, 교사와 학생의 상호작용에 의해 변화하기 때문이다.

이렇게 총 7차시 동안 책읽기를 진행한 후, 10차시에 글쓰기를 위한 개요(활동지) 작성 시간을 주었다. 마감 시간(약 일주일)을 주고 함께 글쓰기를 시작해야 글쓰기를 포기하는 아이들이 줄어든다. 글쓰기는 집에서 과제로 해오도록 하는데, 이 기간 동안 수업시간에 발표나 활동을 하면 글이 좋아진다. 11차시부터 진행되는 '정책 마켓' 수업을 통해 모둠 친구들이 어떤 생각을 하고 있는지 공유하다 보면 자신의 생각을 논리적으로 체계화하는 데 큰 도움이 된다. 다만 '정책 마켓' 수업과 같은 활동에 너무 무게가 실리면 아이들이 작성하는 글이 다 비슷해질 우려가 있기 때문에 중간에 글을 먼저 걷는 것이 좋다. 그리고 제출 마감 시간은 대개 일요일 밤 11시까지로 하는데, 자정을 기준으로 하면 아이들이 날짜에 혼동을 겪는 경우가 많기 때문이다.

정책 마켓: "우리 마을의 발전소는 우리 손으로"

개요 작성 후 글을 제출하기까지, 교과서에서 소개하는 '핵의 변환과 에너지', '원자로와 방사선', '태양전지', '여러 가지 발전 방법'에 대해 학습하면서 '정책 마켓' 수업을 진행했다. 특히 '어떻게 우리는 핵을 에너지화하게 되었는가?'를 핵심 질문으로 삼아 수업을 진행했는데, 교과서의 내용이 우리 삶과 연결되어 있다는 것을 조금이라도 느낄 수 있는 질문이 필요했기 때문이다. 소단원으로 쪼개진 개념들을 하나로 묶고 현실 문제를 체감할 수 있도록 이 질문을 매시간 PPT 첫 장에서 보여주었는데, 아이들에게 글쓰기 기간임을 은근히 압박하는 효과도 있었다.

11~15차시의 '정책 마켓' 수업은 우리 고장인 '이천'을 포함하여 '세종', '울릉도', 'DMZ' 네 지역에 발전소를 추가 건설한다는 설정으로 진행한 활동 수업이다. 발전의 원리, 발전소의 종류에 관한 정보를 현실과 연결 짓기 위함이다. 30명의 학생 중 10명은 에너지 사업자가 되어 가능하면 많은 지역에서 사업권을 획득하려 하고, 20명은 각 지역의 에너지 정책 태스크포스(TF)팀이 되어 자기네 지역 사업자를 선정하는 경쟁 입찰 방식으로 진행했다.

10명의 학생은 2인 1팀(총 5팀)의 사업자다. 사업자 팀은 팀별로 먼저 교과서에 제시된 화력발전, 수력발전, 핵발전, 태양열발전, 태양광발전, 풍력발전, 조력발전, 지열발전, 연료전지 중 한 가지 발전 방식을 선택한다. 발전 원리, 건설 비용, 실효성을 비롯해 각 지역에 맞는 프레젠테이션 전략을 꾸려 에너지 사업권 획득을 위한 경쟁 입찰에 참여한다.

20명의 학생은 5인 1팀(총 4팀)의 에너지 정책 TF팀으로 나뉜다. 이천, 세종, 울릉도, DMZ의 각 지역별 TF팀은 자기 지역의 사업자를 선정하는 권한이 있다. TF팀원은 에너지 담당 공무원, 시장, 시의원, 국회의원, 과학자, 환경 전문가 등으로 구성되어 자기 지역의 입지조건, 현재 전력 상황, 인구 변화 추이, 교통·통신, 사고 발생 위험 등을 고려하여 사업자를 선정하도록 했다. 예시로 준 직위(?)는 필요에 따라 자유롭게 변경할 수 있게 했다.

경쟁 입찰은 5팀의 사업자가 프레젠테이션을 진행하고, 지역별 정책 TF팀이 질의 응답하는 순서로 진행했다. 15분 프레젠테이션, 10분 질의 응답이다. 1팀당 25분씩 총 125분이 소요된다. 50분 수업 기준으로는 2차시 반의 시간이다. 모든 사업자의 프레젠테이션이 끝나면 각 지역별 정책 TF팀은 10분간 협의 시간을 가진 후 선정 사업자를 발표한다.

처음에는 과학실을 4개의 공간으로 나누어 지역별 입찰을 동시 진행하려고 생각했다. 사업자 팀이 4개 지역을 돌며 각 지역에 맞는 포인트를 잡아 맞춤형 프레젠테이션을 하도록 하기 위함이었다. 그런데 그러면 사업자 1팀이 4개의 프레젠테이션을 준비해야 해서 부담이 너무 큰 데다가, 다른 지역의 TF팀이 어떤 질문을 하고 사업자를 선정할 때 어떤 요소를 중요하게 생각하는지도 함께 보는 것이 더 좋겠다는 판단에서 방식을 바꿨다. 4개 지역의 TF팀이 함께 프레젠테이션을 듣고 질의 응답을 한다고 안내했다. 이때 사업자 팀은 프레젠테이션 중간중간 각 지역 상황을 고려한 자기네 팀의 장점을 최대한 어필하도록 했다.

- 1차시: 팀 정하기, 역할 나누기, 정보 수집
- 2차시: 팀별 전략 수립
- 3~5차시: 경쟁 입찰 및 선정 결과 발표

사업자 팀은 발전의 원리를 중심으로 각 지역에 적합한 입지조건을 살펴 최선의 효율을 증명(?)해 많은 지역에서 사업권을 획득하는 것이 목표다. 어느 팀에 속해 있든지 그저 교과서가 제공하는 발전 방식, 장단점, 입지조건 정보로는 우위를 선점할 수 없는 미션이다. 교과서에 제시된 9가지 발전 방식 중 사업자 5팀이 각기 선택한 사업은 태양열발전, 태양광발전, 조력발전, 연료전지, 핵발전이었다. 그런데 핵발전을 선택했다고 해서 갸우뚱하는 TF팀이 있었다. 핵발전을 선택한 사업자 팀은 핵발전의 원리, 원자로의 구조와 현황에 대해 차분히 설명해나갔다. 그리고 핵의 위험성을 설명하며 현재 핵발전소의 안전장치들에 대해서도 이야기했다. 이 팀의 주요 목표 지역은 이천과 세종이었다.

"이 그래프는 이천과 세종의 인구 유입과 신규 산업체 수를 나타낸 것입니다. 지속적으로 증가하고 있으며 그 속도가 점점 빨라짐을 보실 수 있습니다. 저희는 이 지역에 신규로 발전소를 건설하는 것은 무리가 있다고 판단했습니다. 저희는 두 가지 방법으로 이천과 세종의 전력 문제를 해결하고자 합니다. 첫째, 연구를 통해 기존 핵발전 시설의 안정성과 발전 효율을 높이는 것입니다. 현재 핵발전은 제어봉을 조작하여 핵반응으로 얻는 에너지 중 5% 미만을 전력 생산에 활용합니다. 좀 더 안정적인 방법으로 핵반응을 제어할 수 있다면 발전 효율을 높일 수 있다고 판단합니다. 또한 예산을 투입하여 현재의 안전시설을 보강하고

083

관리하려고 합니다. 무엇보다 사용 후 폐기물 처리에 관한 연구개발에 주력하여 후손에게 주는 피해를 줄이며, 핵폐기물 처리와 함께 사용연한이 끝난 핵발전소 해체를 준비하겠습니다. 둘째, 이천과 세종 시민을 대상으로 에너지 절약 운동을 진행할 것입니다. 에너지를 아껴 쓰지 않으면 에너지는 아무리 많이 생산해도 부족할 수밖에 없기 때문입니다. 그래서 저희 팀의 목표는 핵발전소 건설이 아니라, 현재 가동 중인 핵발전소의 안전한 관리입니다."

이천, 세종, 울릉도, DMZ 지역의 정책 TF팀 학생들은 자신이 선택한 역할의 옷을 입고, 사업을 깐깐하게 살피며 사업자에게 날카로운 질문을 던졌다. 사업자가 설명하는 원리가 이해가 되지 않거나 자신이 알고 있는 사실과 다르면 다시 설명해달라고 요청했고, 자원의 획득 방법, 처리 방법, 수치로 제시된 효율의 근거를 꼼꼼하게 물었다. 그리고 모든 사업자의 프레젠테이션이 끝난 뒤 10분간 TF팀별로 협의하여 선정 사업자를 발표했다.

핵발전 사업자 팀은 인상적인 프레젠테이션을 진행했음에도 불구하고 선정되지 못했다. 과학기술의 발전에 기대기보다 안전을 확보하는 방향의 의사결정이다. 결국 이천과 세종 지역의 에너지 사업권은 태양광발전과 태양열발전 팀에게 돌아갔다. 신규 도로, 공영 주차장, 노후 건물 외벽 등의 공간을 활용한다는 계획이 TF팀에게 매력적이었던 것 같다.

울릉도와 DMZ 지역의 TF팀은 대규모 발전시설 건설을 유보하는 결정을 내렸다. 환경을 보존하는 것이 더 큰 가치가 있다고 판단한 것 같다. 인구 증가와 필요 전력량 증가분은 가정집과 유휴 공간에 소규모 태양열·태양광 발전시설을 설치하는 것으로 가닥을 잡았다. 서울시의 '에너지 제로 하우스'를 모델로, 연구개발에 주력하기로 결정했다고 한다. 그리고 예산의 절반을 조력발전 연구에 투자해 최소의 인공 구조물로 효율 높은 발전을 할 수 있는 장기 과제를 선정하였다.

정책 TF팀은 어떤 발전 방식이 자신들의 지역에 가장 이득이 되는지를 결정하는 것이 과제였다. 비용과 효율 그리고 환경 영향이 선정의 핵심 쟁점이 될 것이라 예상했다. 하지만 아이들은 안전과 가치에 집중하는 모습을 보였다.

이 수업은 세계지리 수업과 연결되어 있기에 가능한 수업이기도 했다. 아이들은 세계지리 교과에서 이미 세계 각국의 발전소 현황을 비롯해 여러 발전소의 입지조건과 나라별 에너지 정책에 대해 조사하고 발표하는 수업을 경험했다. 또한 뒤이어 태양열 주택, 서울시 '원전 하나 줄이기' 캠페인 등을 살피며 '우리에게 적합한 대체에너지는?'이라는 핵심 질문으로 수업을 진행하고 있었다. 그리고 영어 시간에는 〈CNN Student News〉를 활용하여 3대 핵발전소 사고의 원인을 살펴보고 '안전한 핵발전소는 가능한가?'라는 주제로 안전성의 문제까지 살피고 있었기에 아이들의 생각이 자연스럽게 연결되었다고 생각한다.

물론 모든 학급이 착착 순서에 맞게 수업을 하지는 못했다. 각 반 시간표의 교과 배열 순서가 달랐기 때문이다. 그래도 각 교과에서 동일한 주제의 내용을 같은 시기에 진행한 것만으로도 아이들의 몰입도와 반응은 확연히 달랐다. 아이들 입장에서는 선생님들이 꽤나 촘촘하게 수업을 기획했다는 느낌을 받은 것 같다. 특히 체육 시간의 공동체 훈련은 화룡점정이었다.

'정책 마켓' 수업을 마치고 아이들이 제출한 글을 고쳐 쓸 수 있는 기회를 주었다. 보통 과학 교과에서는 하지 못하는 과정인데, 학기당 주어진 수업시간 안에 다루어야 하는 교과 내용이 넘쳐서 물리적으로 감당하기 어려운 데다가 '고쳐쓰기'는 일반적으로 과학 수업과는 거리가 멀다는 편견 때문이기도 하다. 하지만 아이들이 쓴 글의 완성도를 높이고 싶었기에, 교사의 피드백 전에 다른 친구들의 의견을 먼저 듣게 했다. 아이들이 제출한 글을 모둠 친구들과 돌려 읽으며 빨간 펜으로 표시하면서 서로에게 궁금한 점을 묻고 답하게 했다. 이는 교사가 아이들의 글을 읽으며 느끼는 피로를 줄이기 위한 방법 중 하나이기도 하다. 아이들이 표시해준 내용을 함께 읽으며 고쳐 썼으면 하는 부분을 간단하게 알려주어 글의 완성도를 높여 최종본을 제출하도록 했다.

기말고사가 끝나고 방학을 하기까지 열흘 남짓한 시간이 있다. 이 기간에 성적 처리가 이루어진다. 채점을 하고 이의신청기간을 거쳐 교육청의 교육행정정보시스템인 나이스(NEIS)에서 최종 성적을 산출해 성적표를 출력하기까지 걸리는 시간이다. 동시에 교사들은 자기 수업을 돌아보며 아이들의 수행 과정과 성장을 학교생활기록부에 기록하는 시기이기도 하다. 경기도의 교사들은 평균적으로 30명 내외로 구성된 5~6개 반 수업을 맡는다. 학교생활기록부를 기록해 주어야 하는 아이들의 수는 150~180명. 거기에 담임반 아이들의 진로·자율·봉사활동과 개인별 세부능력평가, 행동발달 및 종합의견까지 작성한다. 중학교는 시험을 보지 않는 자유학년제의 기록으로, 고등학교는 대학입시와 연결되는 기록으로, 이 시기는 매우 예민해지고 물리적으로 시간이 부족하다. 물론 다음 학년으로 학적이 넘어가기 전까지 추가로 기록할 수는 있지만 대부분 교육청에서 지정하는 '학교별 생활기록부 점검일'을 기준으로 마무리해야 한다.

이 시기에 아이들은 평가가 끝났다는 이유로 많이 풀어져서 수업을 끌어가려면 에너지가 더 많이 필요하다. 교사는 바쁜데 아이들은 들떠 있는 이 시기는 수업 취약 시기다. 그러므로 이 시기에 뭔가를 새로 하는 것은 쉽지 않지만 그동안의 수업을 갈무리하는 활동은 해볼 만하다. '핵에너지 심포지엄'(참고자료)은 그런 의미에서도 매우 유용한 활동이었다.

기말고사를 마친 후 아이들은 물리 시간에 최종 제출한 글을 바탕으로 발표를 준비한다. 각 학급에서 희망하는 아이들이 발표하는 방식으로 예선을 진행했는데, 대략 40여 명의 참가자 중 아이들 호응이 좋은 8명을 선발했다. 아래의 기준을 알려주고 5점 만점의 동료평가와 교사평가 5점을 합산한다.

- 발표 내용을 잘 이해하고 적절하게 전달했는가?
- 자신감을 갖고 이야기하는가?
- 주장·설명하는 내용은 정확한가?
- 시청각 자료는 발표 내용을 이해하기 좋도록 했는가?
- 듣는 이와 교감하는가?

이렇게 예선을 거쳐 선발된 8명이 1, 2학년 전체가 모인 자리에서 발표를 하고 질문을 받는 심포지엄을 진행한다. 아이들은 차례로 자신이 준비한 발표 자료로 발표를 하고, 발표를 마치면 진행자가 청중에게 질문을 받아 발표자가 답변하는 방식으로 진행한다. 심사위원은 이 주제통합수업을 함께 진행한 교과 선생님들과 2학년 학년부장 선생님, 그리고 교장선생님이 맡아주셨다. 각 심사위원의 점수(25점 만점) 중 최고점과 최하점을 제외한 점수의 합으로 등위를 결정한다.

이 심포지엄은 아이들이 발표 자료를 준비하면서 자신들의 생각을 한층 단단하게 하는 의미가 있다. 그리고 2학년에게는 1학년 후배들 앞에서 자기가 연구한 성과를 발표하는 자리였고, 1학년에게는 내년에 배울 내용을 선배들의 입을 통해 미리 듣는 자리였다.

세계지도 펴고 토론하는
지리 수업*

발전소 입지조건과 각국의 에너지 정책

"세계지리 교과서는 '에너지' 문제를 직접적으로 다루지 않아요. 작은
단원으로 여러 발전소의 입지조건을 다룰 뿐이죠. 처음에 교사들과 핵
에너지를 공부하면서, 이런 부분은 지도를 펴놓고 아이들에게 생각하
게끔 하면 좋겠다 싶은 내용들이 있었어요. 핵발전소 사고가 일어난 스
리마일, 체르노빌, 후쿠시마의 위치를 지도로 확인하고, 나라별로 발전
소 특히 핵발전소의 위치를 표시해보는 것만으로도 여러 생각을 할 수
있는 계기가 될 것 같았어요. 그리고 바람과 해류의 이동을 학습하면서
과거 핵사고의 영향이 어떤 경로로 어디까지 퍼져갔는지를 자연스럽

---

* 이하 각 교과에서 진행한 수업에 대해서는 각 선생님들의 수업 후기(보고
서)와 인터뷰를 바탕으로 재구성했다.

게 상상할 수 있을 거라 생각했어요.”(세계지리 교사, 이용걸)

10월의 마지막 주. 아이들은 물리 시간에 핵에너지에 관한 책을 읽고 이야기를 나누고 있다. 영어 시간에는 스리마일, 체르노빌, 후쿠시마 사고 내용의 지문으로 독해 수업을 진행한다. 그리고 세계지리 시간에 이 사고들을 시각화한다. 세계지도를 펴서, 세 사고가 있었던 지역을 붉은 스티커로 표시해주었다.

“지도에 표시된 세 곳의 핵발전소를 보는 순간 물리 시간에 읽었던 책 내용이 떠올랐어요. 1986년 체르노빌에서 사고가 난 이후에 폴란드의 산모들이 기형아가 태어날까봐 20만 명이나 낙태를 한 이야기와, 7세 미만의 아이들에게 우유를 먹이지 말라고 발표한 독일의 이야기요. 체르노빌과 독일이 1000킬로미터 이상 떨어져 있다고 쓰여 있긴 했는데, 지도에 표시된 걸 보니 후쿠시마와 서울 거리보다 더 멀리 떨어져 있었어요. 그런데도 방사능 피해가 있었다니 정말 놀랐어요.”(고2, 기○○)

이어서 세계 각국의 핵발전소 현황이 나타난 교과서의 지도를 펼쳐 '가동 중', '건설 중', '건설 예정'을 보여주었다. 더불어 우리나라의 핵발전소 현황을 제시했다. 그리고 아이들에게 핵발전소를 비롯한 여러 발전소의 입지조건과 각 나라의 에너지 정책을 모둠별로 조사하여 정리·발표하도록 했다.

세계 및 국내 핵발전소 현황

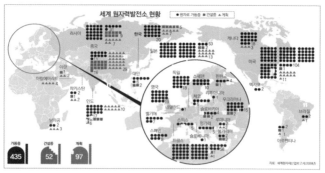

대기와 해양의 운동, 후쿠시마 사고가
우리나라에 미치는 영향은?

11월 첫 주. 아이들은 영어 시간에 핵사고의 영향에 대해 학습하고
있다. 자연스럽게 '체르노빌의 낙진이 독일까지 날아갔다면, 후쿠
시마의 영향은 우리나라에 미치지 않을까?' 질문한다. 지구의 대기
와 해양은 끊임없이 움직인다. 대기와 해양의 이동은 지구 시스템

해류의 이동, 대기의 이동

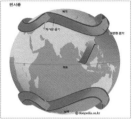

을 유지하는 매우 중요한 역할을 한다. 지구의 온도를 일정하게 유지해주고 각종 오염을 정화하며 환경의 균형을 맞추는 기능을 한다. 세계지리 시간에 아이들에게 대기와 해양의 이동을 소개하고, 사고가 있었던 핵발전소의 위치를 다시 제시했다. 그리고 아이들에게 모둠별로 스리마일, 체르노빌, 후쿠시마 사고 피해의 확산 과정과 확산 지역을 추정하도록 했다. 또한 사고가 발생했을 때 피해를 최소화하려면 어떤 대책을 마련해야 할지, 필요한 제도와 장치를 토의하여 제안하도록 했다.

대체에너지 마을 '제너하임'에서
'원전 하나 줄이기' 캠페인까지

11월 둘째 주. 아이들은 물리 시간에 다양한 발전소에서 전기를 만드는 원리와 태양광발전을 비롯한 신·재생 에너지에 대해 학습한다. 우리나라에는 태양광을 이용한 주택은 물론 100% 대체에너지

대체에너지 마을, 제너하임

만을 사용하는 마을이 조성되었다. 2010년 경기도 화성 동탄 신도시에 조성된 '제너하임'이다(서울시에도 2017년 12월 '노원 에너지 제로 주택EZ house'이 조성됐다). 또 서울시에서는 '원전 하나 줄이기' 캠페인을 시작했다. 아이들에게 '제너하임'과 '원전 하나 줄이기' 캠페인을 소개하고, 이것들이 구체적으로 어떤 방법으로 운영되고 있는지 조사한 뒤 우리나라의 지형 요소를 고려하여 적합한 대체에너지에 대해 모둠별로 발표하도록 했다. 대체에너지 조사 활동이 이루어지는 동안 물리 시간에는 태양광발전의 원리인 '광전 효과'를 다루었다.

각 교과에서 다루는 비슷한 주제의 내용을 시기를 맞추어 학습하는 것만으로도 아이들의 생각을 자극하기에 충분하다. 교과서의 내용을 다른 교과의 내용과 연결하는 것은 새로운 경험이다. 지도를 통해 상황과 문제를 파악하는 세계지리의 핵심 기능이 다른 교과의 문제 상황과 만나면 문제를 해결하는 생각의 폭이 넓어짐을 느낄 수 있다. 핵에너지 주제통합수업을 하면서 물리, 영어, 체육 시간의 활동들이 자연스럽게 세계지리 시간에 반영되어 상호작용함을 볼 수 있었다. 이런 상호작용이 아이들을 '시민'으로 성장시킬 것이다.

영화, 인터넷, CNN 뉴스로
생각을 넓히는 영어 수업

〈체르노빌 다이어리〉로 생각 깨기

이 주제통합수업에서 영어는 어떤 부분을 담당해야 할까, 많은 고민을 했다. 무엇보다 핵에너지의 위험성과 불안한 현상들을 아이들과 함께 영어를 통해 나누고, 생각하고, 토론하기에 좋은 제재를 물색하던 중 핵발전소의 사고 사례를 다루면 좋겠다는 결론을 내렸다.

'아이들의 눈높이에 맞춰 흥미롭고 재미있게 학습하되, 배운 것이 도움이 될 것.' 선생님들과 함께 공부하며 공유한 수업의 방향이다. 이것을 염두에 두고 수업을 고민했다. 우리 학교 아이들은 극소수를 제외하고는 영어 수준이 많이 미흡하기에 독해 텍스트의 난이도 선정에 고민이 많았다. 하지만 꼭 고2 수준에 맞추지 않아도 아이들이 하나라도 배우고 수업에 참여한다면 거기에서 배움의 점프가 일어나지 않겠는가.

우선 아이들의 호기심을 불러일으킬 수 있는 아이스 브레이크(ice break)에 해당하는 요소를 찾다가 〈체르노빌 다이어리〉라는 영화를 선택했다. 영어로 된 공포영화였는데, 영화에서 다루는 모든 내용이 절대적 진리는 아니겠지만 핵사고의 위험성을 생각해볼 수 있는 인트로로 사용하기에는 적합하다고 생각했다. 결과는 대만족이었다. 외계인이나 좀비, 사이코패스의 살인 같은 상투적인 공포 요소가 아닌 낯선 핵사고의 무대가 아이들에게는 미지의 공포심을 주었던 것 같다.

영화를 보는 도중에 아이들에게 내주었던 작은 과제는 영화 속에서 '핵사고 이후의 변화된 주변 환경과 피해를 찾아 적기'와 '자신의 귀에 들리는 영어단어 50개 적기'였다. 첫째는 아이들이 물리 시간에 읽고 있는 탈핵 관련 책의 지식을 영화를 통해 실증해볼 수 있는 기회를 제공하고 싶었고, 둘째는 하위 수준 학습자들이라도 자신이 알고 있는 어휘를 재확인하고 어떻게 발음되는지까지 확인해볼 수 있는 기회라 생각했기 때문이다.

핵사고 관련 영문 독해와 '문장 순서 맞추기'

영화 시청이 끝나고 이제 본격적으로 아이들 수준에 적합한 텍스트를 찾기 시작했다. 온라인상에는 쉽게 얻을 수 있는 자료가 무궁무

핵사고 관련 영어 기사 발췌문

Chernobyl Accident 1986

(Updated October 2014)

- The Chernobyl accident in 1986 was the result of a flawed reactor design that was operated with inadequately trained personnel.

- The resulting steam explosion and fires released at least 5% of the radioactive reactor core into the atmosphere and downwind. – some 5200 PBq (I-131 eq). (페타베크렐 단위 10억)

- Two Chernobyl plant workers died on the night of the accident, and a further 28 people died within a few weeks as a result of acute radiation poisoning.

- UNSCEAR says that apart from increased thyroid cancers, "there is no evidence of a major public health impact attributable to radiation exposure 20 years after the accident."

- Resettlement of areas from which people were relocated is ongoing. In 2011 Chernobyl was officially declared a tourist attraction.

Map of Ukraine and Belarus

Since 1989, over 1000 nuclear engineers from the former Soviet Union have visited Western nuclear power plants and there have been many reciprocal visits.

Over 50 twinning arrangements between East and West nuclear plants have been put in place.

Most of this has been under the auspices of the World Association of Nuclear Operators (WANO), a body formed in 1989 which links 130 operators of nuclear power plants in more than 30 countries (see also information page on Cooperation in the Nuclear Power Industry).

Many other international programmes were initiated following Chernobyl.

The International Atomic Energy Agency (IAEA) safety review projects for each particular type of Soviet reactor are noteworthy, bringing together operators and Western engineers to focus on safety improvements.

These initiatives are backed by funding arrangements. The Nuclear Safety Assistance Coordination Centre database lists Western and totalling almost US$1 billion for more than 700 safety-related projects in former Eastern Bloc countries.

The Convention on Nuclear Safety adopted in Vienna in June 1994 is another outcome.

The Chernobyl Forum report said that some seven million people are now receiving or eligible for benefits as 'Chernobyl victims', which means that resources are not targeting the needy few percent of them.

Remedying this presents daunting political problems however.

ref : http://www.world-nuclear.org/info/Safety-and-Security/Safety-of-Plants/Chernobyl-Accident/

우리말 해석 문장 답안지

Answer sheet

Answer sheet

'문장 순서 맞추기(scrambled sentences)' 활동

진하지만 그것들이 모두 신뢰할 수 있을 만한 객관적인 정보는 아
니기에, 공신력 있는 자료를 구하기 위해 노력했다. 우선 책을 찾아
보았다. 고등학교 수준의 교재 속에 담긴 핵사고 관련 글을 찾기 위
해 대학교 교수님께도 부탁드리고 직접 서점을 살펴보면서 다양한
노력을 했지만 생각보다 찾기가 어려웠다. 그래서 이번에는 인터넷
기사를 검색했다. 다양한 웹페이지들이 나왔지만 대부분이 자신의
견해 또는 스크랩을 한 것이라 믿을 수가 없었다. 그중 공신력 있다
고 판단되는 세계원자력협회 누리집(www.world-nuclear.org)에서 자
료들을 얻었다. 모든 기사를 수업에서 다루기에는 양이 너무 방대
했기에 핵사고와 관련된 핵심 부분만을 발췌했다.

아이들에게 직접 해석을 시키기에는 텍스트의 수준과 아이들의 영어 실력이 차이가 났기에, 곰곰이 생각한 끝에 '문장 순서 맞추기 (scrambled sentences)' 기법을 사용하기로 했다. 무작위로 섞여 있는 우리말 해석 문장을 해당 영어 문장 아래에 오려 붙여 알맞은 순서로 배치하는 방식이다. 영어 기사 발췌문을 아이들에게 제공하고 모둠별로 한번 읽어보게 한 뒤 답안지를 나눠주고 해석 문장을 문장 단위로 오려내어 풀로 붙이게 했다.

'문장 순서 맞추기'를 하는 동안 아이들 사이에서는 많은 얘기가 들렸다. 자신이 읽은 책의 내용과 똑같다, 이런 사고가 우리나라에서도 일어날 확률이 있다, 왜 아직까지 우리나라는 핵발전소를 계속 가동하느냐 등 각자의 의견을 친구들과 교환하면서 모둠별 과제를 완성해가고 있었다. 문장의 난이도를 물어보았더니 그리 어렵지 않다고 한다. 자세히 보니 숫자라든가 나라 이름, 자신들이 알고 있는 어휘가 나오는 부분들로 미루어 짐작하면서 문장을 완벽히 해석하지는 못해도 끼워 맞춰가는 아이들의 기지(?!)가 눈부셨다. 그렇게 하고 난 뒤 아이들에게 모둠에서 만든 결과물의 영어 문장이 올바르게 우리말로 해석이 되는지 확인해보고, 잘 몰랐던 문법이나 어휘가 있으면 해석 문장을 통해 확인해보라고 권유했다.

'문장 순서 맞추기'가 끝나고 나서는 EBS 〈지식채널e〉의 '10만 년 동안의 고민'을 보면서 철저한 분리수거의 필요성을 생각해보고, 핵폐기물에 대한 관심 고조를 이끌었던 '에너지 슈퍼마켓'을 보며 풍부한 전기 뒤에 숨겨진 다른 지역민들의 아픔을 통해 전기의 무분별한 남용을 막고 소중하게 사용해야 한다는 내용을 숙고하는 기회를 가졌다. 아이들은 그동안 무지했던 부분을 4개 교과 통합수업을 통해 다각도로 학습하면서, 융합하여 학습하기의 힘을 조금씩 체감하는 듯했다.

CNN 뉴스 시청하기

마지막으로 핵발전소의 사고에 대해 조금은 더 알기 쉽게 구체적인 예를 들어 설명해준 〈CNN Student News〉를 시청했다. 다음 사진의 A는 후쿠시마 핵사고에 대한 일본의 대처를 생방송으로 보여주는 장면이고, B는 현재의 작업이 무엇을 의미하는지를 스파게티를 이용해 설명하는 모습이다.

사실 이 주제통합수업을 기획하는 과정에서 중점을 둔 것 중 하나가 아이들의 과중한 수행평가를 어떻게 하면 좀 더 가볍게 만들어줄까였다. 각 교과마다 1차 지필평가와 2차 지필평가 사이, 좀 더 현실적으로 말하면 2차 지필평가를 하기 2주 전쯤에 수행평가 시즌이 따로 존재한다. 거의 모든 교과가 수행평가를 실시하기 때문에 아이들에게는 제3의 시험이라고 해도 과언이 아닐 정도로 큰 부담을 갖는 게 사실이다. 그래서 4개 교과를 융합해서 각 교과에서 배운 내용이 다른 교과의 평가에서도 유의미하게 사용될 수 있도록

후쿠시마 핵사고 〈CNN Student News〉 영상 자료

A   B

하자는 것이 큰 흐름이었다.

영어 수행평가는 2가지였다(표2). 표2의 A는 핵발전소 사고로 인한 방사능이 인체에 어떠한 경로를 통해 들어오는지를 수업에서 다루고 테스트를 한 것이며, B는 '문장 순서 맞추기' 활동을 하면서 살펴봤던 3대 핵사고 기사의 일부를 언급하고 핵발전소의 장단점을 기술하도록 했다. 객관적인 시각을 주지하면서도 예상되는 위험성은 없는지, 자신들이 읽은 책의 내용을 서로 토론했던 시간이 평가를 통해 반영될 수 있도록 유도했다.

결과는 솔직히 믿기 힘들 만큼 훌륭했다. 일반적으로 성적이 좋은 아이들은 그렇다 치더라도, 수업에서 입 한번 떼기 힘들었던 아이들조차 자신이 읽은 책의 내용과 타인의 생각들을 적절히 종합하여, 적합한 이유를 들어 올바르게 주장하고 있었기 때문이다. 물론 그 책들이 한글이었기 때문에 좀 더 편안하게 진행되었을 수도 있

101

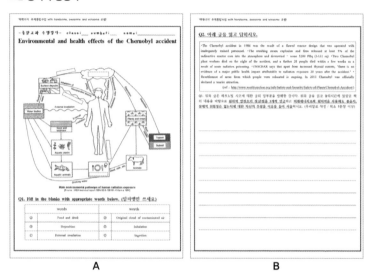

A   B

지만, 그것이 하나의 촉매가 되어 영어 텍스트를 읽고 이해하는 동
기부여가 되어준다면 마다할 이유가 없을 것 같다.

　　"처음 해본 주제통합수업에 대해 결론부터 말하자면, '아이들에게 큰
　　도움이 된다'입니다. 아이들에게 도움이 된다는 건 내 수업이 그만큼
　　지지를 받는다는 것이고, 그러면 수업 연구도 기쁜 마음으로 할 수 있
　　고 그것이 보람으로 이어집니다. 다만 선행되어야 할 요소가 분명히 있
　　습니다. 아쉽게도 이번 주제통합수업에서 다른 교과는 모르겠지만 영
　　어 교과는 교육과정의 재구성이 제대로 되지 못한 것 같습니다. 핵에너
　　지라는 공통 요소의 큰 흐름 속에 자연스럽게 녹아들어갔다기보다는

원래 있던 몸뚱이에 찰흙으로 덧붙인 느낌이랄까. 함께 융합을 하려는 교과들의 교집합을 정하는 것도 중요하지만 이에 못지않게 각자의 교과에서 정말 이 주제들이 제대로 '흡수'되었는지, 그런 교육과정을 스스로 구성하였는지가 중요하다고 생각합니다. 그럼에도 불구하고 학생과 배움을 중심으로 각 교과에서 배운 내용을 유의미하게 이어주는 주제통합수업은 앞으로 학교 교육의 방향이라 생각합니다."(영어 교사, 조현수)

몸으로 공공성을 배우는
체육 수업

유전자조작 식품과 방사능 오염 식품

최근 그 어느 때보다 음식에 대한 관심이 높다. 마트에서 식품을 살 때 원산지와 성분 함량을 살펴보는 사람도 많아졌다. 환경 교육의 결과라고 할 수 있다. 그래서 이번 주제통합수업을 진행하는 2학년에 편성된 체육 교과의 단원은 "운동과 건강생활"이다. 유전자조작 식품(GMO)에 관한 수업을 진행하며 음식에 의한 내부 피폭과 연결했다. 또 예전에는 식품 살균에 자외선을 사용했지만 요즘은 방사선을 이용하기도 하는데, 그래서 방사능에 오염된 먹거리와 후쿠시마 사고 이후 일본산 수산물을 연결해 수업을 진행했다.

1차시는 이론 수업으로 진행했다. 유전자조작 식품을 식량 생산 측면에서 설명하고, 식량 문제와 연결하여 아이들의 생각을 물었다. 이어서 체르노빌과 후쿠시마 사고 이후에 각 나라들, 특히 우리 나라가 식품과 관련해 어떤 대응을 했는지 모둠별로 조사해 발표하 도록 했다. 아이들이 물리 시간에 읽은 책 중《탈핵으로 바꾸고 꿈 꾸는 세상》의 2부 '방사능 먹거리와 안전',《탈핵학교》2강 '방사능 의 공포, 먹거리는 문제없나',《10대와 통하는 탈핵 이야기》1강 중 7번째 소제목인 '오염된 분유는 왜 한국으로 왔나'를 참고해도 좋다 고 안내했다.

'플라잉디스크 윷놀이'로 공동체를 생각하다

그리고 2~4차시는 '플라잉디스크 윷놀이'로 수업을 진행했다. 공동 체 활동을 통해 공공성을 몸으로 익히기 위함이었다. 보통 플라잉 디스크는 던지고 받는 신체 활동으로 끝내지만, 윷놀이를 접목하여 모둠활동으로 변형했다. 윷놀이는 팀원이 협력하여 윷판의 말을 잘 두어야 이기는 전통놀이다. 여기에 정상적인 디스크와 깨진 디스 크 두 종류로 활동을 했다. 디스크의 깨진 부분은 오염된 환경, 망가 진 세포, 다수를 위한 소수의 희생을 의미한다고 설명했다. 아이들 이 정상적인 디스크와 깨진 디스크를 날리는 활동을 하면서, 균형 이 무너진 상태가 지구와 인간에게 미치는 영향, 그리고 다수를 위 한 소수의 희생에 대해 생각해보기를 바랐다.

• 2차시: 플라잉디스크 던지고 받기, 깨진 디스크로 주고받기

(1) 백핸드 스트로크를 이용해서 던지기: 스트로크의 기본이 되며 쉽게 배우고 즐길 수 있다.

(2) 손뼉치듯 받기: 모든 '받기'의 기술 중 가장 안전하고 실수 없이 쉽게 받을 수 있는 기술이다.

• 3~4차시: 플라잉디스크 윷놀이

규칙은 설날에 즐기는 윷놀이의 규칙과 동일하다. 4명이 1팀이 되어 8팀 리그전으로 진행했다. 윷가락 역할을 할 수 있는 것을 자체 제작했는데, 친환경의 의미를 담아 아이스크림 박스를 재활용해서 만들었다. 그리고 디스크를 상자 안에 던져 넣어 글자를 맞힌다. 디스크와 윷가락 판의 거리는 숙련도에 따라 달라지는데, 보통 4~5미터 정도의 거리에서 시작했다. 경기 중에 디스크가 글자를 정확히 가격하지 못하면 '낙'으로 간주하며, 자기 팀이 던진 디스크는 팀원 중 한 명이 되가져온다.

상대 팀이 완전히 말을 놓을 때까지 디스크를 던지지 않는다는 규칙을 정해야 무질서를 예방할 수 있다. 그리고 마지막에는 1등 팀과 8등 팀이 번외 경기를 하는데, 이때 1등 팀에게는 깨진 디스크를, 8등 팀에게는 정상적인 디스크를 주고 경기를 하게 했다.

에필로그

2014년 4월 16일

2014년 4월 16일, 수요일 오전. 예비군 훈련을 받고 있었다. 훈련 도중에 제주도를 향하던 세월호의 소식을 들었다. 우리 학교 아이들도 다음주에 배를 타고 제주도 수학여행을 가기로 되어 있어서 뉴스에 더 관심이 갔다. 전원 구조라는 속보에 마음을 놓았다. 그런데 잠시 후, 오보였다는 정정 뉴스가 떴다. 어지러웠다. 뉴스를 켜놓은 스마트폰을 놓을 수가 없었다. 학생 325명과 교사 14명을 포함한 승객 476명을 태운 배가 가라앉는 모습을 전 국민이 실시간으로 지켜봤다. 아무것도 하지 못하고, 그저 보고만 있었다.

그날의 세월호는 인천과 제주를 오가는 누구나가 탈 수 있었던 배다. 누구나 겪을 수 있었던 일이다. 나도 그 배에 타고 있었다면 그 선생님들과 동일하게 행동했을 것이다. 아이들 곁에서 방송을 따라 '가만히 있자'고 했을 것이다. 그것이 혼란스러운 상황에서 함께 살아남기 위해 할 수 있는 가장 안전한 방법이라 믿기 때문이다. 시스템에 대한 믿음, 적어도 알면서 누군가의 생명을 위험하게 하는 일 따위는 그 누구도 하지 않을 거란 믿음이다. 하지만 이제는 다르다. 무조건 구명조끼를 입고 갑판 위로 달려갈 것이다. '모두 갑판으로 나가라'고 할 것이다. 기상과 바다의 상황을 살피고 뛰어내릴 것이다. 시스템에 대한 믿음이 사라지면, 규칙을 지키는 일상의 소소한 불편함을 그 누가 감수할까?

처음에는 또 한 번 안타까운 사고가 났다고 생각했다. 현장에 있던 사람들과 관련 기관 사람들이 최선을 다해 구조를 시도했지만 여러 가지 상황이 좋지 않아 많은 사람이 생명을 잃은, 어쩔 수 없었던 슬픈 사고인 줄 알았다. 그런데 일어나지 않을 수도 있었던 사고였다. 사용연한이 지난 배를 수입하기 위해 규제를 완화하고, 승객을 더 태우기 위해 배의 구조를 변경했다. 화물을 더 싣겠다고 배의 균형을 유지해주는 평형수를 빼고 출항했다. 안전은 뒷전이었다. 심지어 사고 후 보도되는 승객 숫자도 계속 바뀌었다. 승객의 명단은커녕 인원수 관리도 제대로 하지 않은 것이다. 배가 가라앉기 시작했고, 선장과 선원은 승객에게 "가만히 있으라" 하고 자신들만 먼저 탈출했다. 선원들이 탈출하던 그 시각. 아이들은 구명조끼를 찾아 서로에게 입혀주고, 친구들이 밟고 올라갈 수 있도록 자신의 어깨를 내밀었다. 아이들은 함께 살아남기 위해 할 수 있는 최선을 다하면서, 전문가라고 믿었던 사람들의 '가만히 있으라'는 말을 따랐다.[*]

해경의 구난구조 업무와 국가의 위기관리 시스템은 정상적으로 작동하지 않았다. 구조 작업에 투입된 해경 함정과 해군 차기고속정, 해상의 소형 보트, 소방상황실은 사용하는 주파수가 기관마다 서로 달랐고, 정부 부처마다 정보 공유가 되지 않았다. 현장 상황을 파악할 수 있는 정보들은 조각조각 따로 돌았다. 함정들은 침몰해가는 여객선과 1.6킬로미터 정도 떨어져 있었고, 여객선 주위에는 어선 20여 척과 작은 보트들만 있었다. 사고 해역의 상공 관할 역시 해경이 맡고 있었다. 9시 27분, 해경의 헬기B-511 3대가 35명을 구조하고 구명 뗏목 1대를 바다에 띄웠다. 9시 32분, 해경123정이 도착했다. 세월호는 40~50도 왼쪽으로 기울어진 상태였다. 9시 39분, 기관장과 기관부원 7명이 탈출했다. 9시 41분, 목포의 헬기B-511 1대가 6명씩 두 차례 선실 밖 승객 12명을 태워 나왔다. 선장과 조타실의 선원들이 탈출했다. 9시 46분이다. 10시 17분에 보내진 카톡에는 '가만히 있으라'는 방송 후 아무런 안내가 없었다고 했으며, 10시 31분에 세월호는 완전히 전복됐다.

---

[*] 한국에서 발생했던 참사들을 연구하고 기록해야 하는 이유와 세월호 생존자의 이야기는 《아픔이 길이 되려면》(김승섭, 동아시아, 2017)의 '아이들은 살아남기 위해 최선을 다했다'를 통해 들을 수 있다.

중앙구조단 기장과 수난구조 복장을 한 항공대원들은 팽목항에 대기하고 있었다. 팽목항 바로 옆 나대지에는 수많은 헬리콥터가 비행하지 않고 앉아만 있었고, 구조와 응급치료를 위해 바다로 날아갔던 헬기는 연료를 채우기 위해 내륙산간의 산림청 소속 항공관리소까지 가야 했다. '공식적 절차'가 통보되지 않았다는 이유다. 다른 해역에서 소식을 들은 독도함과 본험리처드함이 사고 해역으로 방향을 바꿔 전속력으로 달렸다. 독도함은 우리나라에서 유일하게 헬기 여러 대가 동시에 이착륙할 수 있는 강습상륙함이었고, 미 해군 7함대 소속의 강습상륙함인 본험리처드함은 수송용 대형 헬기 42대와 구조헬리콥터 6대를 탑재하고 병원선 기능까지 완벽히 수행할 수 있는 의료시설이 구축되어 있었다. 그런데 한미 연합상륙훈련을 마치고 일본으로 향하던 본험리처드함의 구조헬리콥터가 발 빠르게 날아갔으나 한국 정부의 사고 해역 영공 진입 불허 방침으로 회항했다. 우리 군의 구조함인 통영함은 출항도 하지 못했다. 인근을 지나던 어선과 화물선이 없었다면 생존자는 더 적었을 것이다. 현장에는 전적으로 권한과 책임을 갖고 지휘를 한 사람이 없었다.[*] 보고에 보고를 하고, 지시에 지시를 기다릴 뿐.

━━━ [*] 〈세월호 72시간의 기록〉(http://past.media.daum.net/sewolferry/timeline) 참조. 그날의 구조 시스템과 죽어가는 사람을 앞에 두고 아무것도 할 수 없었던 의료진이 느낀 세월호 사고 현장의 답답함은《골든아워 2》(이국종, 흐름출판, 2018)의 '기울어진 배'를 통해 볼 수 있다.

그날의 사고는 이후 우리의 위기관리체계와 재난대응체계, 그리고 정부 기관들의 협력체계를 구축하여 사회안전망이 정상적으로 작동하도록 하는 계기가 되어야 했다. 무엇보다 '국가는 무엇인가?' '이게 나라냐?'는 질문에 답을 마련하는 계기가 되어야 했다. 그러나 과연 그러한가? 그 후로 각종 안전지침이 학교로 쏟아졌다. 그 지침이 까다로워 학교에서는 수학여행을 비롯한 체험학습을 포기하기도 했다. 소방대피훈련을 비롯한 민방위훈련과 대피훈련도 실제로 했다. 한동안 없었던 풍경이다. 종종 학교에서 화재경보음이 울린다. 화재경보음이 울리면 대피훈련을 받은 대로 행동해야 한다. 그런데 오작동일 것이라는 생각을 먼저 한다. 실제 상황이라는 생각은 하지 않는다. 설사 오작동이라 의심이 되어도 훈련받은 대로 대피하는 것이 옳다. 이 또한 말뿐이다. 사소한 일이라 그런 걸까? 다른 부분들은 어떨까?

2011년 3월 11일

2011년 3월 12일, 후쿠시마에서 핵반응로가 폭발했다. 규모 9.0의 지진이 발단이다. 전날인 3월 11일 오후 2시 26분 도호쿠 지역에서 발생한 지진은 쓰나미(지진해일)를 만들었다. 최대 높이 10.5미터의 거대한 쓰나미가 핵발전소를 덮쳤다. 지진이 일어난 지 약 50분만의 일이다. 핵발전소의 핵심 기술 중 하나는 핵반응로 냉각이다.

핵반응로 냉각에는 외부 전기를 사용하는데, 지진과 쓰나미로 주변 송전탑이 무너지거나 넘어지면서 외부 전기는 차단되었고 지하에 있던 비상 발전기는 물에 잠겨 작동하지 않았다. 전기 공급이 중단되자 핵반응로는 점점 더 뜨거워졌고, 핵반응로의 핵연료가 녹는 노심용융(멜트다운)이 진행되었다. 이 과정에서 연료봉을 감싼 지르코늄(Zr)합금이 고압의 수증기와 반응하여 수소가 만들어졌다. 이 고온의 수소가 핵반응로 격납 건물 내부에서 폭발한 것이다.

핵발전소 사고는 일단 발생하면 당하고(?)만 있어야 하는 사고다. 그렇기에 그 무엇보다도 사고에 대한 대비와 대응 매뉴얼이 잘 갖춰져 있어야 한다. 전 세계 188개의 핵발전소 단지 중 6기 이상의 핵반응로가 가동 중인 곳은 11곳이다. 그중 4곳이 우리나라에 있다. 고리, 한울, 한빛, 월성이다. 사고가 나면 치명적 위험에 빠지는 반경 30킬로미터 내 인구수는 고리 382만 명, 한울 5만 명, 한빛 14만 명, 월성 130만 명이다. 후쿠시마 역시 6기의 핵반응로가 운영된 단지였다. 30킬로미터 반경 내 인구는 17만 명이었다. 고리는 후쿠시마의 22배다. 명절에도 고속도로는 주차장이 되는데, 380만 명이 안전하게 대피할 수 있을까? 만들어진 대응 매뉴얼은 정상 작동할까?

그리고 고리 1호기와 월성 1, 2, 3, 4호기의 설계수명은 30년이다. 하지만 고리 1호기는 40년째 되던 해인 2017년 6월 19일에야 운행 정지했으며, 월성 1호기는 설계수명을 넘겨 아직도 운행 중이다(그

외 운행 중인 핵반응로의 설계수명은 40년이고, 2018~2022년 사이에 완공되는 신고리 3, 4호기와 신한울 1, 2기의 설계수명은 60년이다). 후쿠시마 핵반응로의 설계수명 역시 30년이었다. 그러나 가장 먼저 폭발한 1호기는 40년 운행됐고, 3호기는 35년, 4호기는 33년 운행됐다. 수소폭발은 없었으나 높은 온도와 압력을 견디지 못해 격납용기가 손상된 2호기는 37년 운행됐다. 모두 설계수명이 다했으나 규정을 바꿔 연장 운행했던 것이다.

규제와 규정은 판단의 문제다. IMF 이후 모든 부문에서 구조조정이 시작되었고 신자유주의가 우리 사회 전반에 자리 잡았다. 신자유주의의 핵심은 '효율성'이다. 판단의 최우선 준거다. '비정규직'이라는 일자리가 생겼고, '위험의 외주화'가 시작되었다. 커피숍과 프랜차이즈는 유동인구와 인구 밀집도를 고려하여 입점 여부를 판단한다. 이윤과 효율성의 문제다. 하지만 학교, 병원, 소방서, 경찰서와 같은 공익시설은 '효율'의 가치로 판단할 문제가 아니다. 학생 수가 많지 않은 지역의 학교 통폐합 문제는 해마다 반복된다. 이동거리와 접근 편의성을 비롯해 돈으로 계산할 수 없는 요소 모두를 살펴야 할 문제다.

선택들… 언젠가 우리는 '답'을 찾을 것이다

세월호 사고를 보며 후쿠시마를 떠올린 것은 첫째, '효율'을 높이는

'선택들' 때문이다. 가장 효율이 높은 에너지, 그 효율을 지속하기 위해 30년의 사용연한을 넘겼다. 그 효율을 높이기 위해, 예상되는 문제와 위험을 간과했다. 현장에서 일하는 사람들이 위험하다고 지적한 것들을 비용 때문에 무시했다(최소한 발전소 지하의 비상 발전기만이라도 옮겼어야 했고, 세월호의 평형수는 빼지 말았어야 했다).

두 번째는 작동하지 않은 대응체계와 '나만 아니면 돼'라는 생각이다. 어쩌면 핵발전을 포함해 우리 사회에서 일어나는 문제들의 본질일 수도 있다. 특히 핵발전에서 '나만 아니면 돼'는 '위험의 전가'다. 인간의 수명은 길어야 100년, 핵발전소의 수명은 30~60년이다. 핵폐기물은 10만 년을 보관해야 한다. 50년 전기를 얻고자 10만 년을 담보로 하는 기술이다. 그것도 안전한 처리 기술 없이. 후손들 중 누군가가 이루어낼 과학기술의 발전만을 기대한 채 말이다. 그러므로 이건 과학기술의 문제가 아니라 윤리의 문제다. 노동하지 않는 아비가 아들의 이름으로 대출을 받아 생활하고, 손주가 생기면 그 손주의 이름으로 대출하고 또 대출하며 물질의 풍요를 누리는 것과 다를 바 없다. 헉슬리는 "역사가 가르쳐준 가장 중요한 교훈은, 사람들이 역사의 교훈을 통해서 결코 쉽게 배우지 못한다는 사실이다"라고 했다. 후쿠시마를, 그리고 세월호를 통해 '효율'의 이면을 보기를 바란다.

그럼에도 불구하고 핵 연구는 지속되어야 한다. 지금껏 사용한 핵시설을 안전하게 처리해야 하기 때문이고, 그래야 안전한 핵발전을 가능케 할 수 있기 때문이다. 태양광발전이 해결책이라고 이야기하는 사람들이 있다. 핵발전 같은 치명적인 위험이 없긴 하지만, 태양광 패널을 만들기 위한 과정 역시 따져봐야 한다. 패널을 만드는 자원을 얻기 위해 잃는 것과 망가지는 지구를 살펴야 한다.

자동차 문제도 마찬가지다. 지구온난화와 더불어 미세먼지 문제가 심각해지자 내연기관인 가솔린, 디젤 엔진에서 전기자동차로 바뀌는 추세에 있다. 전기차는 친환경이란다. 하지만 전기차가 늘어나면 발전소도 늘어난다. 발전소의 증가는 과연 친환경인가? 수소차는 수소를 이용해 전기를 만들어 사용하는 연료전지 자동차다. 이 역시 친환경이라는데, 수소를 얻는 방식 역시 따져봐야 한다. 이 과정에서 일산화탄소나 이산화탄소 같은 온실가스가 발생한다는 사실을 알아야 한다.

누군가가 어떤 것이 좋다고 하면 우리는 물어야 한다. 그 과정을 따져봐야 한다. 이것이 과학이다. 우리 아이들이 세상에 질문하는 사람들로 성장하기를 바란다. '우리나라 핵발전소는 안전한가요?' '안전점검 결과는 어떤가요?' '이번에 수리가 이루어진 부분은 어디이고, 어떤 부품을 사용했나요?' '핵폐기물의 양은 얼마나 되나요?' '핵폐기물은 어떻게 처리되고 있나요?' '지진 발생 빈도가 높은데 그 영향은 없나요?' '방사능 수치의 변화는 어떤가요?' '다른 에너지 개발 상황은 어떤가요?'라고. 이런 질문들이 우리를 안전하게 지켜줄 것이고, 더 좋은 삶을 살게 하는 데 밑거름이 될 것이다. 과학기술의 힘을 믿는다. 아니, 과학기술이 발달할 수 있도록 질문하는 사람들을 믿는다. 언젠가 "우리는 '답'을 찾을 것이다. 늘 그랬던 것처럼."[*]

---

[*] "We will find a way. We always have." – 영화 〈인터스텔라〉에서

2학년 교과통합 프로젝트 계획

다산고등학교

- **프로젝트 주제 – '원자력발전' 이해하기**

- **프로젝트 참여 교과와 담당 교사**
  물리: 김현민, 세계지리: 이용걸, 영어: 조현수, 체육: 임범식

- **목적**
1. 우리 시대의 '원자력'발전에 대해 이해한다.
- 미래 세대의 욕구를 충족시킬 능력을 손상하지 않으면서 우리 세대의 욕구를 충족시키는 개발에 대한 윤리의식을 기른다.
2. 학생들에게 지식을 제시하기보다 그들이 원하고 필요로 하는 것을 배울 수 있는 상황과 정보를 제공한다.
3. 학생들로 하여금 파트너 또는 모둠활동을 통하여 협동적 학습 상황에서 학습의 사회적 가치에 초점을 두고 동료와 더불어 공부하는 것을 장려한다.

- **프로젝트 진행 관점**
1. 다양한 교과가 '핵에너지'라는 공통 주제로 학습을 진행하여, '핵에너지'에 대한 학생들의 생각의 깊이와 폭이 넓어지도록 한다.(과학기술적 측면, 역사적 맥락, 사회적 인식, 문화적 관점)
2. 학생들의 부담을 줄이되, 활동과 생각하는 수업 진행으로 프로젝트의 질을 향상하도록 한다.
3. 보고서 양식을 주되, 내용은 학생들의 창의성이 드러나도록 한다.
4. '과학기술&위험' '안전한 핵발전소는 가능한가?' '핵에너지 이대로 괜찮은가?' '핵에너지로 이득을 보는 집단과 손해를 보는 집단은?' '다수를 위해 소수가 희생하는 것은 정의로운가?' '만약 핵발전이 없었다면?' '우리에게 적합한 대체에너지는?' 등의 자기 생각이 반드시 표현되도록 지도한다.

■ 분야별 학습 및 활동 내용

	학습 내용	학습 활동
물리	1. 원자력발전의 역사와 원리 2. 전기의 생산과 송전 과정 3. 연쇄반응	1. 원자력발전 관련 도서 12종을 선정하여 함께 읽고 토론하기 2. 과학적 원리에 근거한 핵발전 관련 보고서 작성
세계지리	1. 세계 원자력발전소 현황 2. 원자력발전소의 입지조건 3. 대체에너지	1. 핵발전의 지형적 특징 탐구하기 2. 핵발전소 입지조건 탐구 3. 핵사고시 피해 범위와 피해 확산 원인(바람, 해류, 낙진)
영어	1. 핵에너지의 위험 2. 각국의 에너지 정책	1. 핵에너지 문제에 관한 장·단점 외신 탐색 2. 3대 핵사고에 관한 위험 3. 후쿠시마 사고가 우리나라에 미치는 영향
체육	1. 더불어 살아가는 공동체 2. 먹거리 - GMO & 방사능 처리 (방사능 피해를 줄이기 위한 노력)	1. 먹거리와 방사능 그리고 유전자 조작 식품 2. 전체 중의 부분이 상실되었을 때 어떤 영향을 미치는가에 대한 고찰(플라잉디스크)

■ 실행 시기 및 수업 계획

교과	활동	프로젝트 기획	교과별 활동							보고서 작성
		3월~9월	10월					11월		12월
			1주	2주	3주	4주	5주	1주	2주 3주	26일
공통	주제통합수업 기획	○								
	주제통합수업 준비	○	○							
	주제통합수업 안내		○	○						
물리	**독서활동(9차시)** • 핵에너지 이해하기					○	○	○		
	핵발전 원리 & 여러 발전 • 핵발전의 원리 & 핵폭탄의 원리 - 어떻게 우리는 '핵'을 에너지화하게 되었는가?				1 차 지 필 평 가				○	
	에너지의 수송 • 전기의 생산과 사용 - 밀양(이천)송전탑 & (롯데월드)변전소								○	
	태양전지의 원리								○	
세계 지리	**나라별 위치 살피기** • 3대 사고 지역 • 나라별 핵발전소 현황 • 핵발전소 입지조건						○			
	기후(바람&해류) • 피해 확산 경로 • 피해 범위 예상하기							○		
	대체에너지 • 제너하임, 태양열 주택, 서울시 '원전 하나 줄이기' 사례 나눔 • 우리에게 적합한 대체에너지는?								○	

교과	활동	프로젝트 기획 3월~9월	10월 1주	10월 2주	10월 3주	10월 4주	10월 5주	11월 1주	11월 2주	12월 3주	12월 26일
영어	**영어 지문 해석** • 핵 관련 3대 사고 - 사고 경위 - 사고 후 피해 상황 •〈지식채널e〉 - '10만 년 동안의 고민' - '에너지 슈퍼마켓'				1차 지필평가	○	○				
	〈CNN Student News〉 • 3대 사고의 원인 • 안전한 핵발전소는 가능한가?							○			
	〈CNN Student News〉 • 핵사고의 영향 예) 체르노빌의 낙진이 독일까지 날아갔다면, 후쿠시마의 영향은 우리나라에 미치지 않을까?						○				
체육	**글로벌 지구촌** • 체르노빌 사고 후 독일의 식품 정책 • 먹거리&방사능					○					
	공동체 훈련 • 플라잉디스크 윷놀이 - 균형이 무너진 상태가 주는 영향 • 다수를 위한 소수의 희생은 정의로운가?						○				
	핵에너지 심포지엄									예선	본선

121

	제목	저자	출판사	비고
1	10대와 통하는 탈핵 이야기	최열 외	철수와영희	강연집
2	탈핵학교	김익중 외	반비	
3	탈핵으로 바꾸고 꿈꾸는 세상	탈바꿈프로젝트	오마이북	인포그래픽 포함
4	아톰의 시대에서 코난의 시대로	강양구	사이언스북스	
5	안젠데스까 안전합니까	이이다 데쓰나리	서해문집	대담집
6	83일	NHK 도카이무라 임계사고 취재반	뿌리와이파리	
7	후쿠시마 이후의 삶	한홍구	반비	
8	잃어버린 후쿠시마의 봄	정남구	시대의창	
9	핵 폭발 뒤 최후의 아이들	구드룬 파우제방	보물창고	
10	세상이 멈춘 시간, 11시 2분	박은진	꿈결	소설
11	3·11 이후를 살아갈 어린 벗들에게	다쿠키 요시미쓰	돌베개	
12	삼평리에 평화를	박중엽	한티재	밀양 이야기
13	원자력 대안은 없다	클로드 알레그르 외	흐름출판	핵발전 찬성 입장
14	트리니티	조너선 페터봄	서해문집	그래픽노블
15	후쿠시마에 남겨진 동물들	오오타 야스스케	책공장더불어	사진 & 짧은 글
16	집으로	마이클 모퍼고	책과콩나무	그림책
17	바람이 불 때에	레이먼드 브리그스	시공주니어	
18	핵충이 나타났다	신기활	길찾기	
19	체르노빌의 봄	엠마뉘엘 르파주	길찾기	
20	WHAT왓? 핵과 원자력	황근기	WhatSchool (왓스쿨)	학습 만화책

* 이 목록은 2014년 수업을 처음 시작한 이후 2018년 수업까지 지속적으로 정비한 목록이다.

■ 자료 목록

1. 영상 자료
- 〈지식채널e〉: '10만 년 동안의 고민', '에너지 슈퍼마켓'
- 〈CNN Student News〉
2. 실물 자료: 제너하임, 태양광 주택 외
3. 뉴스 자료: 서울시 '원전 하나 줄이기', 10월 9일 삼척 주민투표 외

■ 핵에너지 심포지엄 개최 계획

1. 예선
- 일시: 2014년 11월 17일(월) ~ 11월 21일(금) 각 반 수업시간
- 참가인원: 2학년 총 121명
- 평가방법: 교사평가(5점) + 학생 30명 동료평가(5점)

2. 본선
- 일시: 2014년 12월 26일(금) 1~2교시
- 참가인원: 예선 통과자 8명
- 심사위원: 교장선생님, 프로젝트 담당 교사(이용걸, 조현수, 임범식), 2학년부장 선생님
- 심사방법: 각 심사위원의 점수(25점 만점) 중 최고점과 최하점을 제외한 점수의 합으로 가장 높은 점수를 받은 순서로 등위를 결정한다.
- 시상내역: 대상(1위) 1명, 금상(2위) 1명, 은상(3위) 2명, 동상(4위) 3명

인간과 기술, 디스토피아와 유토피아

전 교과 주제통합수업 도전기

세계사+지구과학+화학+생활과윤리+문학+경제+중국어 외

글 이경주 dkfk6k@hanmail.net

수업 참여 교사 이경주(세계사) + 홍선민(지구과학) + 노영주(화학) + 최용순(생활과윤리)
+ 정은경 · 박시영 · 최혜전 · 이윤지(문학) + 전성희(경제) + 한혜숙(중국어) 외

'용기'를
실천합니다

행동하는 돈키호테'들'이 되다!

2014년 국어과와 함께 '전쟁과 평화'를 주제로 통합수업을 진행하면서, 첫 발걸음을 뗐다는 보람과는 별개로 주제통합수업이라는 본래 취지에 얼마나 맞는 수업을 했는지 많은 고민이 되었다. 단순히 두 개 교과를 연결 지을 수 있는 제재를 발굴하는 데 그친 것은 아닌지, 깊이 있는 교과 융합을 위해 고민이 더 필요한 것은 아닌지 생각이 많아졌다.

2015년 새학기가 되면서 국어, 역사만이 아니라 한 학년 전체가 다 같이 주제통합수업을 해보면 어떨까 하는 제안이 나왔다. 마침 전 교사를 대상으로 전문적학습공동체를 운영하게 되면서 작년의 경험을 조금 더 확대·발전시키고자 하는 선생님들의 생각이 본격

127

적으로 날개를 달기 시작했다. 먼저 수석교사 선생님이 전문적학습 공동체의 운영 목적과 방안을 주요 내용으로 하는 15시간 기본 연수를 구성하고, 각 학년별로 통합수업이나 학년 운영을 위한 연수 시간을 추가해 운영하기로 했다. 어차피 교직원 협의회와 연수는 일상이니 이를 조금 더 구체적인 목표와 활동으로 조직하기만 하면, 어쩌면 재미있는 수업 실천을 할 수도 있겠다는 생각들이 모아 졌기 때문이다. 1학기 1차 지필고사가 끝나고 주제통합수업 주간을 마련해 학년 전체에서 실천해보자는 쪽으로 방향이 정해졌다.

처음 이런 의견들이 오갈 때 솔직히 속으로 '과연 그게 될까'라는 의구심이 컸다. 하고 싶다는 의욕만으로 되는 일도 아니고, 한두 교과도 아닌 2학년 전 교과라니, 쉽지 않겠다는 막연한 예상으로 큰 기대가 없었다. 무엇보다 혁신학교를 운영하는 과정에서, 서로 뜻이 다른 사람들과 어떤 일을 도모하는 것은 내 의지와 노력을 2~3배 꺾는 일이라는 것을 뼈저리게 느꼈기 때문에 그 누구보다 스스로 회의적이 되었다. 가능하면 모든 교과 선생님들의 참여를 유도해야 하지만 결국 문학, 사회, 외국어 교과 정도만이 가능할 거라고 생각했던 게 사실이다.

또 국어와 한국사처럼 융합하기 좋은 교과가 아닌 선택과목들이 많아 학급마다 격차가 큰 2학년에서 주제통합수업을 한다는 것도 매우 어렵게 느껴졌다. 2학년의 역사 과목은 세계사였다. 세계사는 사실 주제가 무엇이든 다른 교과와 연계하기 매우 좋은 과목임에

틀림없다. 다양한 나라, 민족, 종교, 과학, 예술 등 소재가 무궁무진하고, 게다가 한국사처럼 수능 필수가 아니기 때문에 진도에 대한 강박도 덜하기 때문이다. 문제는 어떤 교과와 어떻게 연계하여 주제통합수업 본래의 의미를 살릴 수 있느냐가 고민이었다. 이미 작년에 주제통합수업이 각 교과의 학습목표에 주제 적합성을 가지고 도달하기가 얼마나 힘든 것인지 느낀 터였다. 아이들에게 교과 간 경계를 넘나드는 진정한 배움이 일어나는지는 둘째 치고, 원래 교과에서 전달하고자 한 주제에 대해서도 오히려 이해도가 떨어지는 결과를 가져올 수 있다는 생각도 했다.

실제로 실학과 〈허생전〉을 연결했던 주제통합수업에서 국어와 역사 교과가 전달하고자 하는 주제가 달라서 혼란을 겪기도 했다. 〈허생전〉에서 저자가 맹렬히 비난하는 조선 후기는 한국사에서는 변화와 발전의 시기로 가르치고 있었다. 국어와 역사 교사가 만난 자리에서 그런 어려움에 대해 허심탄회하게 이야기를 나누었지만 속 시원한 해결책이 나온 것은 아니었다. 세계사는 그런 면에서는 깊이가 더 떨어지기 때문에 같은 우려가 들었다.

아이들도 1학년 때는 공통 과정을 밟았지만 2학년부터는 교육과정이 아예 인문사회 과정과 자연공학, 과학중점 과정 등으로 갈라진다. 이런 상황에서 2학년 전체를 하나의 공동체로 엮어 주제통합수업을 진행하는 것이 쉽지 않은 일이라는 건 당연했다. 작년에 국어-역사과 교사 동아리가 의미가 있었던 건 규모가 작아서 모이기가 수월했던 이유도 있었기 때문에, 모임이 커지면 자칫 방만한 운영으로 이어질 수 있다는 우려도 많았다. 사공이 많으면 배가 산으로 가는 법이고, 취지를 제대로 이해하기보다는 그냥 분위기가 그렇게 흘러가니까 따라간다는 선생님들이 더 많은 것이 현실이었다.

결국 2학년 전체 주제통합수업이 결정되고 전문적학습공동체 구상을 위해 모인 자리에서도 내 안에서는 끊임없는 의문과 갈등이 반복되었다. 지금에 와서야 든 생각이지만, 그런 섣부른 판단들이 새로운 시도를 할 때 얼마나 많은 한계를 만드는지 경험할 수 있었다. 결국 하지 않고 예상하는 것은 하고 나서 반성하는 것보다 하나 나을 것 없는 일이었다.

하지만 이런 상황 속에서 몇몇 선생님들의 적극성이 분위기를 긍정적으로 이끌었다. 이미 수업친구 동아리 등 소규모 그룹으로 활동을 한 적이 있기 때문에 이를 규모면에서 확장시키고, 목표와 활동을 큰 틀에서 통합해나가면 어렵지 않을 거라는 의견이 나오기 시작했다. 주로 작년에 국어-한국사 주제통합수업을 진행했던 선생님들이었다. 처음에는 회의적인 태도로 소극적이었던 나도 생각보다 선생님들의 반응이 긍정적이고 적극적인 것을 보니 '한번 해보자'라는 쪽으로 생각이 차츰 바뀌었다. 게다가 과학중점 과정에서는 STEAM* 수업을 진행해야 하는 과제 아닌 과제도 있었기에 어느 교과보다 적극성을 띠었다. 모두가 함께 자주 모이기 어렵다는 것은 당연한 일이니, 그렇다면 주제통합수업이라는 큰 틀에서 소규모 그룹을 만들면 좋겠다는 의견이 많았다. 그래서 주로 같은 학급에 들어가는 교사들끼리 수업친구를 맺자는 쪽으로 이야기가 진행되었다. 그리고 무엇보다 모든 교과가 의미 있게 참여할 수 있는 주제를 선정해야 한다는 점에는 이견이 없었다.

전 교과가 참여할 수 있는 '좋은 주제'를 찾아라

많은 것이 결정되지 않은 상황에서 먼저 전체 주제를 잡는 일부터 시작되었다. 일단 같은 학급에 들어가는 다양한 교과가 모여보기로 했다. 여러 학년에 걸쳐 있는 제2외국어나 과학 교과에도 어려움이 있었고 사회도 선택과목으로 반이 갈리다 보니, 오히려 주제통합수업의 가능성이 높은 교과에서 같은 학급을 가르치는 경우가 생각보다 적었다. 일단 인문사회 과정과 자연공학 과정, 과학중점 과정이라는 기존의 계열 선택에 따른 분류로 2학년 교과 선생님들을 나누고, 각 소모임에서 적절한 주제를 몇 가지 정해 표결에 부치기로 했다. 전문적학습공동체가 만들어지지 않더라도 '교과의 날' 행사를 따로 진행하는 대신 2학년 전체 주제통합수업의 결과물이나 수행

---

* 미국과 영국에서는 과학기술 분야의 우수 인재를 확보하기 위해 과학(Science), 기술(Technology), 공학(Engineering), 수학(Mathematics) 등 4개 분야에 중점을 둔 STEM 교육을 실시하고 있다. 우리나라는 여기에 창의성을 기르는 인문·예술(Arts) 요소를 덧붙여 STEAM 교육을 실시하고 있다.

평가 활동을 심화하여 수업의 연장선으로 하자는 의견도 큰 호응을 얻었다. 소모적인 행사를 늘리기보다 배움이 일어나는 본래의 취지에 맞는 수업을 하자는 면에서도 큰 의미가 있는 일이었다. 혁신학교를 운영하며 어느 순간 수업 그 자체에 집중하기보다 오히려 행사가 늘어버렸다는 느낌을 받을 때가 많았다. 하지만 발상을 뒤집어보면 모든 일이 수업이라는 틀에서 해결될 수 있겠다는 생각도 들었다.

어떤 방향으로 진행되든 모든 교과에서 수업 내용과 연결시킬 수 있는 적절한 주제가 정해져야 했다. 그런데 그런 주제들은 이미 많이 다뤄진 것들이었다. 전쟁과 평화, 화해와 공존, 환경과 미래 등등 흥미롭지만 한편 식상한 주제들인 것이다. 그 과정에서 단행본 책을 한 권 정해서 수업시간에 활용해보자는 의견도 제시되었다. 예를 들어 《세계는 왜 싸우는가?》(이영미)라는 책을 읽으면서 국제분쟁, 전쟁, 종교, 평화, 국제기구, 식량 등의 문제를 다뤄보고, 이와 관련된 영화나 다큐멘터리를 활용하자는 의견이 나왔다. 여러 논의가 오가는 가운데 이런 독서활동은 자칫 국어나 문학 수업으로 동화될 수 있다는 반대 의견이 나오면서, 새로운 포괄적 주제를 찾는 논의로 다시 돌아갔다. 수많은 교과의 특성을 제각기 살리면서도 아이들의 의견을 풍부하게 이끌어줄 매력적인 주제를 찾기 위해 논의가 길어졌다. 다들 난상토론처럼 이런저런 다양한 의견들을 쏟아냈다. 말 그대로 자유연상, 의식의 흐름이었다.

결국 주제는 '인간과 기술'로 정해졌다. 과학기술은 인간의 삶을 편안하게 하지만 그만큼 파괴와 소외를 일으키는 것이기도 하니 이야기 나눌 거리가 많은 주제였다. 결국 대단한 걸 찾는 것이 아니라 기본적인 것을 함께 나누고 이야기할 수 있는 주제가 필요했던 거였다. 오랜 고민 끝에 괜한 악수(惡手)를 두기보다는 가볍고 단순해질 필요가 있는 시점이었다. 의지가 강한 소수가 대단한 수업을 만드는 게 아니라, 모두가 함께 해볼 만한 도전 가능한 수업이어야 한다. 일단 저질러보기로 했다.

수업에 들어가는 학급을 기준으로 수업친구를 구성하고 주제통합수업 주간까지 결정했다. 수업친구는 수업에 대한 고민을 나누고 수업의 어려운 점이나 어려운 학생에 대해 같이 이야기하면서 좀 더 나은 수업을 만들어가도록 돕자는 취지로 구성되었다. 1차 지필평가 이후 수업 진도에 대한 부담이 없을 때 주제와 관련된 수업을 단독으로 혹은 다른 교과와 통합하여 진행하되, 수업 이후의 평가까지 일치하도록 평가 계획을 짜기로 했다. 교육과정을 재구성하여 성취 수준에 맞는 평가를 진행하고 이를 학교생활기록부까지 연결하는 것이 이 주제통합수업의 최종 목표였다. 일단 목표가 정해지니 각 그룹별로 더욱 구체적이고 열띤 논의가 이어졌다. '교육과정 재구성 → 주제통합수업 → 평가와 기록 일체화' 계획의 커다란 틀이 만들어지게 된 것이다.

무엇을 어떻게 가르칠까?
- 전 교과 교육과정의 재구성

퍼즐 조각을 맞추는 템플릿

시작이 반이라고 했지만, 실제 수업으로 만들어가려면 좀 더 치밀한 계획이 필요하다. 주제와 시기를 정했으니 연구부와 협의하여 교과별 평가 계획도 다시 수정해서 제출하도록 했다. 그리고 수업친구들과 구체적인 협의를 이어나가면서 교과 간 통합 가능성을 타진해보기로 했다. 그러나 대부분의 교과 선생님들은 역시 이런 형식의 수업에 두려움이 있을 수밖에 없다. 교육과정을 재구성하는 일도 사실 쉬운 일이 아닌 데다가, 이를 평가와 연결하는 것은 엄두가 나지 않을 수도 있다.

그래서 주제통합수업에 처음 도전하거나 통합이 어려운 교과와 함께하기 위해서는 눈에 보이는 틀이 있어야 했다. 정해진 주제를 수업으로 구현하기 위한 구체적인 밑그림을 그릴 단계가 된 것이다. 참여하는 교과 수가 적으면 주제를 긴밀하게 논의하고 구체화해가는 작업이 다소 수월하지만, 많은 교과가 모일 경우에는 어느 정도 단순화하는 과정이 필요하다. 그래서 고안한 것이 바로 교육과정 템플릿이었다. 생각을 명쾌하게 정리하고 다른 교과와의 협업 가능성을 타진해볼 수 있는 틀이었다. 혁신학교라는 비전 아래 각 교과의 교육과정을 재구성할 수 있도록 밑그림을 그리는 것부터 시작했다.

주제통합수업에서 진입장벽은 바로 교육과정을 재구성하는 일이라고 생각한다. 꾸준히 해오던 교육과정을 과감하게 버려야 하는데, 고시된 교육과정의 틀을 깨는 것은 생각보다 쉬운 일이 아니었다. 주제와 관련한 교과서 부분이나 교육 내용이 있긴 하지만 순서라는 것이 있고 기존 방식이나 수행평가 계획도 있기 때문에, 나만의 방식을 내려놓고 남과 함께 발을 맞추는 것이 과연 가능할까 의구심이 들기 때문이다. 쉽게 구성하면 수준이 낮아지는 것 같고, 어렵게 구성하면 그렇게까지 고민하거나 활동할 필요가 있는 목표인지 스스로도 확신이 들지 않기도 한다. 하지만 개인적인 욕심을 버리고 생각을 단순화할 때 다음 단계로 넘어가기가 수월했다. 교육과정 템플릿은 그 작업을 하는 데 발판 역할을 했다고 생각한다.

일단 단기 목표는 5월 '교과의 날' 주간에 '인간과 기술'이라는 주제로 통합수업과 수행평가를 진행하는 것이었다. 기존에 주제통합

135

표1 2학년 '인간과 기술' 주제통합수업 템플릿

주제	인간과 기술	
교과	세계사	문학
단원명	5-1. 근대 의식의 발전	7. 문학과 공동체
수업 내용 및 수업 방법	• 과학혁명의 성과와 영향 • 과학혁명과 계몽사상이 사회 변화에 끼친 영향 • '과학과 기술은 인간을 행복하게 하는가'를 주제로 토론하고 논술하기	• 과학기술의 발달에 따른 인간소외 현상, 미래 사회에 대한 불안을 다룬 작품(시, 소설)을 통해, 과학기술의 발달 속에서 공동체적인 삶을 지향할 수 있는 방법을 모색함 • 문학작품 감상 및 토론, 재창조하기
수업 일자 및 수업 시수	5월 18일~5월 22일 총 4차시	5월 11일~5월 19일 총 5차시
평가 내용 (수행, 서술, 논술)	토론 및 논술	토론 및 작품 재생산
통합활동		

스포츠문화	한국지리	영어 II
04. 스포츠 축제와 미디어 및 산업(스포츠 용·기구 및 시설)	5-5. 교통·통신의 발달과 공간 변화	Lesson 3. Smartphones : Smart Life?
• 스포츠 용·기구의 변화를 통해 스포츠 경기 수준의 향상 정도를 알아보고, 기구를 이용해 자신의 심폐 지구력을 정확하게 측정해보기	• 교통·통신 기술의 발달이 우리 생활과 공간 변화에 미친 영향을 이해하고 토론한 후, 학습 자료 제작	• 인간복제를 다룬 영어 공상과학 단편소설 〈The Copy〉와 최신 IT기술 관련 연설문을 영어 원문으로 읽고, 기술의 발전이 가져오는 이점과 그로 인한 인간성 파괴에 관해 의견 나누기
5월 11일~5월 15일 총 2차시	5월 18일~5월 22일 총 4차시	5월 18일~5월 22일 총 6차시
나이스 PAPS 및 교과별 세부특기사항에 입력 (평가 없음)	토론 및 자료 제작	읽기 및 논술

주제	인간과 기술		
교과	화학 I	미적분1 (인문)	윤리와사상
단원명	Ⅲ-2-2.다양한 구조의 탄소화합물	Ⅱ. 함수의 극한과 연속	1. 과학기술과 윤리
수업 내용 및 수업 방법	• 다양한 탄소화합물 신소재 소개, 활용 사례, 순기능과 역기능 생각해보기	• 함수의 극한과 연속성을 기반으로 한 미적분의 역사 자료를 통해 기술의 발달에 수학이 미치는 영향에 대해 생각해보고 의견 나누기	• 과학기술의 성과와 윤리적 문제에 대한 조사·분석을 통해 과학기술과 관련된 윤리적 문제와 책임을 이해하고, 과학기술에 대한 건전하고 균형 잡힌 윤리적 시각을 확립하기
수업 일자 및 수업 시수	5월 18일~5월 22일 총 4차시	5월 18일~5월 22일 총 4차시	5월 11일~5월 19일 총 5차시
평가 내용 (수행, 서술, 논술)	서술형 평가	탐구과제(스토리텔링)	토론 및 논술

통합활동	

중국어	미적분1 (자연)	일본어
4. 他是谁? 문화: 중국의 가족	Ⅲ. 다항함수의 미분법	3. いただきます 문화: 인간과 애니메이션
• 중국의 기술 발달과 고도 성장에 따른 인간성 상실에 관한 자료 (차이나 르포, 〈부자와 가난한 자〉)를 시청한 후, 현 중국 정부가 해결해야 할 과제와 방법에 대해 토론하고 자신의 생각을 정리하여 서술하기	• 미적분학의 발견으로 인한 뉴턴과 라이프니츠의 갈등관계를 조명하고, 이를 통한 인간의 기술 문명에 미치는 영향을 생각해보며 의견 나누기	• 일본 애니메이션을 감상하며 재능 있는 사람들이 기술을 이용하여 그려내는 세상을 맛보고, 그 속에서 그려지는 인간을 심도 있게 파악하기
5월 11일~5월 22일 총 4차시	5월 18일~5월 22일 총 5차시	5월 11일~5월 22일 총 4차시
토론 및 논술	탐구과제(스토리텔링)	서술형 평가

139

수업을 진행한 경험이 있는 리더 그룹에서 먼저 기준을 세우고 큰 틀을 짜서 템플릿에 자신의 교과 내용을 채운 후, 각 교과 선생님들 전체에게 회람했다. 처음에는 템플릿 작성에 소극적이던 선생님들도 다른 교과의 템플릿 내용을 보고는 점차 자신의 교과에서 '인간과 기술'에 대해 이야기할 수 있는 내용을 찾고 수업을 구상했다. 그렇게 해서 드디어 2학년 전체 교과의 템플릿이 완성되었다(표1).

게다가 수업 공개를 위해 사전에 내야 하는 수업 공개 계획서를 템플릿이 대신할 수 있게 되면서 활기를 띠기 시작했다. 이 과정은 상당한 의미가 있다고 생각한다. 수업 공개를 의무화하고 이를 규격화한 기존의 계획서 대신에 실질적으로 수업을 만들어가는 과정을 공유하고 추진하는 활동 자체를 인정받게 되면서, 중요한 것은 형식이 아니라 수업 자체라는 인식이 확산된 것이다. 어떤 형식을 갖추기 위해 존재했던 수업 공개 계획서가 이제는 실제 수업을 진행하면서 필요한 일을 하면 되는 것이라는 인식은 개인적으로도 매우 뜻깊은 경험이었다.

'수업친구' 교사들과 함께 교과별 수업 구상하기

이제는 다양한 교과에서 '인간과 기술'이라는 주제를 어떻게 다룰지 입체적으로 이해하고 공유하는 과정이 필요했다. 개인적으로 주제통합수업은 무엇보다 주제에 대한 다각적 이해와 사고의 전환·

확대라고 생각했다. 인간의 삶과 과학기술 분야가 맺고 있는 관계를 학교 교과 과정에서 깊이 있게 고민해보고 내 삶을 뒤돌아보게 만드는 것. 문제를 맞히기 위해 교과서 속 지식을 습득하는 것이 아니라 교과서 속 지식을 통해 인간의 삶과 역사를 통찰해보는 것. 물론 매우 어려운 일이고, 과연 함께한 교사들이 모두 이런 고민을 했는지는 잘 모르겠다. 그러나 수업을 통해 아이들과 이런 시도를 해봤다는 건 분명한 사실이다. 그리고 다른 교과에서는 과연 어떤 내용을 어떻게 전달하고 있는지도 살펴볼 수 있었다. 실제로 과학 교과와 통합수업을 하기 위해 화학과 지구과학 수업을 각기 두 차례씩 참관했다.

전체가 모이는 것은 아무래도 시간적으로 좀 어려운 일인지라, 같은 학급에 수업을 들어가는 교사들끼리 작은 그룹을 만들어 그 수업친구 단위로 의논하면서 교과 연계성을 높이고 수업을 진행해가기로 했다. 기존의 수업친구 동아리를 활용한 것이다. 계획한 수업을 차시로 구체화하고, 다른 교과와의 앞뒤 순서를 확정했다. 아이들의 사고가 순차적으로 확장되기 위해서는 무엇을 먼저 학습하고 토론하는 게 좋을지 많이 고민되었다. 그래서 다른 교과의 학습지를 보기도 하고, 구체적 수업 목표에 대해서도 자주 의견을 나누었다. 수업 지도안이나 시간표를 공유하며 전체의 통일성이 깨지지 않게 하려는 노력도 이어졌다.

무엇보다 긴밀한 수업을 위해서는 적극적인 수업 공개가 필요했다. 자신의 수업을 전체에게 공개한다는 게 얼마나 부담스러운 일인지 교사라면 누구나 알고 있는 사실이다. 하지만 보여주기 위한 것이 아니라 함께 나누고 공유해야 주제통합수업이 가능했기에 수업 공개 시간표가 만들어졌다(참고자료). 사실 다들 많은 부담감과 긴장을 안고 수업 공개를 결정했다고 생각한다. 일말의 염려라고 한다면, 내 수업을 진행하기 바빠서 다른 교과의 수업을 열심히 보러 다니기 힘들 거라는 현실적 어려움이었을 것이다.

수업 속으로(I)
– 한 걸음씩 함께 만들어가는 배움

한 걸음, 세계사+지구과학

세계사 교과에서 '인간과 기술'이라는 주제로 어떤 수업을 진행하는 것이 좋을까? 처음 주제를 정할 때부터 14~16세기에 걸쳐서 르네상스, 종교개혁, 신항로 개척, 과학혁명이 이어지면서 신과 교회 중심의 권력이 인간과 과학기술로 넘어오게 되는 시기를 생각했었다. 신이 아닌 과학이 우주의 원리를 설명하고 수학적으로 계산하게 된 이후 과연 인간은 행복해졌을까? 기술적 진보가 인류의 행복 증진에 얼마나 영향을 미치는지 생각해볼 수 있겠다는 생각이 들었다. 그리고 문학이나 사회 교과처럼 어느 정도 연관성 있는 교과가 아닌 새로운 교과와의 연계를 통해 한 단계 나아간 시도를 해보는 게 좋을 것 같았다. 그래서 인문사회 계열 학생들이 공통으로 선택한 지구과학과 연계해 '코페르니쿠스적 발상의 전환'이 가지는 의미에 대해 생각해볼 수 있는 수업을 구상해나갔다.

지구과학 시간에 천동설과 지동설에 대해 배우고, 이러한 우주관의 변화가 결국 인간의 사고방식을 180도 바꿔놓은 발상의 전환이라는 것을 세계사 시간에 배우는 것이었다. '과학의 발달 → 인간 사고의 전환 → 과학기술 진보'로 이어지는 과정에서 '인류는 더 행복해지고 있는가'라는 고민을 지구과학과 세계사 수업을 통해 논의해보게 만들고 싶었다. 이 이야기를 지구과학 선생님께 했더니 교육과정 재구성이 쉽지는 않겠다고 했다. 아이들이 1학년 때 어느 정도 배운 내용이기도 하고, 인문사회 과정과 자연공학 과정 간에 내용의 난이도 차이가 다소 많이 나기도 했다. 그래도 시도가 중요하다는 생각에 서로의 교과서와 학습지를 보면서 머리를 맞대기 시작했다.

그리하여 세계사에서는 4단원과 5단원의 일부인 "유럽의 새로운 변화", "근대 의식의 발전" 단원을 엮어 르네상스와 종교개혁, 과학혁명을 거치면서 근대 의식의 성장 과정을 파악하는 수업으로 설계하고(표2), 지구과학에서는 4단원의 일부인 "천체 관측" 단원 내용에서 천동설과 지동설의 과학적 원리와 역사적 배경, 과학자들의 발견에 의한 지동설의 정립 과정을 이해하는 내용으로 설계했다(표3).

표2 세계사 수업계획서

차시	단원명	수업의 세부 내용 및 방법	수업 자료
1	3-4. 중세 유럽의 형성과 발전 (4) 변화하는 중세 유럽 세계	• 13세기 십자군전쟁 이후 봉건 세력의 몰락 • 왕권 강화와 상공업 도시의 성장	학습지 PPT
2	4-4. 유럽의 새로운 변화 (1) 근대의 여명을 맞이하는 유럽	• 십자군전쟁 이후 르네상스와 종교개혁으로 변화하는 유럽 사회	학습지 PPT
3	5-1. 근대 의식의 발전 (1) 과학혁명, 새로운 눈으로 우주를 보다	• 16~17세기 천문학과 물리학의 발달로 지동설이 입증되어 기계론적 세계관 성립	학습지 PPT
4	(2) 이성의 힘으로 세계를 밝히다	• 모둠토론 및 발표 수업: 세계관의 변화가 가져온 새로운 근대 철학의 영향 분석 • 토론: '과학기술의 발달은 인간을 행복하게 하는가?'	학습지
5	평가	• 세계사-지구과학 통합논술평가 (과목별 출제 및 채점)	논술 평가지

표3 지구과학 수업계획서

차시	단원명	수업의 세부 내용 및 방법	수업 자료
1		• 천동설의 등장과 과학적 원리 • 천동설로 설명하는 천체의 운동	학습지 PPT
2	Ⅳ-1. 천체관측 05. 행성의 운동 • 지구 중심설과 태양 중심설	• 지동설의 등장과 발달 • 지동설로 설명하는 천체의 운동	학습지 PPT
3		• 갈릴레이의 관측에 의한 지동설의 증거 발견 과정 • 지동설이 과학적 이론으로 인정받지 못한 역사적 배경	학습지 PPT
4	Ⅳ-1. 천체관측 05. 행성의 운동 • 케플러 법칙	• 케플러의 행성 운동 법칙 발견의 과정과 의미 • 뉴턴의 역학 법칙의 발견과 의미	학습지 PPT

그리고 일을 더 크게 벌여 자연공학 과정 학생들의 선택과목인 화학과 세계사를 연계했다(표4, 표5). 화학물질은 말 그대로 인간이 새로운 것을 만들어 기존의 생명체와 어떤 반응을 하는지 알아가는 것이었다. 근대로 접어들수록 인간은 전에 없던 완전히 새로운 것을 만들어냈고, 프레온가스처럼 결국 큰 재앙을 불러일으키며 비극적 결말을 맞기도 했다. 이러한 과정에 대해 생각해보고 과학기술의 발전에 어느 정도까지 비판적 지지를 할 것인가를 자연공학 계열 학생들과 이야기를 나누어본다면 의미가 깊을 것이라고 생각했다. 화학 시간에 배우는 화학식으로 산업혁명과 산성비, 프레온가스와 오존층 파괴 등에 대해 이야기해볼 수 있다면 좋겠다고 생각했다. 화학 선생님의 반응도 지구과학 선생님과 크게 다르지는 않았으나 역시 시도해보면 재미있겠다고 생각하시는 것 같았다. 그리고 여기에 생활과윤리 교과도 참여하게 되었다. 생활과윤리에서는 3단원의 "과학기술·환경·정보 윤리"라는 단원을 통해, 과학기술의 본질과 가치중립성을 이해하고 과학기술의 윤리적 과제를 파악함으로써 과학기술의 바람직한 활용을 위한 윤리의 중요성을 이해하는 것을 목표로 수업을 설계할 수 있었다(표6).

표4 세계사 수업계획서

차시	개요	수업의 세부 내용 및 방법	수업 자료
1	• 와인 & 크리스트교 중심의 유럽 문화 • 산성비 & 산업사회의 형성	• 역사적 사료를 중심으로, 와인이 발달하고 산성비가 대두된 시대적 배경에 대해 학습한다.	학습지 PPT
2	• 프레온가스 & 세계화 시대 인류의 과제	• 1, 2차 세계대전 이후 발전한 과학기술은 프레온가스를 등장시키지만 오히려 환경에 미친 악영향으로 인류가 직면한 어려움에 대해 토론한다.	학습지 PPT
3	• 와인, 산성비, 프레온가스를 통해 본 과학과 인류의 행복	• 모둠토론을 통해 과학기술의 발달과 인류 행복이 어떤 관계를 가지는지 생각해보고 전체 토론을 진행한다.	모둠토론 학습지
4	평가	• 세계사-화학 통합논술평가 (과목별 출제 및 채점)	논술 평가지

표5 화학 수업계획서

차시	단원명	수업의 세부 내용 및 방법	수업 자료
1		• 와인과 관련된 화학 반응식, 알코올 발효	학습지 PPT
2	Ⅲ-2.1) 분자의 모양	• 오존층 파괴, 산성비의 생성과 관련된 화학 반응식	학습지 PPT
3		• 전자점식 및 구조식 그리기	학습지 PPT
4		• 전자점식 및 구조식 그리기	학습지 PPT

표6 생활과윤리 수업계획서

차시	단원명	수업의 세부 내용 및 방법	수업 자료
1	Ⅲ. 과학기술·환경·정보 윤리 01. 과학기술과 윤리 (1) 과학기술의 본질과 윤리의 관계	• 과학기술과 가치중립성 • 과학기술의 본질과 윤리	학습지 PPT
2	(2) 과학기술의 성과와 윤리적 문제	• 과학기술의 성과 • 과학기술 발전에 따른 윤리적 문제	학습지 PPT
3	(3) 과학기술의 윤리적 과제와 책임윤리	• 과학기술의 윤리적 과제 • 과학기술의 바람직한 활용을 위한 책임윤리	학습지 PPT
4	Ⅲ. 과학기술·환경·정보 윤리 02. 인간과 자연의 관계 (1) 인간 중심주의 윤리와 도구적 자연관	• 인간 중심주의 윤리와 도구적 자연관의 특징 • 인간 중심주의 윤리의 문제점	학습지 PPT
5	평가	• 생활과윤리-지구과학 통합논술 평가(과목별 출제 및 채점)	논술 평가지

세 걸음, '갈릴레이 모의법정'

사실 여기까지도 욕심을 많이 부린 것이었는데 한 가지 더 판을 키웠다. '교과의 날' 행사를 준비할 때 세계사와 지구과학을 연결하여 '갈릴레이 모의법정'을 준비했다. 갈릴레이의 주장과 종교재판 과정에 대해 아이들이 직접 문제 제기를 하거나 옹호하는 활동을 한 것이다. 특히 갈릴레이가 주장하는 지동설에 대해 자연공학 과정 학생들이 그 원리를 설명하고, 인문사회 과정 학생들이 종교재판의 존재와 당시 사고방식의 정립 과정을 설명함으로써, 근대 의식의 등장과 과학의 관계를 연결할 수 있도록 했다. 즉 전체 '인간과 기술' 주제통합수업에서 소규모의 교과 통합 활동을 해나가다가 이를 심화해서 '교과의 날' 행사로 이끌어가겠다는 아주아주 원대한 꿈을 꾼 것이다.

처음 이 주제통합수업을 과학 선생님들과 논의할 때 가장 많이 들었던 우려의 말은, 아이들이 과학에 대한 이해 수준이 생각보다

1. 모둠토론 내용을 발표하는 학생들

2. 모둠토론 결과 메모

3. 갈릴레이 모의재판 준비

4. 갈릴레이 모의재판 토의

높지 않다는 것이었다. 그러면서 과학 수업이 세계사 수업과 만나 새로운 화학반응이 일어날지 어떨지 상당히 회의적인 모습을 보였던 것도 사실이다. 그러나 결론적으로 과학 선생님들은 이러한 새로운 시도에 매우 후한 평가를 내렸다. 아이들에게도 분절적 과목에 대한 신선한 환기가 되었으며, 교사 스스로도 자발적으로 다양한 통합수업을 설계하고 실천했다는 점에서 수업에 대한 만족도가 높고 교사의 자아 존중감도 향상되었다며 긍정적으로 평가했다.

하지만 나로서는 개인적으로 아쉬움이 컸다. 지금에 와서야 하는 반성이지만, 함께 하기 위해 구상했던 수업을 혼자 단거리 선수처럼 질주하고 있었다는 것을 그때는 잘 몰랐다. 인문계의 지구과학 수업과 자연계의 화학 수업을 모두 참관하고 세계사 교과서의 교육과정과 성취 수준을 새롭게 구상해내면서 어쩌면 조금은 자기최면에 빠져 있던 건 아닐까 싶다. 어떤 교과를 선택하고 어떤 수업을 했든, 과학기술의 빠른 발전이 가져온 변화에 대해 아이들이 객관적으로 인식하고 인문학적 고민을 심화시킬 수 있기를 기대했으나, 그러한 바람은 역사 교사인 나 혼자만의 꿈이었던 건 아니었을지. 여러 사람이 공유하고 고민해서 2인 3각처럼 다리를 묶고 달리는 수업을 꿈꾸었으나, 어쩌면 기계적 결합에 그친 것은 아니었을지.

아이들의 토론 모습에 대한 평가도 냉정할 수밖에 없었다. 토론을 하면서 정답을 찾으려는 모습이나 교사의 성향 또는 기대에 부응하는 답을 찾으려 하는 모습이 많이 보였다. 아이들 스스로 자신

150

이 배우고 느낀 내용을 솔직하게 표현할 수 있도록 섬세하게 지도하는 것이 필요했다. 그래서 이에 대한 해결방안으로, 다른 교과 수업에서 다루는 내용까지도 제대로 숙지하고 그러한 과학적 근거를 바탕으로 결론을 도출하도록 교사가 충분히 도움을 제공해야 한다는 점, 그리고 토론 주제를 더 구체화시키고 아이들의 삶과 밀접하게 연관된 주제를 폭넓게 개발할 필요가 있다는 점이 제시되었다.

아이들 중에는 세계사 선생님이 과학 시간에 들어오고 과학과 세계사 문제를 같이 푸는 게 재미있었다는 아이들도 있었다. 교과의 경계를 허물고 통합논술을 하면서 아이들의 날카로운 논리를 발견하기도 했다. 하지만 자연공학 과정이나 인문사회 과정 학생 모두 자신의 계열 밖으로 나가려는 시도는 잘 하지 않았다. 교과 이상의 지식이나 사고의 확장을 보이지는 않았던 것이다. 다소 아쉬운 지점이기도 하다.

평가와 마무리

수업의 내용을 아이들이 얼마나 잘 이해하고 자신의 생각으로 정리했는지 알 수 있는 방법은 결국 평가라고 생각한다. 앞에서도 언급했듯이 이 주제통합수업은 깊이보다는 시도로서의 의미가 컸기 때문에, 평가 부분에서도 그리 큰 기대는 하지 않았다. 실제로 논술에서 논의하고 싶었던, 과학기술의 진보에 대한 반성적 접근이나 철학적 경계에 대한 의미 있는 사고는 일반적으로 나타나지 않았다. 그러나 아이들은 이런 수업이 한 번도 생각해보지 않은 조합이라고 생각해서 그런지, 세계사 교과에서 단독으로 진행했다면 아이들의 호응이 그렇게 좋지는 않았을 것 같다. 실제로 과학 교과와 더불어 출제한 세계사 논술은 자연공학 과정에서는 보기 드물게 글의 분량이 많이 늘었고, 지구과학의 경우 인문사회 과정 학생들답지 않게 서술형과 논술평가에서 높은 응답률을 보였다.

조금 후한 자기평가일 수도 있지만, 아이들에게 학문의 경계를 허무는 수준까지는 아니더라도 폭넓게 둘러보는 기회는 되지 않았을까 싶다. 아이들도 어쩌면 이 기회를 통해 각 교과가 분절적으로 다루는 지식 사이의 관계에 대해 생각해볼 수 있지 않았을까. 반면, 논술 문제임에도 토론을 통해 얻은 의견을 제시하도록 하기보다는 어느 정도 가이드라인이 있는 질문을 제시해줌으로써, 아이들이 적극적으로 자신의 생각이나 주장을 펼칠 기회를 제공하지 못한 점은 반성이 되었다.

인문사회 과정에서는 비교적 수업시간이 넉넉한 세계사 시간에, 자연공학 과정의 경우에는 화학이나 지구과학 시간에 논술평가를 진행했다. 수업 자체가 기계적 결합으로 이루어진 측면이 있어서, 논술평가 역시 과학 부분, 세계사 부분으로 나누어 구성하고 각 교과 교사가 따로 채점하여 점수를 합산했다.

표7 세계사+지구과학 수행평가

※ **자료를 읽고 물음에 답하시오.**

가) 피렌체 출신 '빈센초 갈릴레이'의 아들 나, 갈릴레오 갈릴레이는 일흔 살의 나이로 법정에 직접 출두하여 이단의 망언을 엄단하는 종교재판관이신 여러 추기경 앞에 무릎을 꿇는 바입니다. 성서에 손을 얹고 맹세하거니와, 나는 성스러운 가톨릭교회와 교황께서 설교하고 가르치는 모든 것을 언제나 믿어왔고 지금도 믿고 있으며, 하느님의 도움으로 앞으로도 그것을 믿을 것입니다. 나는 성무청(星務廳)으로부터 잘못된 견해, 즉 ㉠ 태양이 세계의 중심이며 움직이지 않고, 지구는 세계의 중심이 아니며 움직인다는 나의 견해를 완전히 포기하라는 명령을 받았습니다. 이 잘못된 학설을 주장해서는 안 되며, 그것을 옹호해서도 안 되고, 말이나 그 어떠한 방법으로도 그것을 가르쳐서는 안 된다는 명령을 받았습니다. 이 학설은 성서에 위배된다는 설명도 들었습니다. 그럼에도 불구하고 나는 이미 이단으로 선고받은 이 학설을 위해서 여러 가지 근거를 제시하는 책을 출판했습니다. 그 때문에 나는 매우 강력하게 이단의 의혹을 받고 있습니다. 태양이 세계의 중심이고 움직이지 않으며, 지구는 세계의 중심이 아니고 움직인다는 견해를 가지고 있고 그것을 믿었다는 의혹을 받고 있는 것입니다. 나는 이제 여러 추기경 앞에서 그리고 모든 신앙심 깊은 기독교도들 앞에서 내가 받게 된 무거운 의혹에서 벗어나고자 합니다. 그러므로 나는 명료한 정신으로 일체의 거짓 없이 오류와 이단적인 생각들을 철회하고 저주하는 바이며, 나아가 성스런 교회의 가르침에 어긋나는 일체의 온건한 오류, 이단적 생각이나 종파에 대해서도 저주하는 바입니다. 앞으로도 이단의 의혹을 받을 수 있는 어떤 것도 말로나 글로써 발표하지 않을 것을 맹세합니다. 또한 이단자 또는 이단의 의심이 가는 사람을 알게 될 경우에는 그 사람을 성무청이나 내 거주지의 종교재판관 또는 교회 관청에 알리겠습니다. …… 나는 또한 성무청이 내게 부과한 어떤 보속(補贖)이라도 정확하게 따르기로 맹세하는 바입니다. 내가 자신의 약속이나 맹세의 어떤 것이라도—하느님께서 지켜주소서—위반하게 될 경우 어떠한 형벌과 징계라도

달게 받겠습니다. 하느님과, 내가 손을 얹고 있는 하느님의 복음서가 나를 보살펴주시기 바랍니다. 나 갈릴레오 갈릴레이는 상술한 바와 같이 철회 맹세를 하였습니다. 이것이 참되다는 증거로 이 철회 맹세의 문서에 친필로 서명하고 1633년 6월 22일 로마의 미네르바 수도원에서 한 자도 틀림없이 낭독하였습니다. 나 갈릴레오 갈릴레이는 철회 맹세를 하고 친필로 서명하는 바입니다.

나) 뉴턴 이전에는 ⓛ하늘의 세계는 완전한 신의 세계로서, 천사가 신의 뜻을 따라 행성과 별들을 완벽한 도형인 원 모양으로 하루에 한 바퀴씩 돌려준다고 믿었다. 그런데 뉴턴은 우주가 움직이는 법칙을 수학적으로 설명해 냈다. 그의 이론은 코페르니쿠스와 갈릴레이가 해결하지 못한 문제들을 수학적으로 해결한 것이기도 하였다. 이를 두고 시인 알렉산더 포프는 창세기 구절을 따서 이렇게 칭송하였다. "자연과 자연의 법칙은 어둠에 잠겨 있는데 신이 '뉴턴이 있으라!' 하시자 세상이 밝아졌다." 그러나 이후 프랑스의 뉴턴이라 불리던 라플라스는 나폴레옹에게 이렇게 말하였다. "우주를 설명할 때 신은 더 이상 필요가 없습니다."

다) 지구가 우주의 중심이라는 특권을 포기해야 한다. 이제 인간은 엄청난 위기에 봉착하였다. 낙원으로의 복귀, 종교적 믿음에 대한 확신, 거룩함, 죄 없는 세상과 같은 것들이 모두 일장춘몽으로 끝날 위기에 놓인 것이다. 이처럼 새로운 우주관을 받아들인다는 것은 사상 유례가 없는 사고의 자유와 감성의 위대함을 일깨워야 하는 일이다.

1-1. 가)와 나)의 밑줄 친 ㉠, ㉡의 우주관을 각각 무엇이라고 하는가?

[㉠ :   ㉡ :   ]

1-2. 갈릴레이가 ㉠과 같은 주장을 하게 된 결정적인 관측 내용 2가지와 이 관측이 기존의 우주관을 부정할 수 있는 근거에 대해 서술하시오.

2. 코페르니쿠스와 갈릴레이, 뉴턴을 통해 유럽인들이 우주를 설명하는 방식이 어떻게 바뀌었는지 서술하시오.

3. 다음 자료를 바탕으로 과학혁명이 당시 인간 사회에 미친 영향에 대해 논술하시오.

영국의 대법관이자 과학자였던 베이컨은 1620년《노붐 오르가눔》이라는 저서를 출판하였다. 여기서 그는 인간의 감각에 의해 얻어지는 지식, 즉 엄격한 경험적 지식에 기반을 둔 귀납법을 확립시켰다. 베이컨은 "미신과 신학의 혼합으로 인한 철학의 타락이야말로 가장 큰 해악이며, 따라서 생각하는 사람이라면 냉정한 정신을 가져야 하고 신앙의 영역에만 믿음을 부여해야 한다"라고 주장하였다. 그는 학문이 경험적 실험 방법에 근거한 절차를 통해서만 진보한다고 강조하였다.

합리론자이자 수학자였던 데카르트는 모든 과거의 지식은 폐기되어야 한다고 주장하였다. 그는 《방법서설》에서 어떻게 과거로부터 물려받은 모든 학설을 체계적으로 의심하게 되었는지 상세히 밝히고 있다. 데카르트는 "명확하고 확실하게 인식되기 이전에는 무엇이든지 결코 참인 것으로 받아들여서는 안 된다"라는 주장을 제1법칙으로 삼아 모든 것을 의심의 대상으로 보았고 결국에는 "나는 생각한다. 고로 나는 존재한다"라는 인식에 도달하였다.

표8 지구과학+생활과윤리 수행평가

※ 자료를 읽고 물음에 답하시오.

가) 뉴턴 이전에는 하늘의 세계는 완전한 신의 세계로서, 천사가 신의 뜻을 따라 행성과 별들을 완벽한 도형인 원 모양으로 하루에 한 바퀴씩 돌려준다고 믿었다. 그런데 뉴턴은 우주가 움직이는 법칙을 수학적으로 설명해냈다. 그의 이론은 코페르니쿠스와 갈릴레이가 해결하지 못한 문제들을 수학적으로 해결한 것이기도 하였다. 이를 두고 시인 알렉산더 포프는 창세기 구절을 따서 이렇게 칭송하였다. "자연과 자연의 법칙은 어둠에 잠겨 있는데 신이 '뉴턴이 있으라!' 하시자 세상이 밝아졌다." 그러나 이후 프랑스의 뉴턴이라 불리던 라플라스는 나폴레옹에게 이렇게 말하였다. "우주를 설명할 때 신은 더 이상 필요가 없습니다."

나) 지구가 우주의 중심이라는 특권을 포기해야 한다. 이제 인간은 엄청난 위기에 봉착하였다. 낙원으로의 복귀, 종교적 믿음에 대한 확신, 거룩함, 죄

없는 세상과 같은 것들이 모두 일장춘몽으로 끝날 위기에 놓인 것이다. 이처럼 새로운 우주관을 받아들인다는 것은 사상 유례가 없는 사고의 자유와 감성의 위대함을 일깨워야 하는 일이다.

다) 많은 학자들은 환경 위기의 또 다른 중요한 원인이 자연과학의 연구 방법에 있다고 지적한다. 자연과학은 자연을 연구의 대상으로 여겨, 자연을 객관화시키고 분석하여 객체화시키고 가장 작은 부분으로 환원시키는 방법을 사용하고 있다. 이러한 자연과학의 방법은 지배와 피지배의 논리를 정당화한다는 것이다. 17세기 자연과학자들은 당시의 과학혁명을 주도하면서 자연을 완전히 기계화된 대상으로 만들었다. "방황하고 있는 자연을 사냥해서 노예로 만들어 인간의 이익에 봉사하도록 해야 한다"라고 주장한 베이컨의 생각은 당대의 서구인들에게 인간은 지배자이고 자연은 인간의 번영을 위한 수단에 불과하다는 <u>인간 중심적인 태도</u>를 갖게 했던 것이다.

1. 다)의 밑줄 친 '인간 중심적인 태도'를 바탕으로 한 자연관의 특징을 두 가지 서술하시오.

2. 과학기술의 발달과 그것을 따라가지 못하는 윤리와의 간극을 '윤리적 공백'이라고 부르며 현대 과학기술 문명이 초래한 위기를 극복하는 방안을 제창한 요나스의 주장을 활용하여 환경 문제 해결을 위한 바람직한 방안을 두 가지 측면에서 서술하시오.

3-1. 가)의 내용에서 코페르니쿠스와 갈릴레이의 우주관이 공통적으로 가졌던 문제에 대해 구체적으로 서술하시오.

3-2. 3-1의 문제를 경험적으로 해결한 과학자의 이름을 쓰고, 그가 발견한 법칙과 내용을 모두 서술하시오.

4. 티코 브라헤[*]의 우주관의 모형을 그리고, 이 우주관을 세운 이유에 대해 구체적으로 서술하시오.

━━━━ * 브라헤는 근대의 '별자리의 아버지'라고 부를 만한 천문학자로서, 망원경이 없던 시대였음에도 불구하고 가장 정밀한 관측 결과를 남겼다.

수업 속으로⑵
- 다른 교과의 사례

영어나 문학 같은 다른 인문 교과들이 이 주제통합수업에 어떤 방식으로 접근하는지도 매우 궁금했다. 그래서 내가 들어가는 학급의 문학 수업을 참관했는데, 아이들이 평이하게 생각할 수 있는 주제부터 조금 더 고민해야 하는 주제까지 다양하게 구성되어 있었다. 그에 비해 세계사-과학 주제통합수업의 주제나 토의 과제가 다소 어렵다는 생각이 들었다. 내 수업을 진행하느라 바빠 더 다양한 수업을 참관하지 못한 것이 지금 생각해보면 가장 아쉬운 점 중 하나다. 구체적으로 모든 교과 수업의 진행 상황을 보여주기는 어렵기 때문에, 몇 가지 대표적인 수업 사례를 소개하고자 한다.[*]

---

[*] 이하 각 교과에서 진행한 수업에 대해서는 국어과의 정은경 선생님이 직접 정리해주셨다.

문학, 영화와 SF 소설이 만나다

과학기술의 발전이 인간에게 미치는 긍정적인 측면은 과학 교과에서 충분히 다룰 수 있으니, 문학 수업에서는 그 이면으로 과학기술의 발전이 인간에게 미치는 부정적인 측면을 중심으로 접근하기로 했다. 그리고 수업 설계 단계에서부터 그저 단순히 과학기술을 경계하라는 메시지만 주어서는 안 되겠다는 문제의식을 바탕으로, 인간이 경계해야 할 점과 이를 극복할 수 있는 방법에 대한 고민을 중심으로 접근하기로 했다. 나아가 과학기술의 발전에 대해 인간이 지닌 불안감과 경이감이라는 양면적인 심리가 어디서 기인하는지 등도 고민하게 되었다.

특히 영화나 소설 작품에서는 대부분 미래 사회를 디스토피아로 그리는 경우가 많은데, 이렇게 '미래 사회는 이러저러할 것'이라는 예측이 우리에게 어떤 불안감을 주고 있는지, 이를테면 과학기술의 발전으로 인해 오히려 인간이 과학기술의 지배를 받게 될 것이라는 막연한 공포심이 있음을 감안하여, 제재를 유연하게 활용할 수 있는 문학 교과의 특성을 살려 논의를 진행했다. 그리하여 '인간과 기술'이라는 대주제 아래, '과학기술의 발전과 분배, 그리고 소통'이라는 세부 하위 주제를 설정하고, '과학기술의 발전에 따른 인간 소외 현상 및 미래 사회에 대한 불안을 다룬 문학작품과 영화를 통해, 과학기술의 발전 속에서 공동체적인 삶을 지향할 수 있는 방법을 모색하는 통합적 사고력을 기른다'라는 구체적인 학습목표를 설정하게 되었다.

이러한 목표 아래 크게 두 가지 방향으로 수업을 설계했다. 첫째는 과학기술의 발달로 인해 인간적인 소통이 사라지면서 인간이 외로운 존재로 남을 것이라는 점('과학기술과 소통'), 둘째는 과학기술의 독점과 편향으로 인해 경제적 문제를 야기할 것이라는 점('과학기술과 분배'). 마침 문학 2단원 "문학과 문화", 7단원 "문학과 공동체"라는 단원이 이러한 고민을 해결하기에 적절하게 보였기에, 해당 단원의 학습목표를 재구성하여 총 6차시(평가 포함)로 설계했다(표9).

먼저 영화 〈인타임(In time)〉과 SF 단편소설 〈타클라마칸 배달사고〉(배명훈)를 활용해 '영화 감상과 소설 읽기'로 첫 수업을 진행하면서, 영화와 소설의 세부 내용을 분석하고 확인하는 활동부터 시작했다. 특히 영화와 소설 속에 등장하는 공간적 배경, 즉 〈인타임〉의 뉴그리니치와 데이튼, 〈타클라마칸 배달사고〉의 빈스토크와 타클라마칸 사막을 중점적으로 분석하며, 토론을 통해 각 공간이 상징하는 의미를 찾아보기로 했다. 이어 작품 속에 등장하는 인물들의 행동을 비판적으로 분석한 뒤, 작품의 핵심 소재와 주요 사건을 모둠활동을 통해 분석하고 발표하기로 했다. 특히 인문계 학급의 경우 영화는 문학 A시간, 소설은 문학 B시간으로 나누어 수업을 진행함으로써 좀 더 집중력 있게 세부 내용을 다루기로 했다.

소주제인 '과학기술과 소통' 관련해서는 소설 〈타클라마칸 배달

표9 문학 수업계획서

차시	개요	수업의 세부 내용 및 방법	수업 자료
1	개별 독해를 통한 내용 파악	• 영화 〈인타임〉 감상 및 소설 〈타클라마칸 배달사고〉를 읽고, 내용 확인 학습지 채우기	동영상, 소설 텍스트
2	분석적 읽기를 통해 세부 내용 이해하기	• 소설과 영화의 세부 내용 분석 및 확인	개별 학습지
3	모둠토론	• 작품 속 공간 분석 및 토론 - 〈인타임〉의 뉴그리니치와 데이튼 - 〈타클라마칸 배달사고〉의 배경이 되는 도시 빈스토크, 타클라마칸 사막	모둠 학습지
4	모둠별 심화토론	• 작품 속 주인공의 행동을 비판적으로 분석 - 영화 〈인타임〉의 해밀턴, 실비아, 윌 - 〈타클라마칸 배달사고〉의 민소, 은수, 병수 • 작품의 핵심 소재와 주요 사건 분석하기 - 〈인타임〉에서 시간을 사고판다는 것의 의미: 과학기술의 발전을 자본주의의 확산과 연관 지어 생각하기 - 〈타클라마칸 배달사고〉의 파란 우편함과 빈스토크 해군의 한계점 및 모순에 관하여 생각하기	모둠 학습지
5	발표 및 공유	• 모둠별 토의 내용 발표	PPT
6	평가	• 통합논술평가지 작성 후 수행평가 실시 - 인문사회 과정: 2문항 중 1개 선택, 30분 진행 - 자연공학, 과학집중 과정: 2개 문항, 50분 진행	논술 평가지

사고〉를 통해 현재 인터넷과 모바일, 컴퓨터의 발달로 소통의 방식이 어떻게 바뀌었는지를 확인해보고, 과학기술의 발전이 인간관계에 어떤 영향을 미치는가를 살펴보았다. 아울러 과학기술의 발전

속에서 '면대면 소통'과 '광장'이라는 공간이 얼마나 중요한지, 그리고 이를 유지하기 위한 방법에 대해서도 논의했다. 빈스토크와 타클라마칸 사막이라는 공간이 주는 상징성, 빈스토크라는 가상의 공간에서 확인되는 인간관계, 즉 병수와 아내, 은수와 민소, 민소를 돕기 위해 사람들이 기울였던 노력의 의미와 한계, 작가의 메시지 등에 대해서도 논의를 진행했다.

실제로 아이들은 타클라마칸 사막을 지도에서 찾아보고 사막이라는 지형적 공간이 어떤 역할을 하는지, 역사적으로 타클라마칸 사막이 실크로드의 일부분이었다는 점을 전제로 공간의 상징적 의미를 찾아보려고 노력했다. 또한 빈스토크라는 가상의 공간이 '바벨탑'으로 지칭된 점에 주목하여, 성경에서 바벨탑의 의미와 바벨탑이 무너지게 된 이유를 '소통'과 연관 지어 생각하는 등 자발적으로 소설 속 공간의 의미를 역사적·지리적 측면과 연관 짓는 모습을 보였다. 교사가 잠재적으로 의도한 부분을 아이들이 수업시간에 제시된 과제를 해결하면서 자연스럽게 수행해나가고 있었던 것이다.

한편 영화 〈인타임〉을 통해 '과학기술과 분배'를 소주제로 진행한 수업에서는, 영화 자체가 화려한 액션을 바탕으로 한 데다가 내용이 어렵지 않아서 아이들이 매우 흥미를 가지고 영화를 감상했다. 그리고 모둠토론을 통해, 미래 사회에서 영생을 가능하게 한 과학기술이 왜 사회적 불평등을 심화시켰는지, 이로 인해 어떤 문제가 야기되었는지, 그렇다면 인간의 욕망과 과학기술이 만났을 때 어떤 문제가 발생할 수 있는지, 사회적 윤리에 어떤 영향을 미치는지, 그리고 과학기술의 발전이 앞으로 계속된다면 이런 부작용을 막기 위해 어떤 노력이 필요한지에 관하여 논의했다. 이 과정에서 세부적으로는 뉴그리니치와 데이튼이라는 공간이 가진 상징성, 왜 돈의 역할을 시간으로 바꿨는지, 영생을 사는 이들이 왜 행복하지 못한지, 과학기술의 발전 혜택을 왜 모두가 누릴 수 없는지, 마지막으로 등장인물인 실비아와 윌이 보여주는 결말이 어떤 한계를 가지는지 등에 관해서도 논의를 진행했다.

이 과정에서 아이들은 과학기술이 인간 생활에 미치는, 또는 미칠 수 있는 다양한 측면을 균형감 있게 살펴볼 수 있었고, 전체적인 틀에서 다른 교과 시간에 배웠던 내용을 활용하면서 교과 간 연계성을 충분히 드러낼 수 있었다. 특히 아이들의 수업 집중도가 떨어질 수 있는 1차 지필평가 이후에 흥미진진한 영화와 SF 소설을 활용한 수업을 진행한 것은 수업 제재의 선정 측면에서 참신한 선택이었다고 생각한다.

수업 진행의 측면에서는 모둠을 먼저 구성한 뒤 주로 학습지에 제시된 논제에 대해 자유토론하는 방식으로 수업이 진행됐는데, 제재가 새롭고 재미있다고 생각하여 흥미를 느꼈는지 아이들의 참여도가 높아 다양한 내용으로 토론이 활발하게 이루어졌다고 생각한다. 평가 측면에서도 논술형 수행평가로 두 가지 논제를 주고 자신의 생각을 서술하게 하였는데, 꽤 수준 높은 논제였음에도 아이들이 그 주제에 대해 깊이 논의할 시간을 가졌기 때문에 자신의 생각을 서술하는 데 큰 문제가 없었다. 다만 토론할 내용이 많아서 토론 시간을 넉넉히 확보해야 했다는 점이 어려웠고, 다른 주제통합수업에 비해 수업 배치 순서 등 다른 교과와의 물리적 긴밀성이 다소 떨어진다는 아쉬움이 있었다. 그래도 주제의 측면에서 보면 '인간과 기술'이라는 주제에 대해 인문사회 계열에서 다루어야 할 화두를 적절하게 다룰 수 있었다.

경제, 스마트폰과 액션러닝으로 날개를 달다

경제 교과는 교과서의 2단원인 "정보화 시대의 정치 참여"와 연관 지어 수업을 진행했다. 과학기술 분야 중에서도 정보통신기술의 발달이 사회 전반에 미치는 영향을 중심으로 내용 수업을 진행한 뒤, 모둠별로 토론 활동을 거쳐 논술평가를 시행하는 수업으로 설계했다(표10).

먼저 스마트폰과 액션러닝을 활용해 정치, 경제, 사회, 교육, 의료 등 인간 삶의 다양한 분야에 대한 정보를 검색하고, 그중 하나를 선택하여 해당 분야에 정보통신기술이 미치는 영향과 이러한 기술의 발달이 인간관계에 미치는 영향에 대해 토론을 진행한 뒤 그 내용을 발표했다. 예를 들어 '의료' 분야를 선택한 모둠에서는 의료 분야에 대한 정보를 스마트폰과 액션러닝을 활용해 검색한 뒤,

인간과 기술, 디스토피아를 향하여

표10 경제 수업계획서

차시	개요	수업의 세부 내용 및 방법	수업 자료
1	스마트폰과 액션러닝을 활용한 모둠토론	• 정보통신기술이 정치, 경제, 사회, 교육, 의료 등의 분야에 미치는 영향 • 인간 삶의 다양한 분야에서 정보통신기술의 발전으로 인해 일어날 수 있는 인간관계의 변화 양상을 모둠별로 토론한 후 발표하기	동영상 스마트폰
2	평가	• 정보통신기술이 인간관계에 미치는 긍정적 영향과 부정적 영향	논술 평가지

정보통신기술이 의료 분야에 어느 정도 영향을 미치고 있는지, 의료 분야에서 정보통신기술을 어느 수준까지 활용해 발전을 해왔는지 등을 정리했다. 이어 모둠토론을 통해 의료 분야에서 정보통신기술의 발전이 인간관계에 어떻게 영향을 미쳤는지, 기술 발전 이전과 비교하여 인간관계가 어떻게 달라졌는지에 대해 논의하고 이를 활동지에 정리해 발표함으로써, 자기 모둠에서 다루지 않은 분야의 정보통신기술의 발전 양상과 이러한 기술 발전이 인간관계에 미치는 영향까지 서로 공유했다. 이어 정보통신기술의 발전이 인간관계에 미치는 긍정적 영향과 부정적 영향에 대한 논술 수행평가를 진행했다.

짧은 시간 안에 스마트폰과 액션러닝을 활용하여 스스로 자료를 조사할 수 있었던 점, 모둠발표와 논술 수행평가를 통해 자신이 선택하지 않은 다른 영역에 대해서도 지식을 공유하고 해당 주제를 폭넓게 이해할 수 있는 기회가 제공되었다는 점 등은 긍정적으로 평가되었다. 다만 다른 교과와 하나의 주제로 수업을 진행하다 보니 아이들이 자칫 지루하게 생각하는 측면이 있었고, 모든 교과의 수업 진행 과정에 모둠활동이 포함되다 보니 아이들의 피로도가 누적될 수 있으며, 주제 측면에서도 교과별로 다루는 세부 주제가 겹치지 않게 더 세밀한 협의가 필요하다는 점은 보완점으로 지적되었다.

중국어, 어학을 넘어 문화의 이해까지

중국어 교과에서는 과학기술의 발전에 따른 중국 사회의 경제 정책의 변화, 그 결과 야기된 빈부의 격차와 이에 따른 가족관계의 변화를 중심으로 수업을 설계했다(표11). 중국어 교과의 특성상, 교과서에 실린 내용을 중심으로 과학기술과 인간의 관계를 다루는 수업을 설계하기는 쉽지 않았다. 그래서 현대 중국의 문화나 역사적 사건을 중국 과학기술의 발전과 연계할 수밖에 없었다. 그리하여 2학년 중국어Ⅰ 교과의 4단원인 "他是谁?"(그는 누구입니까?)를 중심으로 '중국의 가족'에 대해 조사·발표·토론한 후, 중국의 사회문제 중 '빈부의 차이'에 대해 자료를 통해 알아본 뒤, 과학기술의 발달과 인간성의 상실에 대해 자신의 의견을 한 편의 글로 작성하는 수업을 진행하기로 했다.

표11 중국어 수업계획서

차시	개요	수업의 세부 내용 및 방법	수업 자료
1	모둠별 협동학습	• 중국의 가족에 대해 조사	
2	발표 및 공유	• 중국의 가족에 대해 발표	
3	교사 강의 수업	• 빈부의 격차를 중심으로, 중국의 가족 특성과 그에 따른 사회 현상 분석 - 덩샤오핑의 '흑묘백묘론', '선부론' - 한자녀가족 정책에 따른 문제점: '소황제'	교과서 및 강의 자료
4	모둠토의	• 중국의 빈부 격차의 발생 원인 분석 - 다큐멘터리 〈부자와 가난한 자〉를 본 후 느낀 점 나누기 - 중국의 '배금주의'에 대해 알아보고, 부자들의 역할에 대한 토의	동영상
5	발표 및 공유	• 모둠별 토의 내용 발표	발표지
6	평가	• 종합 논술	논술 평가지

그러나 염려는 여기서 끝나지 않았다. 주당 시수가 2시간밖에 되지 않는데 과연 다른 교과와 병행하여 수업이 진행될 수 있을까? 입시 교과가 아닌지라 아이들의 참여도도 걱정이 되는 부분이었다. 다만 다른 교과에서 다루기 어려운 '중국'이라는 나라에 대한 관심을 높이는 기회로 삼을 수 있다는 희망 아래 수업을 진행하기로 했다. 주당 시수가 다른 교과에 비해 적은 점은, 굳이 힘들게 다른 교과와 함께 진행해야 한다는 의무감을 버리고 단독으로 진행하는 것으로 부담을 덜기로 하였다.

먼저 MBC 다큐멘터리 〈부자와 가난한 자〉를 감상한 뒤, 중국의 가족 구성의 특성과 그에 따른 현대 사회의 현상 중 '빈부의 차이'를 중심으로 덩샤오핑의 '흑묘백묘론', '선부론(先富論)' 등에 관해 이해하고, 한자녀가족 정책으로 야기되는 '소황제' 현상도 함께 다루었다. 이를 바탕으로 중국의 빈부 격차 발생의 원인을 분석하고, 중국의 배금주의 현상과 부자의 역할에 대하여 모둠토론을 진행했다. 그리고 모둠별로 도출한 내용을 발표하여 학급 전체가 공유했다. 이어 시행한 논술평가를 통해 그동안 진행했던 수업 내용과 모둠별 토의 내용을 정리할 수 있었다.

중국어 교과는 어학으로서의 중국어뿐만 아니라 중국 문화에 대한 정확한 이해가 필요한데, 이 수업을 통해 현재 중국 사회의 과학 기술과 경제 발전, 그에 따른 문제점에 대해 알아보면서 우리가 진출해야 할 세계의 단편적인 모습을 돌아볼 수 있는 계기가 되었다는 점에서 이 수업의 의미를 찾고자 한다. 아이들도 중국의 성과 위주의 경제 정책에 대해 알아보면서 자신의 생각을 정리·발표할 수 있었으며, 부의 축적만이 아니라 부의 분배가 얼마나 중요한지 서로 의견을 나눌 수 있었다는 점에서 의의가 있을 것이다. 다만 처음 수업을 설계할 때 걱정했던 것처럼, 다수의 참여가 제대로 이루어지지 않고 역시나 소수의 아이들이 주도한다는 느낌이 있었다. 그래서 꼭 주제통합수업이 아니더라도 중국어 수업에서 소외되는 아이들이 없는지 매 시간 점검하며 수업을 진행해야겠다는 자성의 기회가 되기도 했다.

에필
로그

학교는 살아 있다!

내 수업 하나만 들여다본다면, 아이들은 색다른 경험을 하고 이제까지 해보지 않은 고민을 해본 의미 있는 수업일 수도 있다. 하지만 아이들은 모든 수업을 그런 식으로 진행하고 있었다. 우리는 주제통합수업 주간에 수업 공개 시간표를 작성하고 이를 전체 교사에게 모두 공개하여 언제든 참관이 가능하도록 했다. 처음엔 공개적으로 수업 일정을 공유하는 것에 대해 걱정하는 분위기도 있었지만 이는 오래 가지 않았다. 생각보다 수업 참관이 저조했던 것이다. 여유 있게 다른 교과의 수업을 둘러보고 심도 있는 수업 대화를 나눌 만한 물리적·정신적 여유가 턱없이 부족했다. 막상 수업을 공개할 주간이 되니 전체적으로 함께 가는 것이 아니라 각자 교과별로 자신의 수업을 진행하기에 급급해진 것이다. 전문적학습공동체 연수 과정 중 하나가 수업을 공개하고 이에 대한 평가회나 수업 대화를 진행하는 것이었기 때문에, 일단은 공개할 수업에 대한 준비로 바빴다. 기존 진도대로 진행하는 것이 아니라 교육과정을 재구성하여 토론이나 논술 같은 방식으로 수업을 진행하기 때문에, 다른 교사의 수업을 참관하고 의견을 교환하는 것은 물론이고 내 수업을 차분하게 돌아보는 것도 그 당시에는 어려운 일이었다.

하지만 그 당시 학교는 매우 활기가 넘쳤다. 아이들은 무언가를 새롭게 접하면서 정보를 정리하고 다시 의견을 발표하고 토론한 뒤 자신의 생각을 논술로 표현해야 했다. 아이들은 기대보다도 훨씬 적극적이었으며, 과학기술에 대한 다양한 관점을 가지게 되는 것을 볼 수 있었다. 교과별로 교사별로 성향이 모두 다르기 때문에 인간과 과학기술의 관계부터 과학기술을 다루는 방식, 과학기술의 진보가 가져온 편리함과 그로 인해 잃어야 하는 것들 등등 '과학기술'에 대한 고등학교 교육과정의 해부가 이루어지는 느낌이었다. 학교가 살아 움직이는 생명체처럼 활기가 넘쳤다.

그리고 우리에게 남은 것

한 학년 전체가 같은 주제로 약 2주간에 걸쳐 주제통합수업을 진행한 것은 분명 파격적이고 혁신적인 시도였다. 한동안 아이들은 하루 7시간의 수업이 모두 '인간과 기술'이라는 놀라운 경험을 했다고 전하기도 했다. 그러면서도 조금씩 방향이 다른 수업에서 인간과 과학기술이 어떤 관계를 형성해가야 하는지 조금은 혼란스러워하기도 했다. 같은 학급에서 두 시간 연속 수업 참관을 한 적이 있는데, 직전 시간에 과학기술이 가져오는 불평등이나 계급 갈등 문제에 대해 살펴보고 '사회적으로 정보와 기술 공유가 과연 공평하게 이루어지는가?'라는 문제를 제기했는데, 그 다음 시간에는 바로 과학기술의 편리함으로 인간이 누린 것들을 이야기하는 수업이 연속되면서 아이들이 우왕좌왕하기도 했다. 아이들 중에는 교사가 원하는 정답이 무엇인지 고민하는 모습도 보였다. 전 시간에 이미 토론으로 어느 정도 의견이 모아진 것을 또다시 그대로 발표하는 듯한 느낌을 받기도 했다. 새로 배운 것을 바탕으로 자신의 생각을 정리하고 이를 다른 사람과 나누는 과정을 배우는 일도 경험이 필요한 일이라는 생각이 들었다.

나름대로 아주 인상적으로 재미있었던 토론도 있었다. 화학 시간에 프레온가스와 산성비의 분자식을 공부하고 이를 세계사 시간에 '산업혁명과 과학기술 발전의 부작용'이라는 주제로 토론을 진행했다. 처음에는 다소 혼란스러워하던 아이들도 스마트폰을 대상으로 과학기술과 인류 행복을 이야기할 때는 활기를 띠기 시작했다. 특히 '과학기술은 인간에게 자유와 해방을 선사하는 존재인지, 새로운 구속을 가져다주는 존재인지' 매우 뜨겁게 토론이 벌어지기도 했다.

　분명 혁신학교로서 새로운 활기를 얻을 수 있는 시간들이었다. 수업을 준비하는 교사도 힘들고, 매번 생각하고 토론하고 논술해야 하는 아이들도 쉽지 않은 작업이었지만 의미 있었다고 생각한다. 그러나 수업을 다 진행하고 난 뒤 냉정한 평가의 시간들이 더 필요하지 않았는가 하는 생각은 떨쳐버릴 수가 없었다. 사실 모든 교사의 수업을 참관할 수 없기 때문에 결국 서로 수업을 참관한 교사들끼리만 수업 공개 후 대화를 나누다 보니, 이 거대한 프로젝트 전반을 갈무리하는 게 정말 어려웠다. 또 처음 하는 시도이다 보니 의견을 모으는 과정도 결코 쉽지 않았다. 나중에 수업 공개 보고서를 걷어서 정리하는 것만 해도 상당한 시간이 걸렸기 때문이다.

　그래서 아쉬움이 많이 남는다. 너무 일회성 행사로 끝나버린 것 같은 생각이 많이 들었기 때문이다. 하지만 희망적인 것은, 수업 결과를 모으면서 이후에 좀 더 체계화시킬 수 있는 가능성을 발견한 것이다. 정답은 없다고 생각한다. 다만 상황에 맞게 적절한 방안이 마련되기 위해서는 교사의 상황과 아이들의 성향에 따라 유연하게 적용할 수 있는 다양한 모델이 필요하다는 생각을 하게 되었다.

2015학년도 2학년 1학기 주제통합수업 '수업 공개 시간표'

교과	수업 주제
문학	• 과학기술의 발달에 따른 인간 소외 현상, 미래 사회에 대한 불안을 다룬 작품을 통해, 과학기술의 발달 속에서 공동체적인 삶을 지향할 수 있는 방법을 모색함 • 대상 작품: 영화 〈In Time〉, SF 소설 〈타클라마칸 배달사고〉(배명훈) • 방법: 작품 감상 및 읽기 → 작품 내용 확인(협동학습지) → 내용 관련 모둠 토의(토의학습지) → 발표 → 논술 수행평가
세계사	• 과학혁명의 성과와 영향 • 과학혁명과 계몽사상이 사회 변화에 끼친 영향 • 갈릴레이 종교재판의 역사적 의의와 과학적 성과 비교해보기, '과학은 인간을 어떻게 변화시켰나?' 토론해보기
스포츠 문화	• 스포츠 용·기구의 변화를 통해 스포츠 경기 수준의 향상 정도를 알아보고, 기구를 이용해 자신의 심폐 지구력을 정확하게 측정해보기
한국지리	• 교통·통신 기술의 발달이 우리 생활과 공간 변화에 미친 영향을 이해하고 토론한 후, 학습 자료 제작
영어 II	• 인간복제를 다룬 영어 공상과학 단편소설 〈The Copy〉와 최신 IT기술 관련 연설문을 영어 원문으로 읽고, 기술의 발전이 가져오는 이점과 그로 인한 인간성 파괴에 관해 의견 나누기
화학 I (자연)	• 와인, 프레온가스, 산성비와 관련된 화학반응식을 조사하고, 관련된 분자의 공유결합 및 구조 알아보기
화학 I (과중)	• 단행본 도서 1권씩 선택하여 읽고, '인간과 기술' 발제주제로 모둠토론 및 발표 (개인 글쓰기 진행-다음 차시)

담당 교사	공개 일정			수업 장소
	날짜(요일)	시간	학급	
정은경	5/19(화)	4교시	2-1	교실 (모둠토의)
		7교시	2-3	
	5/20(수)	2교시	2-4	
	5/21(목)	4교시	2-2	
		7교시	2-5	
	5/22(금)	5교시	2-3	교실(발표)
허수연	5/18(월)	7교시	2-6	교실
박시영	5/18 (월)	2교시	2-7	교실
		4교시	2-9	
	5/19 (화)	4교시	2-8	
		5교시	2-7	
		7교시	2-9	
이윤지	5/21(목)	5교시	2-10	교실
최혜전	5/18(월)	6교시	2-2	교실
이경주	5/21(목)	3교시	2-1	교과교실5
		5교시	2-5	
		6교시	2-2	
조원희	5/15(금)	5교시	2-2	운동장
	5/18(월)	5교시		교실
이혜원	5/29(금)	2교시	2-2	교실
		3교시	2-1	
이유진	5/14(목)	4교시	2-5	교실
	5/15(금)	3교시	2-6	
정윤주	5/15(금)	7교시	2-12	교실
박진성	5/13(수)	2교시	2-10	교실
	5/14(목)	3교시		
	5/15(금)	6교시		
노영주	5/15(금)	5교시	2-9	교실
		6교시		
전성자	5/28(목)	5교시	2-11	지구과학실

173

생명과학 I (과중)	• 인간 유전체 사업 및 생명공학 기술과 관련된 영화, 기사, 소설, 잡지 등의 내용을 소개하고, 이러한 기술의 장단점과 우리의 자세에 대해 모둠별 발표 수업
미적분 (인문)	• 함수의 극한과 연속성을 기반으로 한 미적분의 역사 자료를 통해 기술의 발달에 수학이 미치는 영향에 대해 생각해보고 의견 나누기 (모둠별 스토리텔링 구성)
윤리와 사상	• 과학기술의 성과와 윤리적 문제에 대한 조사·분석을 통해 과학기술의 바람직한 활용을 위한 책임윤리의 중요성을 이해하고, 그에 대한 생각 나누기
중국어	• 중국의 기술 발달과 고도 성장에 따른 인간성 상실에 관한 자료(차이나 르포, 〈부자와 가난한 자〉)를 시청한 후, 현 중국 정부가 해결해야 할 과제와 방법에 대해 토론하고 자신의 생각을 정리하여 서술하기
미적분 (자연)	• 미적분학의 발견으로 인한 뉴턴과 라이프니츠의 갈등관계를 조명하고, 이를 통한 인간의 기술 문명에 미치는 영향을 생각해보며 의견 나누기
일본어	• 일본 애니메이션을 감상하며 재능 있는 사람들이 기술을 이용하여 그려내는 세상을 맛보고, 그 속에서 그려지는 인간을 심도 있게 파악하기
지구과학	• 관측 기술의 발달로 우주관이 확립되는 과정과 과학적 원리를 알아보고, 그 과정에서 역사적 배경과 과학자로서의 태도가 미치는 영향에 대해 의견 나누기 • 인간 기술의 발달로 자원이 고갈되고 환경이 파괴되며 에너지가 부족한 이 시점에 친환경 에너지에 대한 모색이 필요하고 친환경 에너지에 대한 기술이 필요함. 태양에너지, 풍력에너지, 조력에너지, 지열에너지에 대한 모둠별 신문자료 만들기를 통해 사전에 친환경 에너지에 대한 특징을 알고, '에너지 전쟁'이라는 카드 게임을 통해 그 특징을 익히기
법과정치 경제	• 정보통신기술의 발달이 사회 전반에 미치는 영향에 대해 모둠별 토론 활동 • 스마트폰과 액션러닝을 활용한 토론 활동: 정치, 경제, 사회, 교육, 의료, 인간 관계에 미치는 영향을 모둠별로 토론한 후 발표하기 • 정보통신기술이 미치는 긍정적 영향과 부정적 영향에 대한 논술 수행평가
한문	• 기술 발달로 인한 환경의 이상 현상으로 짧아진 '봄'이라는 계절에 대해 이야기 나누고, '봄'에 대한 정경을 노래한 한시 감상해보기

박주원	5/22(금)	1교시	2-12	교실
이정현	5/21(목)	4교시	2-1	교실(발표)
		7교시	2-2	
김혜미	5/22(금)	6교시	2-5	교실
		7교시	2-4	
최용순	5/21(목)	3교시	2-4	교실
		4교시	2-6	
한혜숙	5/27(수)	2교시	2-8	교과교실4
		5교시	2-7	
		7교시	2-11	
홍동기	5/13(수)	4교시	2-7	교실
	5/14(목)	2교시	2-12	
	5/26(화)	7교시	2-8	
홍진아	5/26(화)	3교시	2-9	교실
		5교시	2-10	
		6교시	2-11	
이재경	5/18(월)	3교시	2-2	교실
홍선민	5/18(월)	5교시	2-1	지구과학실
김선우	5/27(수)	3교시	2-12	지구과학실
전성희	5/21(목)	5교시	2-4	교실
김명숙	5/27(화)	3교시	2-3	교실

공동체와
'오래된 미래'

주제통합수업과 '한 학기 한 권 읽기'의 결합

고전+세계사+생활과윤리

글 정은경

수업 참여 교사 정은경·박시영·허수연(고전) + 이경주(세계사) + 최용순(생활과윤리)

'함께'여서
행복합니다

또 한 번의 주제통합수업을 그리다

2015년 1학기에 학년 단위로 전체 교과에서 진행했던 '인간과 기술' 주제통합수업 이후 다양한 자기반성과 성찰이 있었다. 아이들에게서는 어떤 날은 토의 수업, 모둠 수업이 몰려 하루 종일 모여 앉아 '인간과 기술'에 대해 토의하고 발표하느라 입에서 단내(?)가 났다던 불평이 있었다. 아, 수업을 듣는 아이들의 입장을 잠시 잊고 있었구나. 아무리 좋은 주제로 수업을 한다 해도, 전 교과에서 하루에 토의 수업과 모둠 수업을 진행하는 것은 분명 아이들에게 부담이 될 수밖에 없었다. 좀 더 세심한 수업 스케줄 조정과 교과별 수업 방식에 대한 공유가 필요했다. 또 하나, 아무리 좋은 수업이라도 한꺼번에 모든 교과에서 진행하다 보니 아이들이 질렸겠다, 하는 생각도 들었다.

그럼 교사는 어땠던 거지? 하는 고민이 자연스럽게 뒤따랐고, 몇 가지 사실을 뒤늦게 깨달을 수 있었다. 우리도 힘들었지만, 함께 수업을 준비하는 교과 전체가 함께 모여 이야기하며 수업을 조절할 수 있는 여유와 시간이 없었구나……. 각자 자기 교과 수업에만 관심을 갖고 교과별로 독립적으로 진행하고 있었구나……. 그래서 아이들이 하루 동안 어떻게 수업을 받고 있는지를 놓쳤구나……. 하루 종일 토의만 하기도 하고, 하루 종일 모둠활동만 할 때도 있었고, 하루 종일 발표만 하기도 했었구나…….

자, 그렇다면! 주제통합수업의 관건은 처음 수업 계획을 세울 때, 수업을 준비하면서, 또 수업을 진행하는 과정에서, 수업을 마무리한 후, 이 모든 과정에서 끊임없이 서로 협의하고 준비하고 이야기를 나누며 조정해나가야 했다. 그러자니 전 교과가 또다시 함께 하는 수업에 대한 두려움이 스멀스멀 피어올랐다.

그렇게 여름방학이 2주 만에 짧게 끝나버려 개학 후에도 무더위와의 한판을 준비하고 있을 무렵, 아니나 다를까 박시영 선생님에게서 제안이 들어왔다.

"2학기에는 몇 개 교과만 묶어서 주제통합수업을 해볼까요?"(이제야 하는 말이지만, 박시영 선생님이 하는 제안은 사실 거절하기 어렵다. '말의 힘'이라는 것을 제대로 느끼게 해주는 동료라고나 할까.)

사실 1학기 때의 경험을 살리고 부족했던 부분을 채우기 위해서

라도 한 번의 시도로 끝내버리기에는 주제통합수업은 아주 매력적인 수업이었다. 당시 아이들의 관심과 참여가 높았던 것도 매우 긍정적인 기억이었고, 의기투합할 수 있는 동료 교사들이 주변에 있다는 것도 주제통합수업을 시도하기에 최적의 조건이기도 했다. "한번 해볼까요?" 하는 제안에 '재미있겠는데?'라는 생각을 가지고 기꺼이 참여 의사를 밝히는 동료를 얼마나 자주 만날 수 있겠는가? 그런 동료가 곁에 있어 무엇인가를 함께 도모해볼 수 있다는 것, 그리고 그 경험을 '함께' 할 수 있다는 것은 아무리 생각해보아도 '행운'이 아닐까?

그렇게 선뜻, 나서기가 어려운

주제통합수업을 쉽게 시도하지 못하는 이유 중 하나는 수업 준비 과정에 많은 시간을 투자해야 한다는 것인데, 이보다 더 중요한 것은 '나 혼자서'가 아니라 '함께' 하는 시간 투자여야 하기 때문이다. 교사들 개개인을 보면 혼자 하는 건 참 잘하고 또 수월하게 하는 사람이 많지만, '왜 함께 해야 하는가' 하는 설득의 과정을 거쳐야 시도할 수 있는 주제통합수업은 그래서 선뜻, 누군가에게 제안하기가 쉽지 않다.

먼저 각 교과별로 한 학기 또는 1년 단위로 진행할 교육과정을 점검하고 재구성하는 과정에서 구성원들의 다양한 의견을 수렴해야 한다. 그해 학생들의 수준과 성향에 맞게 교과의 목표를 설정하고 그 목표 실행에 필요한 구체적 교육과정을 구성할 때, 교육과정에 필요한 텍스트가 교과서에 없으면 추가하고, 교과서에 있지만 적절하지 않은 경우에는 주제에 적합한 텍스트를 다시 선별하는 과정은 매우 중요하면서도 까다로운 절차이기도 하다. 일일이 교과서 목차를 점검하며 해당 단원으로 설계할 수 있는 수업들에 대한 의견을 다양하게 제시하고 검토하면서, 주제의 적절성과 주제를 통해 이끌어낼 수 있는 가치 등을 점검하는 데 매우 오랜 시간이 걸렸다. 그래서 '바람직한 현대 사회의 공동체 모습'을 모색해보자는 주제로 의견을 모으기까지의 과정도 지난할 수밖에 없었다.

함께하기로 도원결의(桃園結義)를 했다 치더라도 그 준비 과정이 순탄치 않다. 수업 시작 전에 여러 차례의 수업 계획 협의회와, 시작하고서도 방향을 수정하거나 보충하는 협의회, 중간중간 서로 점검하는 과정을 거친다. 여기에 공강 시간에 같은 교과의 다른 교사 수업 참관뿐만 아니라, 내가 들어가는 학급의 다른 교과 수업 참관까지 해야 한다. 또한 이후에 계속되는 수업 평가를 거쳐 진행 과정을 계속 수정·보완해야 한다. 특히 2학기 때 내가 맡은 고전 교과는 그 교과명 자체만으로도 아이들과 교사들에게 주는 무게감이 대단해서 텍스트 자체를 분석하는 데만도 많은 시간이 걸리는데, 따로 협의 시간을 할애하며 수업을 진행하기란 상당히 부담스러울 수밖에 없다. 또 이러한 주제통합수업의 취지와 앞으로 진행될 수업의 과정을 아이들에게 설명하고 공유하는 과정 역시 쉽지만은 않다. 이런 어려운 과정을 거쳐야 하기에 수업을 시작하기 전부터 이미 교사들에게는 이 수업이 지향하고 있는 가치가 자연스럽게 녹아들게 된다.

그래서 기꺼이 함께하기를 자청하고 흔쾌히 응하는 동료들이 고맙다. 물론 아무리 그 취지와 목적에 동의한다 하더라도 사실 주제통합수업이 생소하고 낯선 교사들에게는 이면에 불안감과 걱정이 자리 잡고 있을 것이다. 그 불안과 걱정, 그리고 수많은 궁금증을 서로 협의를 통해 지속적으로 감소시키면서 수업을 진행하는 것이 또 다른 관건이다. 어쩌면 협의의 과정에서 예상치 못한 갈등이 발생할 수도 있고, 새로운 의문들이 발생할 수도 있다. 다만 그 과정에서 놓치면 안 되는 것들은, 여러 교과가 다양한 각도에서 문제에 접근할 수 있는 기회를 아이들에게 제공하지만, 정해진 하나의 정답을 향해 나아가는 것이 아니라 하나의 '가치'를 중심으로 다양한 생각과 질문을 통해 자신만의 생각을 정리해나가는 과정을 아이들이 직접 경험하게 하자는 것이다. 이것이 주제통합수업의 목표라는 점을 꼭 기억하자.

고전의 가치, 교과 융합으로 확장하기

고전 안에 담긴 '가치'를 배우고 이를 바탕으로 인간으로서 갖추어야 할 수준 높은 교양을 함양하는 것. 처음 '고전'이라는 교과가 교육과정 안으로 들어왔을 때, 과연 주당 4~5시간 안에 이러한 목표를 달성할 수 있을 것인가 두려움이 앞섰다. 그리고 온고지신(溫故知新)의 정신으로 고전의 가치를 과연 현대에 맞게 되살릴 수 있을 것인가, 그렇게 되살린 가치가 미래의 인류 생활에 어떤 도움이 될 수 있을 것인가라는 불안함과도 마주하게 되었다. 그리고 국어 교사로서 나는 이러한 고전 교과를 정해진 교육과정 안에서 어떻게 아이들에게 의미 있는 배움이 되도록 설계할 것인가, 현실적으로 눈앞에 닥친 고민에 빠지게 되었다.

고전 교과에서 다루어야 할 내용은 어마어마했다. 인문, 사회, 과학, 예술, 문학 등을 망라하고 있어 마치 국어 교사에게 만물박사의 역할을 요구하는 것 같았다. 게다가 고전이 쓰인 시대와 문화적 맥락을 고려하며 고전에 담긴 지혜와 통찰을 수용하고 비판적으로 평가한 뒤, 고전의 가치를 현대 사회의 맥락에 맞게 재해석함으로써 현대 사회의 문제를 해결하는 데까지 가기 위해서는, 텍스트에 대한 내용 독해만으로는 불가능해 보였다. 도저히 교과 수업시간만으로는 충족되지 못할 것 같았고, 그래서 인접 교과와의 통합수업만이 '고전의 가치를 지향하는 수업'을 실천할 수 있는 첫 단계라는 판단에 이르게 되었다.

무엇을 어떻게
가르칠까?

《오래된 미래》와 바람직한 공동체의 모습

주제통합수업을 구상할 때는 지향해야 할 가치를 중심에 두고 적절한 텍스트를 선정하기도 하고, 선정한 텍스트에서 어떤 가치를 발견한 다음 연계할 수 있는 텍스트를 더 찾아 다양한 관점에서 가치에 접근하기도 한다. 또 처음부터 교사의 개입 없이 아이들 스스로 텍스트에서 가치를 찾아가게 할 수도 있고, 특정 교과에서 지향해야 한다고 생각한 가치를 다른 교과에서 다른 관점으로 접근함으로써 그 가치의 이면을 들여다보고 편협한 사고를 견제하게 할 수도 있다. 대부분 학년 초나 학기 초에 교육과정을 재구성하며 교과서 텍스트 중 적절한 내용을 선정하는데, 이번 주제통합수업에서는 지향하는 가치('바람직한 공동체의 모습')가 먼저 결정되고 그에 맞는 텍스트를 선정해 아이들이 여러 교과에서 다양한 관점으로 접근할 수 있는 수업을 구상하기로 했다. 이에 따라 고전 교과서에 실려 있는 〈오래된 미래〉라는 글은 목차를 검토하던 우리의 눈에 가장 먼저 들어왔다. 마침 단원명도 "고전과 우리의 삶"인 데다가, 오랜만에 만난 친구처럼 대학 때 읽어보고 난 뒤에 처음 접한 글이라 반가운 마음이 앞섰다.

1992년에 출간된 헬레나 노르베리호지(Helena Norberg-Hodge)의 《오래된 미래》는 인도 라다크 지역의 생태와 환경, 공동체의 모습과 그 변화를 통해, 세상을 바라보는 사람들의 인식에 큰 변화를 가져다준 책으로 평가받고 있다. 《오래된 미래》는 생태적 지혜를 바탕으로 서로 협동하고 나누는 전통적인 공동체 중심의 생활방식을 영위하는 라다크 사람들의 모습을 보여주는 제1부, 서구 문명에 의해 무너져가는 라다크의 현실을 그린 제2부, 그리고 이른바 '서구의 가치관을 중심으로 한 경제 개발과 세계화'의 물결에 휩쓸리고 있는 현대 사회가 앞으로 나아가야 할 방향을 제시하는 제3부 아래 총 18개의 장(chapter)으로 구성되어 있다. 라다크 공동체를 통해 인류가 과거에 어떻게 살아왔고, 현재 어떤 삶을 살고 있으며, 앞으로 어떤 길을 가야 하는지를 이야기하고 있는 책이 《오래된 미래》인 만큼, 우리 사회가 앞으로 지향해야 할 바람직한 공동체의 모습을 모색하기에 라다크 공동체는 하나의 모델로 적절해 보였다. 또 그 라다크 공동체에서 우리가 지향하는 가치의 실마리를 찾을 수 있지 않을까 하는 일말의 기대를 가지게 되었다.

　그래서 이 텍스트를 중심에 놓고 어떤 교과에서 접근이 가능한지, 어떠한 방식으로 접근할 수 있을 것인지 먼저 고전 담당 교사들이 고민을 시작했다. 함께 통합수업을 진행하면 좋을 교과에 대해서도 이야기를 나누다가, 고등학교 2학년 학생들의 사회과 선택과목인 세계사와 생활과윤리 담당 교사에게 함께 수업을 고민해보자는 제안을 하게 되었다.

　그리하여 사회 선택과목에 따라 세계사를 선택한 학급에서는 고전-세계사, 생활과윤리를 선택한 학급에서는 고전-생활과윤리를 연계하여 '미래 지향적 공동체 사회의 가치'를 탐구하는 수업을 설계하기에 이르렀다. 인문계 고전 담당 교사 2명과 자연계 1명, 그리고 자연계 세계사 담당 교사 1명과 인문계 생활과윤리 담당 교사 1명, 총 5명으로 또다시 주제통합수업은 시작되었다. 그리고 이 수업의 목표를 '시장경제 중심 사회, 민주주의적 가치와 개인의 권리 찾기를 중시하는 사회 속에서 인간이 공동체를 이루며 살 수 있는가에 대한 가능성을, 인도의 라다크 공동체를 통해 발견하는 기회를 가짐으로써 공동체적인 삶을 지향할 수 있는 방법을 모색하는 통합적 사고력을 기른다'라고, 다소 거창하게 세울 수 있었다.

'고전을 왜 배워야 하는가' 하는 근본적인 물음

"처음《오래된 미래》를 대상으로 바람직한 공동체의 모습을 탐구하는 주제통합수업을 제안받았을 때 '재밌겠는데?' 하는 생각이 먼저 들었지만, '어떻게 해야 하는 걸까?' 하는 걱정이 들었던 것도 사실입니다. 그 뒤에는 수업시간에 다루기로 한 내용을 과연 아이들이 제대로 이해할 수 있을까, 어떻게 생활과윤리 교과에서 '바람직한 공동체'라는 가치를 아이들과 함께 공부할 수 있을까 하는 걱정도 바로 따라왔어요."

(생활과윤리 교사, 최용순)

이렇게 내용의 이해와 함께 가치를 내면화하는 방법이, 수업을 준비하는 우리에게는 현실적으로 해결해야 할 큰 과제였다. 여기에 더하여 대개 교과서에는 전문이 아닌 일부만 발췌되어 실려 있는데, 교과서 내용만 다루어서는 우리가 목표했던 바를 이루기 어려울 것 같았다. 또 '바람직한 공동체'라는 가치를 중심으로 하되 각 교과별로 지향하는 교과 수업 목표를 더하여, 아이들이 다양한 관점에서 '공동체'에 접근하고 분석할 수 있는 기회를 제공하고 싶었다. 유사한 내용을 여러 교과에서 반복하는 것을 피함으로써 아이들이 수업 내용을 지루해하지 않았으면 하는 바람이 있었던 것이다.

이 세 가지 과제를 해결하기 위해서 먼저 교과서에 수록된 내용의 앞뒤로 생략된 부분을 추가하여 맥락을 보다 넓고 깊게 이해할 수 있도록 각 교과에서 추가 읽기 자료를 준비하기로 했다. 고전 교과에서는 교과서에 수록된 내용 중 생략된 부분을 추가하여 해당 소단락 전체를 읽기 텍스트로 준비했다. 세계사와 생활과윤리 교과에서도 공동체와 관련된 각 교과의 수업 단원을 선정하고, 이에 대한 이해를 바탕으로《오래된 미래》의 다른 단락에서 발췌한 내용을 읽고 수업에 활용할 수 있도록 준비했다. 이렇게 한 권의 책을 놓고, 여러 교과에서 선정한 단원 내용과 연계하여 읽을 만한 부분을 다양하게 발췌하여 각 교과 수업시간에 활용하는 방식은, 학생 한 명 기준으로 볼 때 한 권의 책을 여러 교과 시간에 읽게 되는 효과가 있다. 만약 좀 더 많은 교과가 한 권의 책을 중심으로 주제통합수업을 구성한다면 아이들은 여러 교과 시간에 걸쳐 책 한 권을 온전히 읽어낼 수 있을 것이다. 이는 '2015개정교육과정'에서 강조하는 '한 학기 한 권 읽기'를 효과적으로 실천할 수 있다는 측면에서도 적극 활용해볼 만한 방법이라고 생각한다.

그리고 어떤 순서로 교과 수업을 진행했을 때 가장 효과적일 것인지를 논의하여 각 교과의 수업 순서를 정했다. 먼저 고전 시간에 교과서에 수록된 일화를 중심으로 라다크의 전통적인 공동체의 특징을 구체적으로 이해할 수 있도록 독해 수업을 진행하기로 했다. 이어 세계사와 생활과윤리 수업을 통해 공동체에 대한 사고를 확장할 수 있도록 단계적으로 다음과 같이 진행하기로 했다(표1).

고전 수업을 통해 라다크 사회의 공동체의 모습을 구체적인 일

표1 2학년 '바람직한 공동체' 주제통합수업 흐름

	1차시	2차시	3차시	4차시	5차시	6차시	7차시	8차시
고전	《오래된 미래》 세부 내용 파악하기		모둠별 토의	모둠별 토론	'바람직한 공동체'를 구상하는 모둠활동	구상한 공동체에 대한 모둠발표 수행평가		
세계사				《오래된 미래》 세부 내용 파악하기	공동체의 변화에 대한 분석과 모둠발표	모둠별 토론	'사회진화론'과 '인종주의'에 대한 논술평가	
생활과 윤리				주요 개념에 대한 교사 강의	《오래된 미래》 세부 내용 파악하기	모둠별 토론		'세계화'에 대한 논술평가

화를 통해 이해하는 것은 바람직한 공동체를 구상하는 데 많은 참고가 될 수 있다고 생각했다. 라다크 구성원들이 서로 협력하면서 출산이나 결혼, 장례 등을 마을 전체가 함께 해결하고, 자신의 이익만을 추구하지 않고 공동체의 다른 사람들이 곤란해지지 않게 배려하며, 나이 어린 사람의 말이라도 귀 기울여 듣고 갈등을 해결하는 모습은 현대 사회의 공동체에서도 반드시 필요한 자세이자 가치라고 판단했기 때문이다.

이어서 사회 교과 선택에 따라 진행하는 세계사와 생활과윤리 수업에서는 세계적 변화에 따른 라다크 공동체의 변화 양상을 서술한 부분을 찾아 읽었는데, 각 학급의 수업 속도에 맞춰 고전 수업 이후 자연스럽게 이어지도록 했다. 세계사 수업은 서구 문명의 영향으로 자본주의에 물들어가는 라다크 사회의 변화를 살펴보고, 나아가 이를 제국주의 침략과 연결해 이해하는 수업으로 설계했다. 그리고 생활과 윤리 수업은 자본주의적 사고가 확산되어 이기적이고 계산적으로 변해가는 라다크 사람들의 변화를 살펴보고, 세계화로 인해 지역 간 경계가 허물어져가는 가운데에서도 지역만의 독특한 특성을 살릴 수 있는 방안과 그 과정에서 공동체 구성원들이 갖추어야 할 윤리성이 무엇인지를 모색하는 수업으로 설계했다. 그리하여 아이들이 이 과정을 경험하면서 '우리가 지향해야 할 바람직한 공동체의 모습'(고전)뿐만 아니라, 역사적 차원에서 공동체가 변화하는 대내적·대외적 요인 분석과 비판(세계사), 잘못된 방향으로 변화해가는 공동체 구성원으로서의 위기의식과 이러한 문제를 해결할 수 있는 방안의 모색(생활과윤리)까지, 하나의 주제에 대해 입체적이고 종합적으로 접근해가면서 자연스럽게 사고가 확장될 수 있기를 바랐다.

이를 위해 우리는 예전에 이미 읽었다 하더라도《오래된 미래》전체를 다시 정독하고 수업을 설계해야 했다. 게다가 라다크 공동체가 추구했던 '협력과 배려'라는 긍정적 가치와 상반되는 부정적인 가치까지 다룸으로써, 라다크의 모습을 아는 것에 그치지 않고 최대한 현재 우리의 공동체의 모습과 비교할 필요도 있었다. 그러다 보니 현대 자본주의 사회의 속성도 함께 분석하여 '지금 여기'의 가치를 인식하고 비판하는 데까지 나아감으로써, '고전을 왜 배워야 하는가'라는 근본적 목표까지 내재된 수업을 설계할 수 있었다.

수업 속으로(1)
- 고전의 향기

동영상으로 마음 열고, 내용 파악하며 깊이 읽기

고전 수업은 교과서에 실린 기본 내용을 이해하는 독서와 독해를 기본 활동으로 하고, 이를 바탕으로 개별 활동과 모둠별 협동학습을 적절히 섞어서 진행했다(표2).

가장 먼저 수업을 진행하기 시작한 고전 교과에서는 4단원 "고전과 우리의 삶" 중 '고전을 통한 삶의 성찰 - 오래된 미래' 단원의 학습목표를 재구성하여, 평가를 포함해 총 6차시로 수업을 설계했다. 먼저 아이들에게《오래된 미래》가 어떤 책인지, 왜 우리가 이 내용을 배워야 하는지, 어떤 과정으로 수업을 하고 평가를 할 것인지 등 수업 설계할 때 논의했던 내용을 좀 쉬운 표현으로 바꾸어서 설명해주었다. 아이들 얼굴에는 '아, 힘들겠구나……' 하는 표정이 역력

표2 고전 수업계획서

차시	개요	수업의 세부 내용 및 방법	수업 자료
+	배경지식 습득	• 관련 동영상을 시청하면서 배경지식 넓히기(진행 중 필요에 의해 추가)	동영상
1	세부 내용 파악하기	• 《오래된 미래》4장을 점검하며 읽고, 세부 내용 파악하기	텍스트 개별학습지
2		• 라다크 공동체와 현대 우리 사회를 비교 하는 교사의 강의를 들으며, 텍스트 내용 정리 및 수정·보완	개별학습지 PPT
3	모둠토의	• 모둠학습지에 제시된 4개의 일화를 중심 으로 한 토의학습 • 7가지 측면에서 라다크 공동체와 현대 사회 비교	모둠토의 학습지 PPT
4	모둠토론	• 제시된 3개 주제에 대한 모둠별 토론 • 라다크 사회와 성미산 마을의 갈등 방식 비교: 공동체에서 발생한 문제 상황의 바람직한 해결방안 탐색 • 우리가 생각하는 바람직한 학교 공동체의 모습 설계	모둠토론 학습지 보조 텍스트
5	모둠활동 (결과물 제작)	• 바람직한 공동체 모습 구상 • 모둠별 제작물(수행평가 반영)	결과물 작성을 위한 문구류
6	모둠발표 수행평가	• 바람직한 공동체의 모습에 대한 모둠활동 의 구상 과정과 결과물 발표	프로젝션TV

했지만, 평소 자신들이 자주(?) 설득을 당했던 고전 선생의 설명에 큰 반발은 하지 않았고, '네, 일단 해보지요' 하는 반응을 마지못해 보이는 것 같았다.

하지만 첫 반 첫 수업부터 벽에 부딪히고 말았다. 아이들은 다른 나라를 대상으로 한 내용이어서 그런지, 아니면 내용에 대한 선입견이 있었는지 모르겠으나 '기꺼이' 읽는다는 느낌을 받지 못했다. 물론 아이들은 대부분 어떤 텍스트든 처음 접할 때 일단 '어렵지 않을까?' 하는 생각부터 하는 것 같기는 하다. 제목에서부터 이미 '오래된'이라는 어휘가 눈에 띈 순간, 아마도 중세국어(?)나 고대국어(?) 같은 느낌을 받았던 것 같다. 그리고 그예 아이들은 "선생님, 너무 어려워요", "이게 무슨 내용이에요?" 하며 징징(?)대기 시작했다. 아이들이 스스로 내용을 제대로 읽고 이해할 수 있을까 하는 염려가 현실로 다가오고야 말았던 것이다.

긴급 처방이 필요했다. 목마른 사람이 우물을 판다고, 서둘러 관련 동영상이 없는지 찾아보기 시작했는데, 마침 박시영 선생님이 먼저 찾아놓은 영상 자료를 공유해주었다. 이렇게 고마울 수가……. 영상은 크게 2가지로 시간에 맞게 적절히 활용하기로 했다. 약 38분의 영상인 EBS〈세계테마기행〉(106회) '영혼의 땅, 인도(3부)'와, 18분 정도의 영상인 KBS〈세상은 넓다〉(2917회) '오래된 미래를 만나다, 북인도 라다크' 편이었다.

특히〈세계테마기행〉영상에는 외부인에게도 스스럼없이 다가와 따뜻한 차 한잔을 나누는 라다크 사람들의 정(情)과, 환하게 웃으며 순박하게 뛰어노는 라다크의 아이들, 척박한 환경 속에서 목축으로 생계를 꾸려가는 어머니와 가족을 위해 선생님이 되겠다는 꿈을 키우는 라다크 소녀, 정성스럽게 만든 투박한 전통음식 툭바를 가족에게 먹이려고 자신의 그릇에는 국물만 담는 어머니, 바위를 쪼고 다듬어 자신들이 살 집을 직접 만드는 승려들, 일하는 가운데 나누어 먹는 음식들, 힘들 것 같은데도 얼굴에서 웃음이 떠나지 않는 표정 등 라다크 사람들의 일상과 공동체의 모습을 이해하기에 충분한 영상이었다.

이어 감상한 두 번째 영상에서는 라다크를 방문하는 외국인들과 과거에는 볼 수 없었던 빵집 등 변화를 겪고 있는 라다크의 현재 모습을 담고 있었다. 이번 주제통합수업의 방향과 딱 맞는, 적절한 영상이었다. 덕분에 수업은 1차시가 더 필요했지만, 내용을 이해하기 위해서는 반드시 필요한 시간이었다. 아이들 얼굴에도 '아하, 이제야 알겠네' 하는 표정이 여기저기 떠올랐고, 이제 텍스트를 이해할 준비가 된 것처럼 보였다.

이제 《오래된 미래》의 제1부 중 4장 '더불어 사는 삶' 부분을 본격적으로 읽고 내용을 이해해야 했다. 교과서에서 생략된 부분을 포함하여 4장 전문을 읽고, 내용 중심의 질문 25개가 담긴 개별학습지에 간략하게 정리했다. 자신이 정확하게 읽었는지를 확인하는 시간이었기 때문에, 아이들은 주변 친구들의 도움 없이 스스로 텍스트를 확인하면서 학습지를 작성했다. 25개 질문에 대한 답은 다음 수업시간에 본문 내용에 대한 교사의 강의를 들으며 스스로 확인하고 수정하는 과정을 거쳤고, 따로 채점을 하거나 정답을 불러주지는 않았다.

《오래된 미래》의 각 장은 라다크 속담이나 라다크 사람들이 한 말 중에서 의미 있는 내용을 인용하는 것으로 시작하는데, 4장에는 "말을 백 마리나 가진 사람도 채찍 하나가 없어 남의 신세를 져야 할 때가 있다"라는 속담이 적혀 있다. 작은 도움이라도 서로 어울려 함께 살아가야 함을 깨닫게 해주는 속담인 만큼, 이 장에서는 공동체의 다른 구성원을 배려하고 협력하는 4개의 일화가 제시되어 있다. 현재 묵고 있는 방이 시끄러워 다른 방을 구하고자 하는 저자(노르베리호지)에게, 기존의 방 주인이 언짢아 할 것을 염려하여 이를 거절하는 앙축과 돌마의 일화. 자신이 주문한 창틀을 다른 사람이 먼저 가져갔는데도, 급해서 그랬을 것이라며 이해하려고 하는 소남의 일화. 버터와 쌀을 교환하기 위한 거래 흥정에 열두 살 아이가 중재자 역할을 자처하고 이를 따르는 라다크 어른들의 일화. 가축을 매놓은 끈이 풀려 농작물이 상하게 되자 농작물 주인이 돌을 던져 가축을 상하게 하는 일이 발생했는데, 마을의 대표자를 중심으로 서로 토의하고 대화하며 갈등 상황을 해결해가는 과정을 보여주는 일화. 이렇게 총 4가지다. 그리고 이어서 라다크 사회에서 발견할 수 있는 다양한 협력 공동체의 모습이 제시되고 있다. 우리나라의 전통적인 두레나 향약과 유사한 것도 있으며, 마을에서 출산·결혼·장례 등을 치를 때 서로 도와주는 4~12가구 단위의 공동체 파스푼(paspun), 농기구 등 사유재산을 공동으로 이용하는 랑제(lhangdse) 등을 소개한다.

197

이러한 내용을 PPT로 정리하여 교사가 설명하면, 아이들은 지난 시간에 자신이 작성했던 학습지의 내용을 수정·보완해서 정리한다. 이를 통해 4장의 첫머리에 제시된 속담의 의미와 함께, '공동체 안에서 협동과 배려의 중요성'이라는 라다크 공동체의 특징과 중심 가치를 발견할 수 있었다.

모둠토의: 라다크 공동체와 현대 사회 비교하기

이어서 다음 차시에는 위의 4개 일화를 중심으로 라다크 공동체와 현대 사회를 비교하는 모둠토의를 진행했다. 과연 라다크의 생활양식과 가치관을 현대 사회에도 적용할 수 있을까? 공동체의 규모와 접촉 방식, 상호 의존도, 자신이 속한 공동체에 대한 이해의 정도, 구성원 간의 경제적·정치적 상호작용 방식과 효과, 리더의 역할과 영향력, 경제활동 모습, 구성원들의 문제 해결 방식과 의사결정 방식 등 7가지 측면에서 라다크 공동체와 현대 사회를 비교하면서, 현대인들이 잠시 잊고 있었던 공동체의 가치를 떠올리는 계기가 되었다. 그리고 라다크 사람들이 추구하던 공동체적 생활양식과 가치관을 현대 사회에도 적용할 수 있는지 가능성을 모색해보았다. 단순하게 '적용할 수 있다/없다'에서 시작해 그 근거를 찾는 과정에서, 자신이 제시한 의견의 한계를 스스로 깨닫기도 하고 상대방의 의견에 질문도 하면서 다양한 측면에서 토의가 진행되었다. 처음에는 자신의 의견을 이야기하는 것을 부끄러워하거나 두려워하던 아이들도 전반적으로 시간이 지남에 따라 적극적으로 참여하는 모습을 보였다.

모둠은 아이들의 의견을 최대한 반영하여 구성했다. 그동안 수업 관찰을 통해 모둠활동을 잘 이끌어갈 만한 학생을 다른 아이들에게 추천을 받거나, 자발적으로 하겠다는 의지를 보인 학생, 교사의 추천 등을 우선으로 하여 5~6명 정도의 모둠장을 먼저 결정한다. 이어 모둠장들이 러닝메이트로 한 사람씩을 지명하여 2인 1모둠을 구성한 뒤, 둘이 협의하여 자신들의 모둠에 필요한 사람을 한 명 더 지목했다(이때 러닝메이트와 이후에 지목된 학생에게는 1회의 거부권을 행사할 수 있게 했다). 그리고 나머지 아이들은 구성된 모둠 중에서 자신이 함께하고 싶은 모둠을 선택하게 했다. 이렇게 해서 5~6인으로 구성된 5~6개의 모둠이 만들어지면, 모둠에서 토의해야 할 내용들을 모둠토의 학습지(참고자료1)를 통해 자세히 안내한 뒤 모둠활동을 시작했다.

이때 모둠장에게는 모둠원들이 골고루 의사 표현을 할 수 있도록 기회를 줄 것을 당부해둔다. 사실 모둠을 이끌어가는 모둠장의 역량에 따라 토의의 활발함이 많은 차이를 보였다. 모둠원들이 침묵하는 것을 못 견뎌하거나 좀 더 의욕을 가지고 활발하게 토의를 이끌려는 모둠장인 경우, 해당 모둠은 점차 활기찬 모습으로 변해갔다. 그러나 모둠장이 주로 많이 이야기하면서 자기중심적으로 토의를 이끌어가거나, 반대로 모둠장이 너무 소극적인 모습을 보이는 경우에는 아무래도 활발하게 토의를 이어가기가 쉽지 않다. 그러므로 모둠별로 진행 상황을 잘 관찰하고 있다가 적절하게 교사가 개입하는 일도 필요하다.

특히 토의는 함께 하되 모둠토의 학습지 정리는 개별적으로 작성하게 해서 가만히 앉아 있는 아이들이 없도록 했다. 이때 다른 사람이 제시하는 의견을 그대로 받아쓰거나 베껴 쓰지 말고, 일단 경청한 뒤 완결된 문장으로 요약 정리하도록 했다. 특히 학습지를 꽉 채워야 평가를 잘 받을 것이라는 인식을 없애기 위해, 학습지 빈 칸을 꽉 채우지 않아도 된다는 점을 꼭 설명했다. 그랬더니 학습지 작성에 집중하기보다는 자신의 생각을 표현하고 다른 모둠원의 의견을 경청하는 시간이 다소 늘어났으며, 모둠장의 리드 아래 모둠원들의 생각을 종합한 뒤 자신만의 표현으로 정리하려는 아이들이 드문드문 보이기 시작했다.

모둠토론: 라다크와 성미산 마을, 그리고 '이상적인 공동체'의 꿈

지금까지는 가장 기본적인 내용 이해 수업이었다면, 이제 이를 바탕으로 추가 텍스트와 연계하여 모둠별 토론을 진행했다(참고자료2). 교과서 내용을 확장한 두 번째 모둠활동은 고전을 배우는 이유를

틈틈이 확인하는 활동인 동시에, 고전의 현재적 가치를 찾는 과정
이기도 하다. 그래서 라다크 공동체와 비교할 만한 한국의 공동체
를 찾아, 공동체 안에서 발생하는 갈등의 과정을 어떻게 해결해나
가는 것이 바람직한지를 탐색하는 활동을 진행했다.

먼저 '길담서원 청소년인문학교실' 시리즈로 출간된《나에게 품
이란 무엇일까?》(윤구병 외) 중 '주민이 100명이면 마을이 100개' 부
분에는 마을 안에서 아이를 함께 키우는 공동육아 프로그램과 '끝
장 토론'을 실천하는 성미산 마을공동체의 이야기가 실려 있다. 그
중에서 달걀 때문에 아토피를 겪는 아이 하나로 인해 식단에 달걀
을 넣을 것인가 말 것인가를 두고 벌이는 끝장 토론 사례와, 협동의
어려움과 이웃에 대한 이해 및 소통의 필요성을 서술한 부분을 발
췌해서 읽고, 다음의 3가지 주제*에 대하여 모둠토론을 진행했다.

> (1-1) 성미산 공동체 안에서의 갈등 해결 방식을 라다크 사람들과 비
> 교하기
> (1-2) 성미동 공동체가 처한 문제 상황을 해결하기 위한 바람직한 해
> 결방안을 모둠에서 제시해보기
> (2) 라다크 이야기와 성미산 이야기를 읽고 '가장 이상적인 마을공동

---

* 인문계 학생들은 이 3가지 주제로만 수업을 진행했으나, 자연계의 경우
에는 마지막 주제를 토의하기에 앞서 '바람직한 학교 공동체의 모습'을 구상해 발표하기
도 했다.

특히 주제 (2)의 경우, 당시 서울시 홈페이지에 있는 마을공동체 관련 자료를 참고할 수 있도록 안내하고,[*] 이를 바탕으로 각 모둠에서 생각하는 가장 이상적인 마을공동체를 구상해보도록 했다. 먼저 어떤 공동체가 되고 싶은지 모둠에서 추구하는 마을공동체의 상을 적고, 이를 적절한 마을 이름으로 표현해보도록 했다. 그리고 마을에서 추구하는 목표에 따라 교육, 경제, 복지, 문화, 소통 등 다양한 영역에서 어떤 사업들을 벌이고, 이를 어떻게 달성할지를 구체적으로 제시한 다음, 이런 공동체를 만들기 위해 필요한 지역 기반 시설들과 그러한 시설을 구축할 정책, 경제적 재원을 마련할 수 있는 방법, 전문 인력 동원 방법 등도 적게 하였다. 마지막으로, 모둠에서 구상한 마을공동체가 실제로 이루어진다면 그 안에서 우리는 어떤 삶을 살게 될지, 그곳에서 성장한 아이들은 장차 어떤 미래를 맞이하게 될 것인지 등의 내용으로 마무리하게 했다.

처음에는 시큰둥하게 모둠토론 학습지를 바라보던 아이들도 옆

---

[*] 2012년 서울시 마을공동체 사업으로 30곳의 마을북카페, 23곳의 마을예술창작소, 17곳의 청소년 휴카페가 서울 곳곳에 들어섰고, '마을공동체 육성을 위한 토대'(종합지원센터, 마을학교, 품앗이센터 등), '평생 살고 싶은 주거공동체'(마을환경재생사업, 아파트공동체 활성화 등), '함께 나누는 복지공동체'(공동체돌봄센터, 마을안전망 구축 등), '신나고 재미있는 문화공동체'(동네예술창작소, 동네북카페 조성 등), '함께 만들고 소비하는 경제공동체'(마을기업 육성, 도시-농촌 간 자매결연 등) 등의 사업을 지원하고 있었다.

모둠에서 하나 둘 이야기가 시작되는 것을 보더니 분위기에 휩쓸려 적극 참여하기 시작했다. 어떤 반이든 적극적이고 활동적인 학생 한 명만 있으면, 그 학생이 모둠활동을 이끌기 시작하는 순간을 신호탄으로 다른 모둠에서도 연달아 활발한 토론을 시작하는 게 신기하기도 했다.

아이들이 구상하는 마을의 모습은 매우 다양했다. '만남과 소통'을 중시하는 모둠에서는 '만남의 광장'을 마을 중심에 놓았는데, 마을 가운데에 회의실과 도서관, 고민상담소 등이 위치하고 마을 안의 각 집과 기관들이 서로 문과 문으로 연결된 열린 마을을 구상했다. '다 같이 방긋방긋 웃는 마을'이라는 뜻의 '다방마을'을 구상한 모둠은 주민 모두를 수용할 수 있는 규모의 나눔센터를 마을 중심에 두고, 문화시설과 관광객 유치에 중점을 둔 사업을 추진한다는 계획을 세우기도 했다. 또 마을을 4개의 빌딩으로 구성한다는 모둠도 있었는데, 복지문화, 교육, 주거와 의사소통, 경제 등의 특성을 가진 4개의 빌딩이 서로 연결된 구조로서 소통을 원활하게 하려는 노력을 보이고 있었다. '누리보듬'이라는 이름의 마을은 카페를 마을의 중심에 두고, 자율교육센터와 돌보미센터와 문화복합센터가 카페를 둘러싸게 하여 역시 소통을 중시하는 구조로 설계되었다. 영화제작소와 문화센터 등 문화를 중심으로 한 '컬처랜드'도 있었고, 마을축제와 친환경 에너지, 마을 구성원의 건강을 중시하는 '늘 찬가든'이라는 마을도 있었다.

"평소 제가 살고 있는 마을과 그 마을의 구성원에 대해, 마을 구성원 간의 관계에 무관심했던 게 사실이잖아요. 처음 이 수업을 시작할 때 좀 놀랐던 게, 현대에도 라다크 같은 공동체가 얼마 전까지도 있었구나, 내가 모르는 세계가 참 많구나, 하는 생각을 했었거든요. 사실 제가 속한 공동체에 대해 깊이 생각해보지를 않았던 거예요. 우리 반도 공동체고, 우리 학교도 공동체고, 우리 가족도 공동체고. 이렇게 공동체 안에 있었으면서도 공동체에 대해 진지하게 생각한 건 이번이 처음이에요. 어려웠는데, 재밌기도 했어요. 특히 우리가 구상한 마을공동체를 그림으로 그릴 때는 고전 시간이라는 걸 잊어버렸어요(웃음)."(고2, 이○○)

아이들이 마을공동체 그림 그리기에 너무 집중을 한 나머지, 1차시가 더 소요되었다. 마을공동체 그림은 평가 대상이 아니었는데도, 거의 작품 수준으로 만들어낸 모둠도 있었다. 사실 고전 수업에서는 모둠발표의 내용을 중심으로 평가해야 하는데, 색감과 디자인에 눈이 먼저 가는 것은 어쩔 수가 없었다. 냉정한 평가를 위하여 발표 내용에 집중해야만 했다. 발표는 모둠점수로 매기기로 했기 때문에, 대표 몇 명만 하는 것이 아니라 모둠원 전체가 앞으로 나와 역할을 나눠서 하였다. 모두가 다 발표를 하게 되니, 평소 발표에 자신 없어 하던 아이들도 이 어쩔 수 없는 상황을 포기하게 된 듯했다. 발표를 꼭 다 해야 하나, 안 하면 안 되나 하는 반발이 아주 없었던 것은 아니지만, 포기하는 속도가 다른 때보다 빨랐던 것 같다.

구체적인 평가 기준은 다음의 5가지 항목을 중심으로, 이 내용이 발표에 포함되도록 사전에 안내했다. 여기에다 발표하는 사람의 성량이나 말하는 속도, 시선 처리 등은 개별평가 항목에 포함시켰다.

(1) 마을공동체 이름이 독창적이며 그 공동체가 지향하는 바가 명확하게 드러났는가?

(2) 마을공동체가 지향하는 목표가 명확하게 제시되어 있는가?

(3) 마을 구성도(교육, 소통, 주거, 복지, 문화, 경제 등 시설의 포함 여부, 복합기능을 하는 창의적 공간의 확보 및 기능)

(4) 각 시설의 설치 목적과 기능을 명확하게 제시하였으며, 그것이 공

동체의 지향과 일치하는가?

(5) 각 시설의 설치 이유가 명확하고, 공동체의 목표를 실현할 수 있는 곳인가?

각 모둠이 발표를 마칠 때마다 교사는 모둠에 대한 총평과 모둠원 각자에 대한 간단한 피드백을 해주었고, 발표를 들은 아이들도 발표에 대한 각자의 소감을 간략하게 이야기했다. 이것 때문에 다시 발표 시간 1차시가 또 추가될 수밖에 없었다.

이렇게 고전 교과에서는 아이들이 개별적으로 세부 내용을 이해하고 작성한 개별학습지, 모둠활동을 통해 작성한 모둠토의 학습지와 모둠토론 학습지, 모둠에서 함께 작성한 마을공동체 구상안, 그

모둠토론과 발표

리고 모둠발표까지, 수업의 전 과정이 평가에 반영되었다. 그러다 보니 아이들은 수업시간에 모든 것을 해결할 수 있어서 좋았고, 결과적으로 전체적인 수업 집중도가 높았다고 자평하고 싶다.

수업 속으로(2)
-다른 교과의 사례*

세계사, 제국주의 시대의 사회진화론과 인종주의

고전 교과에서 《오래된 미래》 4장에 대한 일차적인 내용 분석이 끝난 시점에, 아이들의 선택과목에 따라 세계사 또는 생활과윤리 수업이 이어졌다. 이미 고전 시간에 《오래된 미래》의 한 장을 읽은 뒤라, 다른 부분을 읽는 일도 아이들은 자연스럽게 받아들였던 것 같다.

세계사 시간에 다룰 내용도 고전 수업과의 연장선상에서 진행해야 주제통합수업의 의미를 살릴 수 있기 때문에, 세계사 수업을 시작하기 전 해당 학급의 아이들이 고전 시간에 어떤 수업을 받았는

---

* 이하 각 교과에서 진행한 수업과 수업 평가(에필로그)에 대해서는 각 선생님들의 수업 후기와 인터뷰를 바탕으로 재구성했다.

지 확인할 필요가 있었다. 그래서 세계사 교과 교사가 아이들의 고전 수업을 참관하기로 하고, 학습 자료를 미리 받아 수업에 들어갔다. 참관의 목적은 두 가지. 하나는 고전 시간에 다루는 내용이 세계사 시간의 수업 내용과 겹치지 않게 하여 아이들이 지루하지 않도록 세계사 수업을 구성하는 것. 다른 하나는 고전 시간에 배운 내용을 어떻게 세계사 수업과 연계하여 확장할 것인지를 구상하는 것.

생각보다 고전 시간에 다룬 내용 분석이 매우 자세하였고, 4가지 일화에 대한 분석이 이렇게 자세하다면 아이들이 그 내용을 제대로 이해하고 있다고 보아도 무방했다. 그러므로 자연스럽게 라다크 공동체의 변화 양상과 요인을 바탕으로 제국주의 시대의 '사회진화론'과 '인종주의'에 대한 비판적 시각을 갖는 수업으로 연결할 수 있을 것 같았다. 근대적인 서구 문물의 유입으로 인해 라다크 공동체에 변화가 일어난 상황을 참고하여, 산업혁명으로 탄생한 근대 문명이 과연 좋기만 한 것인지, 전통적인 공동체의 붕괴를 가속화한 사회진화론과 인종주의 등의 가치 척도는 서양 중심의 사고가 아닌지 등을 생각해보는 수업을 4차시로 설계했다(표3).

그리하여 세계사 교과서의 6단원 "제국주의의 침략과 민족운동"과 연계하여 《오래된 미래》의 9장 '화성에서 온 사람들' 부분을 아이들 전체가 공통으로 읽게 하고, 10장 '돈이 세상을 돌아가게 한다' 또는 14장 '분열된 공동체' 중 하나를 선택하여 읽게 했다. 이미 고전 시간에 라다크 공동체의 특징을 이해했기 때문에, 이를 바탕

표3 세계사 수업계획서

차시	개요	수업의 세부 내용 및 방법	수업 자료
1	개별 독해를 통한 세부 내용 파악	• 《오래된 미래》9장, 10장, 14장을 읽고 내용 파악하기	추가 텍스트
2	모둠활동 및 발표	• 라다크 공동체의 변화 모습과 그 영향 분석 • 모둠별로 분석한 내용 발표	학습지
3	모둠토론	• 라다크의 서구화 과정을 바탕으로 생각 확장하기 • 사회진화론과 인종주의를 비판하고, 제국주의 시대 사회진화론과 식민지 문명화 주장에 대한 모둠별 토론	학습지
4	논술평가	• 동양과 서양을 올바른 관점에서 파악하는 논술평가	논술평가지

으로 제국주의 침략 세력이 내세우는 사회진화론과 인종주의를 비판하고 동양과 서양을 바라보는 기존의 관점에 대해 생각해보기로 했다.

먼저 《오래된 미래》의 9장을 읽고 10장('돈이 세상을 돌아가게 한다')을 선택한 아이들은, 라다크에 유입되는 관광객으로 인해 변화하는 라다크의 모습을 정리하고 그 변화된 모습을 모둠별로 모여 평가를 한 뒤, 불과 10년이 되지 않아 라다크가 그토록 큰 변화를 겪게 된 원인을 찾아보았다. 그리고 9장과 14장('분열된 공동체')을 선택한 아이들은, 서구 문물의 유입으로 인해 라다크 공동체에 나타난 변화 양상을 살펴보고 그 원인과 문제점을 분석한 뒤, 서구식 민주주의의 가치가 유입된 이후에 오히려 불교와 이슬람 간 종교적 갈등이 심화된 이유에 대해 모둠토의를 진행했다.

《오래된 미래》를 읽고 아이들은 총 3차시에 걸쳐 A4용지로 앞뒤 한 장, 5개의 항목으로 구성된 학습지를 작성했다(참고자료3). 그중 1~3번까지 제시된 내용 파악 항목에 대해 먼저 자신의 의견을 정리하여 작성한 뒤, 그 내용을 바탕으로 모둠원들과 공유하고 서로 의견을 교환하며 모둠활동을 진행했다. 그러고는 모두가 함께 EBS 〈지식채널e〉의 '가장 적합한 자의 생존'이라는 영상을 감상하며 적자생존·진화론의 영향을 받은 사회진화론에 대한 이해를 도왔다. 《오래된 미래》에서 같은 장을 선택한 친구끼리 같이 읽으며 그 내용을 공유하고 각자 학습지에 정리한 뒤 발표하는 방식으로 수업은 진행되었다. 대체로 혼자 읽는 것보다 함께 텍스트를 읽으며 자신이 이해하지 못했던 부분을 이해해가는 과정에서, 역시 '함께 읽기가 힘이 세다'는 것을 아이들도 느꼈을 것이다.

아이들은 서구 문물이 라다크에 유입된 뒤 일어난 변화 중 세대 간의 상호작용이 줄어듦으로써 유대감이 상실되고 경쟁심이 생겨난 것과, 라디오가 들어오면서 함께 일어나 노래하는 문화에서 앉아서 노래를 듣는 문화로 바뀐 것을 지적하며, 이러한 변화가 곧 공동체의 결속을 무너뜨렸다고 보았다. 이러한 변화로 인해 자신의 정체성을 스스로 의심하게 되고 개성이 상실되면서 개개인이 그저 익명적인 존재로, 생산을 위한 존재로서만 역할을 하게 되었는데, 결국 이러한 개개인의 변화가 공동체의 결속에도 영향을 미쳐 짧은 기간 안에 공동체의 유대감이 붕괴되는 결과를 초래했다고 분석했다. 그리고 그 원인의 핵심은 개발이라는 명목 아래 이루어진 서구 문물의 유입이며, 이로 인해 개인은 자신의 이익만을 추구하는 이기적 존재로 전락하고, 과거 라다크에 존재했던 '협력과 배려, 공존과 평화'라는 공동체의 긍정적 가치는 사라지고 대신 '긴장의 악화, 공동체 결속의 약화, 결핍, 경쟁, 뿌리에 대한 거부, 정체성의 부인, 소외, 분노'와 같은 부정적인 가치를 공동체 안에 확산시키게 되었다고 보았다.

이어서 서구식 민주주의의 가치가 유입된 이후 오히려 인도 사회의 불교와 이슬람 간 종교 갈등이 심화된 이유를 살펴보는 데까지 수업은 확장되었다. 아이들은 무슬림이 주도하는 인도 주정부가 불교도들을 차별하고 있다는 인식이 불교도 사이에 확산되고, 또 무슬림은 무슬림대로 불교도의 정치적 주장에 맞서 자신들의 이익을 지키지 못할 것 같은 불안감에 휩싸여, 예전의 상호 존중과 협력의 정신이 점점 경쟁과 갈등으로 바뀌고 심지어 폭력 사태에까지 이르게 되었다는 사실을 확인했다. 이어 세계사 교과서에 실린 '동양을 보는 서양의 왜곡된 시각'이라는 짧은 글을 읽고, 제국주의 침략의 근거가 된 '사회진화론'과 '인종주의'를 비판한 뒤, 동양과 서양을 어떤 관점에서 바라보아야 올바르게 파악할 수 있는지를 생각해보는 모둠토론 시간을 가졌다.

아이들은 "아프리카를 문명으로 개방한다"와 같은 표현은 '아프

리카는 미개하다'라는 편견이 깔려 있는 것임을 지적하고, 미개한 문화를 우월한 문화가 개방해줘야 한다는 관점을 옳지 못한 것으로 여겼다. 그리고 라다크 사람들이 과거 척박한 환경에서도 서구 문물이 유입되기 전까지는 그들의 공동체 안에서 서로 결속을 다지며 행복한 삶을 살고 있었음을 근거로 제시했다. 그러므로 서구 문물의 유입으로 오히려 이기적이고 탐욕스럽게 변한 라다크 사회가 과연 서양에서 말하는 '우월한 문화'인가에 대한 의문을 아이들 스스로 가지면서 모둠토론은 마무리가 되었다. 그리고 '동양과 서양을 올바른 관점에서 파악하기 위해 가져야 할 바람직한 자세는 무엇인가'를 논술평가로 진행하면서 자신의 생각을 스스로 정리하는 기회로 삼았다.

생활과윤리, 세계화와 지역화의 윤리성

생활과윤리를 선택한 학생들은 또 다른 관점에서 공동체 문제에 접근할 수 있었다. 교과서의 5단원 "평화와 윤리" 중 '2-1. 세계화와 지역화의 윤리성' 단원의 학습목표를 재구성하여 총 5차시로 설계했다(표4). 먼저 교과서를 중심으로 '세계화'와 '지역화'의 의미와 특징을 이해하는 수업을 진행하기로 했다. 그 후《오래된 미래》의 내용을 연계하여 읽고 라다크 사람들의 전통적인 생활방식이 어떻게 변화했는지를 알아보고, 세계화에 대한 찬성과 반대 입장 중 하나

표4 생활과윤리 수업계획서

차시	개요	수업의 세부 내용 및 방법	수업 자료
1	교과서 주요 개념 이해	• 교사의 강의를 통해 '세계화'와 '지역화'라는 용어의 의미와 특징 이해	교과서
2	세부 내용 파악하기	• 《오래된 미래》 10장, 13장을 읽고 세부 내용 파악하기	추가 텍스트
3	모둠토론	• 학습지 1~3번의 질문을 중심으로 모둠별 토론 1 • 라다크의 전통 생활과 변화된 양상, 원인 파악	모둠토론 학습지
4		• 학습지 4~6번의 질문을 중심으로 모둠별 토론 2 • 세계화에 대한 입장을 바탕으로 각 지역의 문화와 전통을 지킬 수 있는 방안, 보존하고 되살려야 할 우리의 전통 탐구	
5	논술평가	• 세계화의 변화 추이에 따른 다양한 윤리적 문제에 대한 논술	논술평가지

를 선택하여 찬반토론을 진행한 뒤, 마무리 활동으로 세계화의 흐름 속에서 보존하고 되살려야 할 우리 전통을 탐구하기로 했다.

시장경제 체제로 재편되는 세계화의 흐름 속에서 라다크 사회의 변화를 살펴보고 그 과정에서 나타나는 윤리적 문제와 해결방안을 모색하는 데 《오래된 미래》의 10장 '세상을 움직이는 돈의 힘'과 13장 '중심으로의 이동'은 매우 적합했다. 가난해도 서로를 배려하고 마을공동체를 위해 협력하며 자신들의 전통문화를 유지하면서도 기초적인 욕구를 원활하게 충족시켜왔던 라다크 사람들이 새로운 경제체제에 의존하게 되면서 타지 사람들의 영향을 받게 된 것이다.

라다크라는 곳이 세상에 존재하는지조차 모르는 사람들이 내린 결정에 큰 영향을 받게 되었다. 미국 달러 가치가 변동하면 그것은 인도 화폐 루피에 영향을 미치게 되는데, 그로 인해 생계를 위해 화폐를 사용해야 하는 라다크 사람들은 국제금융을 좌지우지하는 사람들의 영향권으로 들어가게 되었다. 땅을 경작하며 살던 시절 그 모든 생활의 주인이었던 사람들이 이제는 그런 상황에 처하게 된 것이다. -《오래된 미래》10장 '세상을 움직이는 돈의 힘' 중에서

아이들은 전통적인 라다크 사람들의 생활의 특징과 라다크에서 진행된 '중심으로의 이동'으로 인해 나타난 변화와 문제점, 라다크에 이러한 변화가 나타나게 된 원인, 그에 대한 자신의 느낌을 A4용지 4쪽의 학습지(참고자료4)로 정리했다. 그 내용을 서로 공유하는 과정에서 아이들의 반응은 몇 가지로 정리되었다. 어떻게 그렇게 빨리 변화가 이루어질 수 있었는지, 다른 문화가 그렇게 빨리 영향을 줄 만큼 라다크 사람들의 문화 기반이 약했던 것인지 등등.

이러한 반응을 바탕으로 세계화에 대한 찬성과 반대 입장 중 하나를 선택해 찬반토론을 진행한 뒤, 세계화의 흐름 속에서 보존하고 되살려야 할 우리 전통을 탐구하는 활동으로 마무리했다. 특히

세계화의 흐름이 이미 전 세계에 확산된 이 시대에, 전통적인 삶의 모습을 지켜가고 있는 사람들의 삶을 어떻게 지켜주어야 할지, 우리의 전통 중에서 행복한 삶을 위해 되살려야 할 것이 무엇인지 토의하는 것은 매우 중요한 과정이라고 생각한다.

아이들은 이미 고전 시간에 라다크 사람들의 공동체 생활에 대한 학습과 토의가 충분히 이루어졌기 때문에 수업에 대한 이해도가 높았다. 그래서인지 세계화에 대한 찬성 입장뿐만 아니라 반대 입장도 뚜렷하게 밝히며 적극적으로 참여했고, 그래서 토론도 활발하게 이루어졌다. "또 해요?"라는 반응도 간혹 있었지만 대부분 토론 시간에 편안하게 참여했다. 고전-생활과윤리 교과가 주제를 중심으로 서로 연관성이 있음을 흥미롭게 생각하는 학생도 있었다. 담당 교사가 감당하기 어렵거나 당황스러울 만한 돌발 상황은 발생하지 않았다. 그리고 마지막 논술평가에서는 세계화의 변화 추이에 따른 다양한 윤리적 문제들에 대해 자신의 생각을 자유롭게 서술함으로써 다양한 상황에서 스스로 판단을 할 수 있는 기회를 제공하고자 하였다.

에필
로그

수업 평가는 치열하게

주제를 공유하고 함께 수업한 것만으로도 이 주제통합수업의 성과
는 매우 좋았다고 평가하고 싶다. 세계사 시간에는 고전 시간에 읽
고 파악한 내용을 바탕으로 제국주의 침략에 대한 다양한 비판적
시각을 체계적으로 정리할 수 있었고, 소규모 공동체의 장점, 서구
문물 유입의 장단점, 문화적 다양성에 대한 입체적 이해를 통해 사
회진화론과 인종주의가 가지는 문제점을 구체적으로 지적할 수 있
었다. 아마도 세계사 단독 수업으로 진행할 때보다 학습 효과는 컸
다고 볼 수 있을 것이다.

　생활과윤리 수업 역시 고전 시간에 읽고 파악한 내용을 바탕으
로 자연과 함께하는 공동체 생활을 이해함으로써 현재 우리의 삶을

성찰할 수 있는 기회를 가질 수 있었고, 세계화에 대한 비판적인 시각도 자연스럽게 접할 수 있었으며, 우리의 문화와 전통을 어떻게 보전하고 발전시켜 나갈 수 있을지를 고민하는 계기를 심도 있게 마련할 수 있었다는 점에서 의미가 있었다.

아이들도 다양한 교과에서 다른 측면의 접근을 해보면서 《오래된 미래》라는 책을 여러 번 깊게 읽은 느낌이라고 평가하기도 했다. 또한 각 교과에서 다양한 방식으로 평가를 진행했던 것도 아이들의 만족도를 높였다. 고전 교과에서는 텍스트에 대한 이해를 바탕으로 모둠별로 이상적인 공동체의 모습을 하나의 완성된 공동체 그림으로 구현하고 이를 발표하는 수업의 전 과정이 평가의 대상이 되었다. 그리고 세계사와 생활과윤리 교과에서는 집중적으로 모둠토론을 진행한 뒤 논술평가를 했다. 이렇게 다양한 방식으로 평가를 받음으로써 아이들의 수업 참여도와 집중도가 높아져 역동적인 수업이 가능했던 것 같다.

교사들도 다른 교과 수업의 진행 과정을 깊이 있게 볼 수 있어서 좋았으며, 특히 고전 교과를 중심으로 고전-세계사, 고전-생활과윤리 사이에 자연스러운 교과 연계가 이루어져 이후의 수업 진행에 대한 논의도 더 수월해졌다고 평가했다. 또 각 교과 시간에 진행된 아이들의 토의 과정과 내용 자체도 좋았지만, 특히 고전 시간에 이상적인 마을공동체를 설계하는 활동 과정이 수준 높게 진행된 점과 그 결과물도 풍부한 내용을 담고 있는 것을 보고 깜짝 놀랐다는 교

사도 있었다. 처음 주제통합수업 제안을 받았을 때 가졌던 부담감
이 수업을 마치고 난 뒤에는 훨씬 줄어들었고, 처음 계획했던 것보
다 중간중간 협의를 거치면서 훨씬 많은 내용을 담아 풍성한 결과
를 이루었다는 평가도 있었다.

다만, 참여했던 교사들 스스로 자신의 수업 준비 과정과 실제 수
업, 그리고 마무리 평가 과정까지 되돌아보니 주제에 대한 이해의
깊이가 다소 부족했다는 교사도 있었는데, 의외로 아이들이 오히려
적극적으로 참여해주어 대견하다고도 하였다. 아울러 학교 일과가
바쁘다 보니 교사들의 토론 시간을 확보하는 일이 어렵다는 걸 알
긴 하지만, 수업 내용을 고민하는 시간뿐만 아니라 교사들 스스로
도 함께 책을 읽고 실제로 토론을 해보는 시간이 있었다면 좋았을
텐데 하는 아쉬움이 남았다. 또한 아이들이 《오래된 미래》라는 한
권의 책을 온전하게 읽게 한 뒤 '라다크 공동체의 특성 파악 → 서
구 문물 유입으로 나타난 변화에 대한 분석 → 이를 극복하려는 라
다크의 모습'과 같이 학습의 단계를 명확하게 규정하여 고전-세계
사-생활과윤리 교과 교사들이 함께 팀티칭으로 진행했다면 좀 더
효과적이었을 것이라는 아쉬움도 남는다. 그리고 《오래된 미래》라
는 수업의 출발점은 같았으나 각 교과별로 최종적인 수업 목표가
다른 방향으로 설정되었던 점이 아쉽기도 하다. 수업의 최종 목표
를 공통으로 설정하고, 그 목표까지 도달하는 과정을 교과별로 다
양하게 설계해가는 방법도 앞으로 충분히 고려해볼 일이다.

이런 과정으로 진행된 주제통합수업은 학생생활기록부에 다음과 같이 기록되었다.

[고전] 세계사, 생활과윤리 교과와 함께 '과거에서 오래된 미래를 발견하다'라는 주제로 시행한 주제통합수업에서, 모둠원들과 협력하여 함께 읽는 독서활동을 통해《오래된 미래》를 읽고, 가장 이상적인 공동체의 모습을 기획하는 활동에 적극 참여함. 인도 라다크의 척박한 자연환경과 혹독한 기후 등 불리한 여건이 공동체 유지에 미치는 영향을 분석하고, 라다크 지역 사람들이 가지고 있던 전통적인 공동체 문화와 환경과의 상관관계를 보여주는 도표를 시각적으로 요약하여 제시함. 이를 바탕으로 이상적인 현대 사회의 공동체의 모습을 구상하는 모둠활동에 주도적으로 참여하여 '늘찬가든'이라는 이름의 주거, 문화, 경제 공동체 마을을 구상함. 그 과정에서 구성원들이 활동에서 소외됨 없이 참여할 수 있도록 협력적 자세를 이끌어내는 리더십을 발휘하고, 창의적 관점에서 공동체 활동이 이루어지는 미래의 마을공동체 구조를 한눈에 파악하기 쉽도록 제시한 뒤, 그에 대한 내용을 마을 구성원들의 인터뷰 방식으로 발표함으로써, 학급원들과 공유하는 방식에서도 창의성을 발휘하여 학급원들의 긍정적인 호응을 이끌어냄.

이렇게 진행된 주제통합수업을 교실 안 이론 학습으로만 끝낸다면 아쉬움이 남을 수밖에 없다. 교실 안에서 고전과 세계사, 생활과윤리 시간에 다루었던 학습 내용을 확장하여 공동체의 바람직한 모습을 현실에서 탐구하는 하나의 방법으로서, '공정무역'이나 '마을공동체'의 모습을 직접 경험할 수 있는 체험활동으로 연계한다면? 그리고 그러한 장소를 아이들이 직접 찾아 섭외하고 활동 프로그램까지 구상할 수 있다면? 아마도 교실 안에서 이루어진 지적인 학습과 긴밀한 연계성을 가진 의미 있는 활동으로 체계화될 수 있을 것이다.

하지만 교실 안에서 습득한 지적 자산을 교실 밖으로 끌고 나와 날개를 달고 세상 밖으로 나가려면, 학교 교육과정의 재편과 함께 구성원들의 공감과 공유, 자율경영체제 확립에 따른 관리자의 대폭적인 권한 위임, 전문적학습공동체 형성, 예산 지원까지 제반 행정의 뒷받침이 있어야 한다. 교실에서 학습한 공동체의 모습을 내가 살고 있는 마을공동체에서 발견하는 활동, 교과 시간에 구상한 이상적인 공동체의 요소 중 실제 우리 마을에서 실현할 수 있는 것들을 중심으로 지방자치단체에 지속적으로 건의하고 질의하는 실천력 등이 기본적으로 전제되어야 함은 물론일 것이다. 창의적 체험활동 시간을 활용한 현장 체험학습 등 자율활동을 적극 활용함으로

221

써, 학교와 지역사회가 적극 소통하고 교류할 수 있는 기회의 장으로 만들 수 있는 방안을 모색하는 것은 매우 중요한 과제일 것이다.

주제통합수업 시작 단계에서는 교사 혼자 아이들을 책임져야 한다는 부담감, 혹시나 있을지 모를 안전사고 등에 대한 두려움과 불안함이 더 컸다. 그런데 그러한 책임감과 부담감, 두려움과 불안함이 수업을 끝내고 난 후에 없어졌는가를 다시 생각해보니 여전히 존재하고 있다. 그럼 무엇이 달라졌을까? 곰곰이 생각해보니 나 자신이 달라져 있었다. 한번 해보지 뭐. 아이들을 한번 믿어보지 뭐. 내가 잘 모르는 것? 아이들과 함께 채우지 뭐. 아이들을 책임져야 한다는 부담감 때문이 아니라, 어쩌면 이전에 하지 않았던 새로운 시도나 변화에 대한 두려움이 더 컸던 것 아닌가 하는 생각을 해본다.

천수관음이 아닐진대 두 손에 떡을 쥐고는 새로운 떡을 쥘 수 없다. 내가 잘할 수 있는 것, 잘해왔던 것 말고 새롭게 다른 것을 찾아보고 시도하는 일은 참 어렵고 용기가 필요한 일이다. 내 손에 쥔 떡을 내려놓을 때 비로소 새로운 떡을 쥘 손이 생기는 것처럼, 물론 당장 내일 시도하기는 어렵겠지만, 좀 부족한 여건이라도 웬만한 기회가 되었을 때 용기를 내보는 것이 중요하다고 생각한다.

앞으로 또 이러한 수업을 할 기회가 생긴다면 참여하고 싶다는 교사들이 있다는 것은, 이 수업이 적어도 교사에게 의미 있는 과정임을 분명하게 보여준다. 준비 과정에서 반드시 전제되어야 하는 교사 간의 유대감 형성이 학교 문화를 긍정적으로 형성하는 데도 기여하는 바가 있을 것이라고 믿는다. 무엇인가를 혼자서 잘하는 것도 중요하지만, 혼자 실행하기 어렵고 부담스러운 일이 있을 때 옆에 있는 동료 교사들에게 "함께 해볼까요?" 하고 손을 내밀 수 있는 용기, 그리고 힘들게 내민 손을 기꺼이 잡아줄 수 있는 또 다른 용기가 어우러질 때 협력적인 학교 문화가 형성될 수 있는 것 아닐까?

지금의 이 글이 누군가에게는 내 자랑으로, 누군가에게는 부러움으로, 누군가에게는 실현 불가능한 이상적인 것으로 들릴 수도 있겠다. 그래서 무조건 지금 안내한 이 방법을 실천하시라고 강요하기보다는, 하나의 경험을 듣고 새로운 시도를 해볼 용기를 내보셨으면 하는 마음일 뿐임을 알리고 싶다.

| ○○고등학교 | Ⅳ. 고전으로의 초대 |

오래된 미래 – 라다크로부터 배우다 　　　　　　　　　헬레나 노르베리호지

척박한 환경에서 살아가는 라다크 사람들의 모습과 우리의 삶을 비교해보고, 바람직한 사회와 개인의 삶의 모습은 무엇인지 생각해보자.

읽기 전에

▶ **라다크에 대하여 알아볼까요? (교과서 p.297 참조)**
· 이 작품의 배경이 되는 라다크의 지리적 조건과 자연환경을 요약해보자.

· 라다크 지역이 변화를 겪게 되는 계기를 정리해보자.

· 노르베리호지가 《오래된 미래》라는 이 작품을 집필하게 된 배경을 정리해보자.

----

1. 이 글의 개관

▶ **'읽기 전에' 항목을 바탕으로 정리해보면**
· 《오래된 미래》의 배경이 되는 라다크는 (　　　　) 대륙의 북동부에 위치한 지역으로,
　'(　　　　　)'(이)라는 뜻을 가진 티베트어 '라 다그스'에서 파생된 것으로 추정된다.

· 《오래된 미래》는 작가가 1975년 언어 연구를 위해 라다크를 찾아가 16년 동안 머물면서
　(　　　　　) 제도 및 문물의 유입과 개발 속에 (　　　　　)이/가 파괴되고
　(　　　　　)이/가 분열되어가는 것을 목격한 것에 대한 기록이다.

1. 오래된 미래	2학년 반 번 이름 :

2. 내용이 옳으면 ○, 틀리면 ×

1. 앙축과 돌마가 글쓴이에게 방을 주지 않은 이유는 글쓴이가 빌리려는 방이 응가왕 씨가 미리 예약을 해둔 방이었기 때문이다. (○ , ×)

2. 라다크 마을에 싸움이 존재하지 않는 이유는 라다크 사람들이 자신의 감정을 꼭꼭 숨기거나 억누르는 것에 익숙하기 때문이다. (○ , ×)

3. 라다크 마을은 대부분 완벽하게 자급 생활을 하고 있고 대부분 독립성을 유지하고 있기 때문에 공동의 의사결정이 필요한 경우가 거의 없다. (○ , ×)

4. 글쓴이는 라다크에 오기 전, 가장 좋은 재판관은 소송의 당사자들과 아무런 연관도 되지 않는 사람이어야 한다고 생각했다. (○ , ×)

3. 라다크 속담의 의미

▶ 교과서 p.298에 인용된 라다크 속담에 담긴 의미는 무엇일지 토의해보자.

내 의견	
짝꿍 의견	
종합 의견	이 속담의 의미는,

4. 본문 내용 분석

▶ 각 일화에 나타난 라다크 사람들의 말이나 행동을 **본문에서 인용**하고,

→ 이를 통해 알 수 있는 라다크 사람들의 **삶의 모습을 파악**한 뒤,

→ **현대인의 모습과 비교**해본다.

225

일화 1. 양축과 돌마에게 방을 빌리려고 하다 (p.298)

라다크 사람들의 말이나 행동 (본문 인용)	→	이를 통해 알 수 있는 라다크 사람들의 삶과 공동체의 가치

↓

현대인의 말이나 행동 (본문 인용)	→	'나(현대인)'의 사고방식

↓

이를 통해 배울 수 있는(배울 가치가 있는) 삶의 모습 or 작자의 태도 변화

일화 2. 자신의 창틀을 찾지 못한 소남 (p.299~300)

라다크 사람들의 말이나 행동 (본문 인용)	→	이를 통해 알 수 있는 라다크 사람들의 삶과 공동체의 가치

↓

현대인의 말이나 행동 (본문 인용)	→	'나(현대인)'의 사고방식

↓

이를 통해 배울 수 있는(배울 가치가 있는) 삶의 모습 or 작자의 태도 변화

▶ 위의 두 일화를 통해 글쓴이가 가진 의문은 무엇이고, 이를 라다크 사람들은 어떻게 해결하는가? (p.300~301)

일화 3. 라다크에서의 갈등 해결 사례 – 12살 소년의 중재 (p.302)

사건의 개요	➡	갈등의 핵심 요인

↓

갈등의 해결

▶ 라다크 사회에 뚜렷한 신분 계층이 존재함에도 불구하고 사회적 갈등이 일어나지 않는 이유는 무엇일까? (p.302)

▶ 라다크에서 '고바'란 무엇이고, 그의 선출 방식과 그가 하는 역할은? (p.303)

일화 4. 팔조르를 통해 문제를 해결하는 남기알과 초스펠의 일화 (p.303)

사건의 개요	➡	갈등의 핵심 요인

⬇

갈등의 해결 과정

⬇

갈등의 해결 과정에서 나타난 라다크인들의 말과 행동(본문 인용)	➡	이를 통해 알 수 있는 라다크 사람들의 갈등 해결 방식

⬇

현대 사회에 적용 가능성 타진

▶ 공동체의 규모 면에서 라다크인들과 현대 사회를 몇 가지 기준에서 아래와 같이 비교했을 때 적절한 내용을 정리하세요. (추가 텍스트 프린트 p.1)

	라다크	현대 사회
공동체 규모	100가구가 넘는 마을이 거의 없음	대규모 조직 사회
접촉 방식과 상호 의존도	직접 대면 수준의 접촉과 상호 의존도 매우 높음	
자신이 속한 공동체에 대한 이해 정도	공동체의 구조와 조직의 성격에 대한 이해가 아주 높아 총괄적으로 조망할 수 있고, 자신의 행동에 대한 영향력에 대한 이해를 바탕으로 책임감 있는 행동을 함	
구성원 간 경제적·정치적 상호작용 방식과 효과		
리더의 역할과 영향력		
구성원들의 문제 해결 및 의사결정 방식	자발적인 결정과 행동, 실제적이고 구체적인 상황에 맞는 새롭고 적절한 대응	융통성 없는 관료 조직이나 매일 변동하는 시장 상황에 좌우되며, 융통성 없는 규칙이나 법률에 따른 대응
경제활동 모습		

▶ 라다크에서 위와 같은 문제 해결과 협력적인 경제의 모습이 가능한 이유(전제조건)는 무엇일까? (추가 텍스트 프린트 p.1)

▶ 라다크에서 '파스푼(paspun)'이란 무엇이며, 라다크 사회에서 가지는 의미와 역할은 무엇인가? (추가 텍스트 프린트 p.2~3)

_____

_____

_____

_____

_____

_____

▶ 라다크에서 '파스푼'과 유사한 공동 작업 유형은 무엇이 있는지 간단히 정리하고, 라다크 사회에서 협력의 방식이 공동체 사회를 유지하는 데 어떻게 기여하는지를 정리해보자. (추가 텍스트 프린트 p.2~3)

_____

_____

_____

_____

_____

_____

5. 일화를 통해 알 수 있는 라다크인들의 삶의 모습

자신의 창틀을 찾지 못한 소남의 일화	➡	'자발적( )'의 문화
어른들의 물물교환에서 값을 중재한 소년의 일화	➡	'( )'를 통한 중재
팔조르를 통해 문제를 해결하는 남기알과 초스펠의 일화	➡	공존과 ( )의 삶

6. 라다크인들의 분쟁 해결 방식

'_____'에 의한 중재	양자 사이에 의견 차이가 생기면 (　　　　　)(으)로 나타난 제3자가 (　　　　　) 역할을 함. 중재자는 누구라도 가능하며 당사자들은 (　　　　　　　　　)를 따름.
'_____'에 의한 중재	양자 사이에 의견 차이가 생기면 당사자들은 마을의 심판관 역할을 하는 (　　　　)를 찾아가 사건에 대해 이야기하고 (　　　　)을 통해 합의를 함.

7. 내용 정리

분야	
성격	_____ , _____ , _____ .
제재	라다크인들의 삶과 (　　　　　　) 가치관
주제	라다크를 통해 배우는 바람직한 (　　　　　)과 (　　　　　)의 모습
특징	① 글쓴이가 라다크에 체류하면서 겪은 경험을 바탕으로 글을 전개하고 있다. ② 시사하는 바가 비슷한 여러 일화들을 제시하여 독자들에게 흥미를 유발함과 동시에 주제의식을 강화하고 있다.

231

○○고등학교	Ⅳ. 고전으로의 초대 1. 오래된 미래

논의 주제 1-1. 《오래된 미래》에 제시된 '라다크' 사람들의 갈등 해결 방식과 '성미산 공동체' 사람들의 갈등 해결 방식을 비교해봅시다.

	내 생각	모둠원들의 생각
차이점		
공통점		

논의 주제 1-2. 성미동 공동체가 처한 문제 상황을 해결하기 위한 바람직한 해결방안을 제시해본다면?

내 생각	모둠 전체의 생각

논의 주제 2. **모둠별 발표 준비를 위한 논의**

교과서와 프린트 본문을 읽고 (라다크 이야기, 성미산 이야기) 마을공동체에 대해 고민해봅시다. 우리 마을을 '마을공동체' 사업에 응모한다면 어떤 계획서를 내는 것이 좋을까요? 마을공동체 사업을 추진하고 있는 서울시의 홈페이지에 있는 자료를 통해, 마을공동체란 무엇인지 알아보고 우리 모둠이 원하는 마을공동체를 논의 과제에 따라 계획서를 구상한 뒤, 모둠별로 발표해봅시다.

> 2012년 서울시 마을공동체 사업으로 30곳의 마을북카페, 23곳의 마을예술창작소, 17곳의 청소년 휴카페가 서울 곳곳에 들어섰습니다. 마을별로 140개의 학부모 모임, 15개 돌봄 활동을 하는 주민 모임과 단체, 마을 안전을 책임지는 52개의 생활안전 거버넌스까지 모두 마을공동체 사업으로 지원받았다지요. 600명이 마을미디어 교육을 이수해 이제는 어엿한 마을미디어 활동가가 되었습니다.
>
> 〈마을공동체 지원 사업〉
> • 마을공동체 육성을 위한 토대(종합지원센터, 마을학교, 품앗이센터 등)
> • 평생 살고 싶은 주거공동체(마을환경재생사업, 아파트공동체 활성화 등)
> • 함께 나누는 복지공동체(공동체돌봄센터, 마을안전망 구축 등)
> • 신나고 재미있는 문화공동체(동네예술창작소, 동네북카페 조성 등)
> • 함께 만들고 소비하는 경제공동체(마을기업 육성, 도시-농촌 간 자매결연 등)

〈논의 과제〉

> 1. 마을에서 추구하는 목표와 명칭
> - 어떤 공동체가 되고 싶은지, 모둠에서 추구하는 마을공동체의 상을 적을 것
> 2. 구체적인 사업 내용과 이유
> - 교육, 경제, 복지, 문화, 소통 등 다양한 영역에서 어떤 사업들을 벌이고, 마을에서 추구하는 목표에 따라 이 사업들을 어떻게 달성할지 구체적으로 제시
> 3. 이런 공동체를 만들기 위해 필요한 기반과 기반 마련 방법
> - 필요한 지역 기반 시설들과, 그러한 시설을 구축할 정책, 경제적 재원을 마련할 수 있는 방법, 전문 인력 동원 방법 등
> 4. 마을공동체 달성 후 나타날 수 있는 효과
> - 어떤 삶을 살게 될 것인지, 그 공동체에서 성장한 아이들은 장차 어떤 미래를 맞이하게 될 것인지 등

1. 마을에서 추구하는 목표 & 명칭

내가 꿈꾸는 마을공동체는?	모둠에서 나온 다양한 의견들
	• • • •

⬇

모둠에서 결정한 마을공동체의 목표 & 명칭

2. 우리 마을공동체에서 벌일 구체적인 사업 구상 (+ 그 이유)

모둠에서 나온 다양한 의견들
• 내 의견 :   •   •   •   •

⬇

모둠에서 결정한 마을공동체 사업들 & 그 사업이 필요한 이유

3. 우리 마을공동체를 만들기 위해 필요한 지역 기반 시설과 구축 방안

내 생각에 필요한 지역 기반 시설과 그 이유 & 구축 방안
1)
2)

↓

모둠에서 결정한 마을공동체 지역 기반 시설과 구축 방안

4. 우리 마을공동체가 완성되면 나타날 수 있는 효과

내 의견	모둠에서 나온 다양한 의견들
	•
	•
	•
	•

↓

모둠에서 정리한 우리 마을공동체의 효과

[세계사] 모둠활동 학습지(1)

오래된 미래 – 라다크로부터 배우다

Ⅰ. 9장 화성에서 온 사람들 & 10장 돈이 세상을 돌아가게 한다

2학년   반   번 이름 :

모둠 구성

학번	이름	학번	이름

1. 내용 파악하기

❶ 관광객 유입으로 라다크에 나타난 변화는 무엇인가?

	변화	라다크에 미친 영향
나의 의견		
친구 의견		
종합		

❷ 관광객 유입으로 변화된 라다크의 모습을 평가해보자.

	장점	단점
나의 의견		
친구 의견		
종합		

❸ 10장을 읽고 107쪽 체왕 팔조르의 입장이 불과 10년도 채 되지 않아 변화하게 된 이유에 대해 의견을 나누어 보자.

나의 의견	
친구 의견	
종합	

2. 생각 나누기

❹ 교과서 251쪽 3번 문제에는 식민지배를 둘러싼 두 가지 다른 입장이 나온다. 라다크의 상황을 통해 (가)의 의견을 구체적인 예를 들어 반박하시오.

----

❺ 교과서 276~277쪽 '동양을 보는 서양의 왜곡된 시각'을 읽고 제국주의 침략의 근거가 된 사회진화론과 인종주의를 비판해보고, 이를 통해 동양과 서양을 올바른 관점에서 파악하기 위해 어떤 노력을 해야 할지 논술하시오.

오래된 미래 - 라다크로부터 배우다

Ⅱ. 9장 화성에서 온 사람들 & 14장 분열된 공동체

2학년   반   번 이름 :

모둠 구성

학번	이름	학번	이름

1. 내용 파악하기

❶ 서구 문물이 유입되면서 라다크 공동체에 나타난 변화는 무엇인가?

	변화	라다크에 미친 영향
나의 의견		
친구 의견		
종합		

❷ 공동체 문화가 변화된 것에 대해 원인과 문제점을 분석해보자.

	원인	문제점
나의 의견		
친구 의견		
종합		

❸ 서구식 민주주의의 가치가 유입된 이후에 오히려 불교와 이슬람 간 종교적 갈등이 심화된
이유에 대해 의견을 나누어보자.

나의 의견	
친구 의견	
종합	

2. 생각 나누기

❹ 교과서 251쪽 3번 문제에는 식민지배를 둘러싼 두 가지 다른 입장이 나온다. 라다크의
상황을 통해 (가)의 의견을 구체적인 예를 들어 반박하시오.

----

❺ 교과서 276~277쪽 '동양을 보는 서양의 왜곡된 시각'을 읽고 제국주의 침략의 근거가
된 사회진화론과 인종주의를 비판해보고, 이를 통해 동양과 서양을 올바른 관점에서 파악
하기 위해 어떤 노력을 해야 할지 논술하시오.

[생활과윤리] 모둠토론 학습지

2학년   반   번 이름 : _____

1. 위 글과 영상에서 나타난 전통적인 라다크 사람들의 생활의 특징을 구체적으로 쓰시오.

나의 생각	
친구들의 생각	
우리들의 생각	

2. 라다크에서 진행된 '중심으로의 이동'으로 인해 나타난 변화와 문제점을 쓰시오.

	변화	문제점
나의 생각		
친구들의 생각		

3. 라다크에 이러한 변화가 나타나게 된 원인과 이러한 변화에 대한 나의 느낌을 쓰시오.

	변화의 원인	변화에 대한 느낌
나의 생각		
친구들의 생각		

4. 지구촌에 미친 세계화의 영향은 히말라야 오지인 라다크에도 나타나고 있다. 세계화에 대한 다음의 주장을 읽고, 이 주장에 대한 나의 생각을 정리해보자.

> 무한정의 범지구적 경쟁은 우리를 '생산적 경쟁'이 아닌 '파괴적 경쟁'으로 몰아 세운다. 세계화된 시장에서 경쟁력 있는 상품을 만들기 위해 값싼 원료와 값싼 생산 입지를 찾아 자본은 범지구적으로 움직인다. 이 과정에서 원시림이나 원주민이 평화롭게 살고 있는 아름다운 자연과 마을, 그리고 건강하고 정이 넘치는 인간관계를 유지하고 있던 사람들의 삶이 파괴된다. 이제 사람들은 그 자체로 소중하게 대접받는 것이 아니

라 일개 생산 요소에 불과한 '노동력'으로 전락한다. 자연과 인간이 동시에 빠른 속도로 파괴되고 있는 것이다.

- 마르틴·슈만, 《세계화의 덫》

	찬성	반대
나의 생각		
친구들의 생각		
우리들의 생각		

5. 세계화의 흐름 속에서 다음과 같은 원주민의 삶을 보호할 수 있는 방안은 무엇이 있을지 생각해보자.

우리 원주민은 '어머니인 지구'를 존중하고 생명의 신성함을 외경하는 세계관을 갖고 있다. 우리는 인간과 자연이 서로 의존하는 관계이고 자연이 주는 선물은 모든 사람과 세대가 골고루 고루 나누어야 한다고 믿는다. 우리의 공동체는 숲과 물과 땅을 함께 소유하며 집단 정체성을 결정짓는 것이기 때문이다. 우리의 땅은 선조가 거닐던 곳이고, 선조가 우리에게 물려준 모든 것을 배우는 곳이다. 이 땅에서 우리는 자연과 관계를 맺고 사회적 유대관계를 형성해왔다.

- 세계화국제포럼, 《더 나은 세계는 가능하다》

나의 생각	
친구들의 생각	

6. 교과서 291쪽의 '부탄의 전통문화를 지키려는 노력'을 읽고, 사라져가는 우리의 전통문화 가운데 행복한 삶을 위해 되살려야 할 것은 어떤 것이 있을지 생각해보자.

나의 생각	
친구들의 생각	

사회와 개인

세계 문학작품 겹쳐 읽으며 '사회 속의 인간'을 성찰하다

문학+중국어+일본어

글 정은경

수업 참여 교사 정은경(문학) + 이미연(중국어) + 임승희(일본어)

'좌절'도
힘이 됩니다

또 다른 시작, 달라도 너무 다르다!

2015년까지 근무하던 고등학교를 떠나 2016년에 남양주시의 끝자락, 의정부와 인접해 있는 C고등학교에서 새롭게 근무를 시작했다. 남양주 지역이 워낙 넓은 데다가 위치 역시 의정부에 인접해 있어서 이 지역 아이들의 통학 거리와 교통편이 만만치 않았다. 그래서인지 처음 개교했을 때부터 몇 년간은 비평준화 지역이던 구리·남양주 지역에서 아이들이 맨 마지막으로 선택했던 학교였다. 이 지역 교사들 사이에서는 수업은 고사하고 등교부터 생활지도까지 모든 면에서 아이들을 지도하기가 참 어렵고 힘든 학교로 알려져 있었다.

그러다가 2012년에 교육부로부터 자율형공립고등학교 인가를 받게 되자 의정부 등 다른 지역 아이들도 입학할 수 있게 되었고, 또 자율형공립고를 '특목고 다음으로 공부 잘하는 학생들이 가는 학교'로 받아들이게 되면서 그야말로 하루아침에 성적이 우수한 1학년 아이들이 대거 입학하게 되었다. 이름하여 자공 1기. 학교 분위기도 일약 '공부 잘하는 학교'로 떠올랐다. 게다가 농어촌에 위치해 있기 때문에 남양주 지역에 거주하는 아이들에게는 농어촌 특별전형의 이점도 있었다. 교사들 사이에서도 자율형공립고와 관련된 연구학교 운영이 가능하다는 점과 농어촌 학교라는 점, 이제는 우수한 아이들을 가르칠 수 있다는 점 등으로 자연히 인식이 긍정적으로 바뀌는 계기가 되었다. 때마침 각 학교에서는 학교의 교육 목표에 맞는 교사들을 초빙하는 비율이 높아지면서, C고등학교에서도 교사의 50% 정도를 초빙교사로 받고 있었다.

초빙이 아닌 일반 발령을 받아 부임했던 2016년은 자율형공립고 운영 5년차로서 최종 평가를 받던 해였는데, 그해 입학한 아이들의 입학 성적도 좋았고 특히 2015년에 입학했던 당시 2학년 아이들은 자율형공립고로 지정된 이후 입학 성적이 최고였다고 했다. 우수한 아이들을 받은 만큼 학교 수업을 비롯한 교육과정 운영이 굉장히 부담스러울 수밖에 없겠다는 생각이 들었다. 과거 다양한 내용의 참여 중심 활동으로 수업을 구성했던 나로서는 C고등학교에서의 수업 설계를 어떻게 해야 할지에 대한 고민이 자연스럽게 들수밖에 없었다. 당시 C고등학교에 대한 구성원들의 자부심은 내 눈에 참 대단해 보였다. 자신이 속한 집단에 대한 높은 자부심은 그다지 나쁠 것이 없는 것 아닌가? 다만 좀 조심스러웠던 것은, 아이들이야 그렇다 쳐도 공립학교에 재직하는 교사들은 사실 그 학교에만 매인 몸이 아니기 때문에, 지역사회 다른 학교와 비교해가면서 특별한 자부심을 내비치는 데 대해서는 다소 조심스러워야 하지 않을까 싶었다.

교사로서의 정체성에 위기를 맞다!

그렇게 2016년 3월 수업이 시작되었는데, 2·3학년의 2개 교과 수업을 동시에 들어가면서 사실 일주일 동안 4단위·3단위 수업을 매주 준비한다는 것이 다소 버겁기도 했다. 그런데 아이들에게도 학교생활은 만만치 않아 보였다. 학교 일과 후에 아이들이 참여해야 하는 학교 활동이 많은 것 같았다. 방과후수업이 밤 9시 넘어서까지 진행되고 있었고, 일과 후 각종 대회와 동아리 활동도 많았다. 한 학생이 4~5개의 자율동아리에 참여하기도 했는데, 도대체 그 많은 공부와 과제를 수행하고 저렇게 많은 학교 활동에 참여하면서 언제 또 자율동아리 활동까지 참여하고 있는 것인지, 아이들에게는 주말도 없는 듯 보였다. 아이들 개개인의 능력이 뛰어나다 보니 '학생의 자율성과 자발성'이 과하다 싶을 만큼 넘쳐나는 건 아닌지 걱정이 될 정도였다.

그런데도 아이들은 매우 긍정적이고 활동적이었으며, 얼굴 표정은 밝았고 수업 집중도도 매우 높았다. 교생 실습을 나온 체육과 예비 교사는 '여학생이 체육 시간에 달리기를 하고 공놀이를 한다'며 감동을 감추지 못하기도 했다. 실제로 C고등학교의 아이들은 모든 시간에 열심히 참여하고 있는 것 같았다. 전 학교를 떠나며 '이제 이렇게 열심히 능동적으로 수업에 참여하는 아이들을 또 어디서 만날 수 있겠나……' 했던 아쉬움이 놀라움으로, 또 안도감으로, 감사함으로 바뀌는 순간이었다.

그런데 4월에 들어서며 2009교육과정을 이수하고 있던 2학년 수업과 3학년 수업이 각기 다른 이유로 버거워지기 시작했다. 2학년은 교육과정이 다른 학교들과 다소 달랐는데, 다른 학교에서는 보통 1학년 때 배우는 사회와 과학 교과를 3학년에 가서야 배우고, 1학년 때부터 한국지리와 법과정치, 화학, 생물 등 탐구영역 선택과목을 먼저 배우기 시작했다. 그리고 한국사는 2학년 때 배운다는 것이었다. 그러다 보니 역사·사회·과학의 기본적인 지식을 아울러 다뤄야 하는 문학이나 고전 교과의 특성상, 작품의 배경지식까지 함께 소화해야 하다 보니 수업시간이 턱없이 부족했다. 더구나 한국사 진도도 고대부터 시대 순으로 진행하는 수업이 아니라, 근현대사부터 먼저 하고 나중에야 시대 순으로 수업이 진행된다고 하니, 이건 뭐 문학 시간에 역사적 사실까지 아울러 설명하게 되면서 수업 준비 부담이 이전보다 두 배 이상 늘어날 수밖에 없었다. 특히 수능 시험에서 한국사 비중이 낮아져 깊이 있게 공부하지 않아도 되는 상황이라서 그런지, 문학작품의 배경을 설명할 때 아이들이 모르고 있는 내용이 의외로 많았다. 공부 잘하는 아이들이 입학했다고 해서 중학교 때 배웠던 내용을 다 기억하고 있는 것이 아니었다. 게다가 역사 교과는 한국사 이외에는 선택과목이 전혀 없다 보니 아이들의 배경지식도 부족해 수업을 할 때 많은 어려움이 있었다. 다른 교과와의 연결고리가 상대적으로 느슨해진 상태에서 국어과 수업 준비는 그래서 더 힘들 수밖에 없었고, 다른 교과와의 수업 연계가 그렇게 아쉬울 수가 없었다. 그러다 보니 예전처럼 서로 다른 교과가 모여서 유기적으로 협력해 통합수업을 구성하기란 매우 어려웠다. 더욱이 아이들도 모둠활동은 어려워하고 힘들어했다. 혼자 하는 것에 익숙한 나머지 모둠활동을 귀찮아하는 아이들도 있었다. 그러니 '이 활동을 왜 해야 하며, 이 활동을 통해 우리가 얻고자 하는 것이 무엇인지'까지 미리 안내하는 일을 소홀히 할 수 없었고, 수업에 대한 안내와 설득의 시간이 더 많이 필요했다.

한편 3학년 수업은 2학년 수업과 온도차가 컸다. 일단 대입을 앞둔 '수험생'이라는 압박감이 이전 학교에 비해 어마어마하게 큰 것 같았다. 아이들은 자신이 짜놓은 스케줄대로 공부하기를 원했고, 일부 교사들은 그런 아이들의 태도를 존중해주는 것도 같았다. 교사로서 나의 정체성에 큰 혼란이 왔다. 이 혼란은 내 교직생활 중에 불어닥친 첫 번째 위기였고, 한 번도 경험하지 못했고 예측도 안 됐던 상황이었다. 수업을 듣도록 아이들을 설득하고 분위기를 유도한 다는 점에서는 같은데, 그 이유가 달랐던 것이다. 하…… 한숨만 새어나왔다. 결국 첫해 3학년 수업에서는 어느 정도 현실적인 타협을 할 수밖에 없었다. 해야만 하는 수업 내용은 집중해서 모두 듣게 하고, 그 수업 내용을 마치면 개인 상황에 따라 자율적으로 할 수 있는 내용을 필요한 아이들에게 추가로 제공해주었다. 끈질긴 줄다리기 속에 그해 10월 말까지, 목표했던 고3 수업을 진행할 수 있었다.

2016년 C고등학교에서 보낸 한 해는 교사로서 또 다른 성찰과 고민을 하게 만들었다. 이전 학교에서 아이들을 위한 참여 활동 수업이라고 생각하며 설계했던 수업이, 겉으로는 아름다운 수업 같지만 실제로는 교사가 치밀하게 짜놓은 계획 속에서 아이들이 움직이는 것을 성공적인 수업이라고 믿었던 것은 아닌가? 결국 계획했던 수업을 실제 수업으로 완성했다는, 교사로서 나 자신의 만족을 추구했던 것은 아니었나? '아이들이 원하는 수업을 하자'는 모토대로라면, 2016년 고3 수업에서는 아이들이 각자의 스케줄대로 공부할 수 있는 분위기를 만들어주었어야 했나? 하지만 고3 수업의 '학교 정상화'란 수능 전까지 자습을 시키는 게 아니라 수업을 해야 하는 것이라고 굳게 믿고 실천하려고 했던 나 자신에게 그건 용납되지 않는 것이었다. 정말로 주제통합수업을 고3들과는 할 수 없는 것일까? 자기 공부를 알아서 잘하는 아이들에게는 정말 수능에 도움이 되는 강의식 수업만 진행해야 하는 것일까?

주제통합수업에 관해서는 어느 정도 물이 오르지 않았나 하는 자신감이 차 있던 내게 2016년 한 해는, 달라도 너무나 다른 이곳 C 고등학교에서 또 다른 시작을 해야 한다는 경종이 내내 울리고 있었다.

마음이 맞는 동료, 생각이 맞는 동료

물론 그렇게 한 해를 보내며 좌절감에만 빠져 있던 것은 아니었다. 어디를 가나 마음이 맞는 동료는 찾아보면 반드시 있다. 그리고 자신과 비슷한 고민을 하거나 성향이 비슷한 사람들은 서로를 알아보기 마련이었다. 2학기를 맞아 '한 걸음 떼어보자' 마음먹으면서 함께 책을 읽을 동료들을 찾아다녔고, 다행스럽게도 11명의 동료들과 '세상의 가치를 함께 발견하고 삶을 풍요롭게 하는 독서토론'이라는 전문적학습공동체를 구성할 수 있었다.

우리는《서울의 시간을 그리다》(이장희)와《10대와 통하는 요리 인류사》(권은중) 두 권의 책을 함께 읽으며 생각을 나누고, 이것을 수업에 어떻게 활용할 수 있을까를 논의하면서 '함께 준비하고 설계하는 주제통합수업'이라는 것을 알아가는 기회로 삼았다. 물론 그런 수업에 대해 처음 듣는다는 동료도 있었고, 재미있겠다며 관심을 보이는 동료도 있었다. 마음이 맞는 동료들이었다. 하지만 주제통합수업의 가치를 제대로 알아보고 그 수업이 '지금 여기' 이 학교

251

에 꼭 필요하다는, 나와 같은 생각을 가진 동료는 소수였다.

2016년에 이미 자공고 특색 수업의 하나로 '거중기 프로젝트'라는 것을 진행하고는 있었다. '정약용'이라는 키워드를 중심으로 전체 교사들이 산발적으로 1년 중 자유롭게 수업을 진행한 것이었는데, 수업 간의 유기성과 연계성은 매우 떨어졌다. 그래서 2017년에는 우선 이를 보완한 주제통합수업을 학교 전체에서 시행해보기로 했다. 2월에 전체 교직원 연수를 통해 학년별 교과협의를 했다. 1학년에서는 2016년의 형태 그대로 시행하기로 하고, 2학년에서는《음식의 언어》(댄 주래프스키)라는 책을 중심으로 전 교과에서 주제통합수업을 진행하는 것으로 결정됐다.

2017년에 3학년 수업을 전담하고 있던 나는 당시 주제통합수업에는 참여하지 못했는데, 진행 상황을 들어보니 난항을 겪고 있었다. 가장 큰 문제는, 2학년 주제통합수업의 설계가 내가 이전에《오래된 미래》를 중심으로 진행했던 수업 사례를 따라 설계한 것인데, 정작 그 수업에 참여하는 2학년 교사들이《음식의 언어》라는 책을 읽고 난 뒤에 선정한 것이 아니었다는 점이다. 또《오래된 미래》수업은 자발적으로 참여 의사를 밝혔던 교사들이 구성한 수업인 데 반해, 2017년 주제통합수업은 거의 의무적으로 시행했다는 점이 달랐다.

그리고 주제통합수업에서 중요한 것은 앞서도 여러 번 강조했지만, 교사들이 지속적으로 만나면서 교과 간에 서로 협의를 하고, 수

업의 과정을 점검하고, 이후 뒤따르는 수업의 내용을 구체화해야
한다는 것이다. 그런데 막상 수업을 제안한 교사도 그런 유형의 수
업을 이끌었던 경험이 없다 보니, 자신의 수업은 설계한다 하더라
도 다른 교과와의 유기성은 떨어질 수밖에 없었다. 다른 교사들 역
시 제안만 받고 수업을 설계하다 보니 그 과정에서 자연스럽게 의
문점이 생기고, 그 의문을 풀려면 당연히 수업을 제안했던 교사에
게 집중적으로 질문이 쏟아질 수밖에 없었다. 그러니 처음 수업을
제안한 교사 역시 계속되는 질문과 의구심으로 인해 지칠 수밖에
없는 구조였다. 수업의 변화에 대한 필요성은 인식했지만 구체적으
로 무엇을 어떻게 해야 하는지에 대한 치밀한 준비가 부족했던 점
은, 의욕이 앞선다고 무엇인가를 해내는 것이 아니라는 교훈을 얻
게 해준 경험이었다.

그러나 이러한 경험이 실패라고는 생각하지 않는다. 그 수업에
참여했던 몇몇 교사들 중에는 이 수업의 필요성을 더 깊이 느낀 교
사도 있었고, 몇 가지 점만 보완하면 잘될 수 있겠다고 생각한 교사
들도 있었다. 물론 괜히 이런 수업을 하자고 해서 힘만 들었다고 생
각한 교사도 있었을 것이다. 하지만 성공적인 수업 경험만이 가치
가 있는 것이 아니라, 수업 설계와 진행상의 어려움을 통해 보완점
과 수정할 점을 찾아내는 것이 아마도 시행착오의 가치가 아닐까
생각한다.

또 내가 성공적인 주제통합수업 경험이 있다고 해서 그때의 수

업 설계와 내용과 의미를 마음 맞는 동료에게 아무리 자세히 설명해준다고 해도, 그 수업을 온전히 이해하기는 어렵다. 설령 주제통합수업의 의미를 제대로 이해했다 하더라도, 끊임없이 이야기를 나누면서 어려울 것이라 예상되는 점을 공유하고 함께 해결책을 찾아나가며 수업을 계속 수정·보완하는 작업이 뒤따르지 않는다면, 특히 아이들의 반응과 이해도 등을 계속 점검하지 않는다면, 우리가 세웠던 주제통합수업의 목표는 이루기 어려울 것이다. 다행스러운 것은, 2017년의 경험을 통해 생각과 마음이 맞는 동료들과 의기투합할 수 있었다는 점이다. 나는 새 학교에서 또다시 3년 만에, 주제통합수업으로 도원결의를 할 동료를 만난 것이다!

이제 다시 시작이다!

C고등학교는 2015년부터 유네스코학교로 지정되었다고 했다. 하지만 실질적인 활동이 시작된 건 2017년 유네스코 동아리를 결성하면서부터였다. 마침 유네스코 활동에 관심을 보인 중국어 교과의 이미연 선생님이 영어 선생님과 함께 동아리를 담당하면서, 2017년 신입생을 중심으로 야심차게 동아리 활동을 출발시킨 터였다. 사실 유네스코학교로 지정받았던 이유 중 하나는 '글로벌 인재 양성'이라는 C고등학교의 교육 목표와도 연계되는데, 그런 거창한 목표가 아니더라도 현재 우리에게 가장 필요한 자질이 바로 유네스

코 정신과 연결되는 '세계시민의식'이기도 했다. 그래서 굳이 새로운 수업 주제를 찾을 필요가 없었다. 게다가 2018학년도 고등학교 신입생부터 2015개정교육과정이 적용됨에 따라 1학년의 새로운 출발이라는 느낌이 강했던 터라, 마침 1학년 담임을 맡으며 통합사회 교과를 담당하게 된 유선화 지리 선생님이 자발적으로 주제통합수업 연구를 중심으로 한 전문적학습공동체 운영을 주관하겠다는 의사를 밝혔다. 그리하여 이러한 취지에 동감한 지리, 중국어, 국어, 화학, 수학, 일반사회, 영어, 보건, 미술 교과 등 11명의 교사가 모여 전문적학습공동체를 구성하고, 다양한 교과에서 '세계시민의식 함양'을 위한 세부 주제를 선정하기에 이르렀다. '배움중심수업 탐구 교사공동체 운영 계획서'도 작성하여 구리남양주교육청으로부터 연구비도 지원받을 수 있게 되었다.

전문적학습공동체 구성원 전체가 모여 우선 2018년 1학기에는 주제통합수업 경험이 있는 교사 중심으로 수업을 설계하고 경험이 없는 교사들은 수업을 참관하면서, 2학기에 본격적으로 주제통합수업을 구상해보기로 했다. 그리하여 2학년 문학 교과를 담당했던 내가 중국어와 일본어 교과를 연계할 수 있는 수업을 제안하게 되었고, '세계시민의식 함양'이라는 대주제 아래 '사회와 개인'이라는 소주제로 수업 구상을 시작하게 되었다.

무엇을 어떻게
가르칠까?

사회는 어떻게 한 개인의 인간성을 파괴시키는가?

잔인한(?) 계절 봄, 우리 근현대사에서 유난히 아픔의 흔적과 격동의 나날들이 많았던 계절이다. 멀리는 3·1운동부터 제주 4·3항쟁, 4·16 세월호 참사, 4·19혁명, 5·18 광주민주화항쟁……. 그래서 2018년 4월에 들어서며, 이와 관련한 새로운 수업을 구상해보기로 했다. 당시 갈매고등학교로 옮겨 이미 4·3항쟁 수업을 진행해본 박시영 선생님으로부터 〈연대기, 괴물〉(임철우)이라는 최신 소설을 추천받아 읽어보니, 5월 중 수업으로 다뤄보기에 적절한 작품이라는 판단이 들었다. 단편소설이었지만 일제강점기 말부터 한국전쟁과 세월호의 아픔까지, 우리나라 근현대사에서 벌어졌던 굵직굵직한 아픔의 역사를 고스란히 담고 있었다.

임철우 작가의 열다섯 번째 소설집인《연대기, 괴물》에 실린 7편의 단편소설 가운데 2번째 작품인〈연대기, 괴물〉은, 광복과 한국 전쟁을 전후로 이데올로기의 첨예한 갈등 속에서 보도연맹 사건과 베트남 파병, 그리고 세월호 참사를 겪은 주인공의 비극적 연대기를 그려낸 작품이다. 고통을 겪으며 제정신이 아닌 상태로 평생을 공포 속에 살아가야 했던 주인공이 괴물이라는 환각을 좇아 지하철로 돌진하며 생을 마감으로써, 현대 한국 사회의 비극적이고 폭력적인 시대가 한 개인에게 미치는 폭력적 행태를 냉철하게 그려낸 작품이다.

이 작품을 읽으며 문득, '비슷한 시기의 여러 나라의 상황을 엮어서 함께 읽어보면 어떨까? 고난과 시련의 시기를 배경으로 하는 다른 나라의 문학작품을 함께 읽어보면 괜찮지 않을까?' 하는 생각이 들었다. 그리고 이왕이면 제2외국어 교과 선생님들에게 추천을 받아 함께 읽는다면 아이들이 문학을 접하는 시각과 경험의 폭을 넓히고 아울러 세계시민의 일원으로서 세계문학을 접할 수 있는 좋은 기회가 되겠다는 판단이 들었다.

곧바로 옆자리의 중국어 교과 이미연 선생님에게 수업 제안을 하니 흔쾌히 참여 의사를 내비쳤다. 더 나아가 수업에 대한 기대감을 강하게 드러내면서, 중국 문학작품 중 이러한 수업에 가장 적합한 작품을 적극적으로 추천하기도 했다. 그리고 이미연 선생님을 통해 일본어 교과의 임승희 선생님에게도 제안을 하니 역시 흔쾌히 동의하였고, 이로써 동양 3국의 문학작품을 매개로 3개 교과가 연계하여 주제통합수업을 진행할 수 있게 되었다. 그동안 너무 수능에 초점을 맞춘 시험 위주의 작품 해설에 물들어 있었는데, 이번 기회를 통해 세계의 다양한 문학작품을 단편적으로나마 접할 수 있는 소중한 경험이 될 수 있겠다는 의미를 스스로 부여하며, '사회와 개인'을 주제로 한 문학-중국어-일본어 주제통합수업을 설계하기 시작했다.

한국 문학, 아시아 문학, 세계 문학…

우선 중국어와 일본어 교과에서 어떤 작품을 다룰지를 선정하는 것이 가장 큰 과제였다. 나는 임철우의 〈연대기, 괴물〉의 내용을 간략하게 소개한 뒤, 이 작품과 연계하여 읽을 만한 작품을 찾아보자고 제안했다. 중국의 문학작품 중에서는 중국 근대화에 가장 큰 영향을 끼쳤던 루쉰(魯迅, 1881~1936)의 작품이 어떨까 하는 막연한 생각에 〈아Q정전〉은 어떻겠느냐고 물어보았더니, 이미연 선생님은 루쉰의 〈광인일기〉를 추천했다. 중국 근대문학의 효시로 평가되는 〈광인일기〉는 중국에서 신해혁명과 함께 1910년대에 과학과 민주주의를 내세우며 봉건 문화와 유교를 비판하는 문학혁명(文學革命)이 진행되던 시기, 중국인들에게 혁명의 정신을 알리고 중국인들의 사상 개조를 목적으로 한 문학혁명의 정신을 실천한 작품이라고 할 수 있다. 문학작품을 통해 중국 사회의 변화, 나아가 개개인에게 영향을 미치고자 했던 의도로 창작된 작품인 만큼, 이번 주제통합수업의 주제에 딱 맞는 작품이라는 판단이 들었다.

일본의 문학작품 가운데에서는 사회와 개인의 관계를 다른 각도에서 조명해볼 수 있는 작품이 떠올랐다. 아쿠타가와 류노스케((芥川龍之介, 1892~1927)의 단편소설 〈라쇼몽(羅生門)〉이었다. 헤이안 시대를 배경으로 한 매우 짧은 단편소설이다. 이 작품에는 경제적으로 피폐한 상황에서 먹고살기 위해 악행을 저지르면서도 자신의 행위에 정당성을 부여하는 노파와, 그러한 노파의 행위를 응징하는 하인의 또 다른 악행을 통해, 생존을 위해 선과 악의 경계를 스스로 규정하는 인간의 어그러진 용기가 잘 드러나 있다. 생존을 위해서는 무엇이든 서슴지 않는 인간, 생존을 위해서라면 정의와 무관하게 모든 것을 정당화하며 도둑이 되기로 결심한 잘못된 용기, 그 과정에서 자기중심적으로 판단하고 행동하는 인간의 이기적인 모습 등을 보여주는 〈라쇼몽〉. 이기적인 인간의 행위가 과연 인간의 본능적인 모습인지, 사회적 상황이 인간의 행동에 어떤 영향을 얼마나 끼칠 수 있는 것인지를 생각해보기에 적절해 보였다.

그런데 세 작품만으로 수업을 구성하자니 살짝 아쉬운 생각이 들었다. 그래서 전상국의 단편소설 〈우상의 눈물〉도 포함시킬 구상도 했었다. 교실이라는 작은 사회 안에서 벌어지는 사회적 폭력과 개인의 관계를 다루기에 적합하다고 판단했기 때문이다. 하지만 아

표1 2학년 '사회와 개인' 주제통합수업 흐름

	1차시	2차시	3차시	4차시	5차시
	전체 과정 안내(1회)	개별학습	전체 안내(2회) 모둠활동	개별학습	모둠토의
문학		〈연대기, 괴물〉, 〈빨간 고양이〉 읽기	• 모둠 구성 • 개별 발제 작품 및 토의·토론문 작성할 작품 결정 • 자신이 선택하지 않은 제2외국어 교과의 소설 작품 읽기	개별 발제문 작성	발제토의(1회) 〈연대기, 괴물〉
중국어		각 교과별 안내	개별학습	교사 강의	개별활동
			〈광인일기〉 읽기	작품 해설과 이해	작품에 대한 이해 – 질문 작성
일본어		각 교과별 안내	개별학습	교사 강의	개별활동
			〈라쇼몽〉 읽기	작품 해설과 이해	작품에 대한 이해 – 질문 작성

무래도 중국어와 일본어 시간에 다루는 한 편씩의 작품만으로는 세계 문학작품을 다루었다고 보기에 다소 부족한 것처럼 생각되었다. 그때 루이제 린저(1911~2002)의 〈빨간 고양이〉가 떠올랐다. 전쟁이라는 상황 속에서 삶을 유지하기가 어려웠던 시절, 자신보다 약한 존재에게 잔인한 행동을 하게 되는 어린아이의 모습에서, 사회적 상황이 인간에게 가하는 폭력성이 인간의 내면에까지 영향을 끼친다는 점을 발견하기에 적절한 작품이라는 판단이 들었다. 세계 문

260

	6차시	7차시	8차시	9차시	10~12차시
	모둠토의	모둠토의	모둠토의	발표	교사 강의
	발제토의(2회) 〈빨간 고양이〉	발제토의(3회) 〈광인일기〉	발제토의(4회) 〈라쇼몽〉	정리 및 발표	〈연대기, 괴물〉, 〈빨간 고양이〉 내용 분석 정리
	모둠활동	평가			
	작품에 대한 감상, 평가	논술			
	모둠활동	평가			
	작품에 대한 감상, 평가	논술			

학작품을 감상할 수 있는 기회를 제공하겠다는 취지에 맞게 동양 3
국과 유럽의 문학작품으로 수업 내용이 적절하게 구성될 수 있을
것으로 보였다.

그리하여 전체 수업의 구성은, 문학적 보편성의 측면에서 한국·
일본·중국·독일의 격변의 시대를 다룬 단편소설을 모두 읽은 뒤,
전쟁과 사회적·경제적 갈등 속에서 인간성이 어떻게 파괴되어가
는지, 사회적·문화적 환경이 인간성에 미치는 영향을 살펴보고, 바

람직한 인간성을 추구하기 위해 우리에게 주어진 과제를 모색해보는 것을 수업의 목표로 삼았다. 문학 시간에 〈연대기, 괴물〉과 〈빨간 고양이〉를 읽고 구체적인 작품 분석을 하고, 중국어 시간에는 〈광인일기〉를, 일본어 시간에는 〈라쇼몽〉을 읽고 작품을 분석함으로써 아이들은 제2외국어 선택과목에 따라 최소한 3편 이상의 단편소설을 읽을 수 있게 되었다. 다만 문학 시간의 발제토론에서는 4편의 작품을 모두 다루기로 했기 때문에, 아이들은 자신이 선택하지 않은 제2외국어 시간에 다룬 소설도 문학 시간을 할애하여 읽었다. 소규모로 시행하는 주제통합수업이었던 만큼, 중국어와 일본어 시간에는 해당 작품을 읽고 내용을 분석하는 수업으로만 구성하고, 주제통합수업의 경험이 있는 내가 전체적으로 아이들의 모둠토의 활동도 진행하게 되었다(표1).

다만, 중국어와 일본어 교과에서 다루는 소설들은 교사의 내용 해설 강의를 듣고 난 뒤 문학 시간의 발제토론에 임한 반면, 문학 시간에 읽은 두 편의 작품은 4회의 발제토론을 모두 마친 뒤 내용 분석을 하기로 했다. 제2외국어 시간에 다루는 소설들은 번역된 작품이다 보니, 그 나라의 역사와 문화에 익숙하지 않은 상태에서 작품을 대할 경우 작품에 대한 이해도가 떨어져 발제토론의 질까지 영향을 미칠 수 있다고 판단했기 때문이다. 반면 문학 시간에 다룬 작품들은 시대적 배경에 대한 이해만 개괄적으로 설명해도 아이들이 작품을 잘못 이해할 가능성이 상대적으로 낮다고 판단했다. 한편

평가는 세 교과가 함께 하는 것이 가장 이상적이나, 처음 시도하는 것이니만큼 개별 교과에서 각기 다양한 방식으로 진행하기로 했다.

수업 안내는 상세하게

문학 시간에 전반적인 진행 과정을 아이들에게 안내하는 것을 시작으로, 중국어와 일본어 수업을 마칠 때까지 약 3주에 걸쳐 수업을 진행하기로 했다. 수업 안내는 말로 설명하며 칠판에 필기하는 것보다, 진행 과정을 자세히 정리한 '수업 안내문'(참고자료1)을 작성해 아이들에게 나눠주기로 했다. 수업이 진행되는 동안 아이들이 스스로 다음 수업시간을 준비하고, 자신이 반드시 준비해야 할 시기를 기억해주기를 바라는 마음에서, 또 수업이 진행되는 동안 수업 진행 과정을 스스로 파악하고 있기를 바라는 마음에서. 그리고 이것을 함께 수업을 진행할 중국어, 일본어 선생님들과도 공유했다.

수업 안내문은 총 4부분으로 구성했다. 진행 일정, 발제문 쓰는 법, 토의·토론문 작성법, 그리고 발제문과 토의·토론문의 예시. 우리가 앞으로 진행할 수업에 대해 자세히 설명하고 아이들의 질문을 받다 보니 한 시간이 금방 지나갔다. 낯선 방식의 독서토론인 데다가 일단 글쓰기 자체가 쉽지 않다 보니, 아이들도 처음에는 놀라는 기색이 역력했다. 하지만 대상 작품은 총 4편이지만 그중 2편만 문학 시간에 작품 분석을 하고, 나머지 2편의 작품 분석은 선택과목에

263

표2 문학 수업계획서

차시	개요	수업의 세부 내용 및 방법	수업 자료
1	수업 진행 안내	• 수업의 과정, 발제문 및 토의·토론문 작성법 등 안내	PPT 안내문
2~3	작품 읽기, 모둠 구성	• 〈연대기, 괴물〉, 〈빨간 고양이〉 읽기 • 4~5인으로 모둠 구성 • 모둠 안에서 협의를 통해 각자 발제문을 작성할 작품, 토의·토론문을 작성할 작품 각 1개씩, 총 2개 작품 결정 • 원칙: 읽기는 4작품 모두(문학 시간에 2작품, 중국어 및 일본어 시간에 1작품, 나머지 1작품은 시간 내어서 반드시 읽기), 발제문 1작품, 토의·토론문 1작품 작성	소설 텍스트 2작품
4	발제문 작성하기	• 컴퓨터실에서 자신이 맡은 작품에 대한 발제문 작성 후 이메일 제출 • 내용 요약 및 함께 생각해볼 문제 3~4가지 제시	자신이 맡은 소설 작품 텍스트
5~8	개별 작품에 대한 모둠별 토의·토론	• 제1발제: 〈연대기, 괴물〉 • 제2발제: 〈빨간 고양이〉 • 제3발제: 〈광인일기〉 • 제4발제: 〈라쇼몽〉 • 유의사항: 각 작품별로 한 시간씩 사전에 작성된 발제문을 놓고 모둠별 토의·토론을 진행. 진행은 발제자가, 토의·토론 기록을 맡은 사람은 내용을 기록하여 이메일로 제출	해당 작품의 발제문, 작품 텍스트
9	발표 또는 논술	• 문학 수업시간에 다룬 2개의 작품을 대상으로, 사회가 인간에게 미치는 영향에 관한 내용 발표 또는 논술	
10~12	작품 내용 분석	• 〈연대기, 괴물〉, 〈빨간 고양이〉에 대한 내용 분석	동영상 PPT

표3 제2외국어(중국어/일본어) 수업계획서

차시	개요	수업의 세부 내용 및 방법	수업 자료
1	개별 수업 진행 안내	• 〈광인일기〉 독서수업 안내(중국어 교과) • 〈라쇼몽〉 독서수업 안내(일본어 교과)	PPT 안내문
2	작품 읽기	• 개별적으로 작품 읽기	작품 텍스트
3	작가 및 작품 내용 이해	• 교사의 강의를 통해 작가와 당시 시대적 환경, 작품 내용에 대한 이해	PPT
4	개별질문지 작성	• 작품의 내용, 작가의 의도 등과 관련하여 질문지(학습지)를 만들어보고, 답안 작성 하기	개별 학습지
5	모둠활동	• 개별질문지에 서로 질문이 겹치지 않도록 서로 의논하여 질문 5개를 선정한 뒤, 질문에 대한 답변 나누기	모둠 학습지
6	논술평가	• 작품 내용 자체에 대한 서술 • 주어진 과제에 대한 자신의 주장과 근거 논술	논술 평가지

따라 1편씩만 각기 중국어와 일본어 시간에 한다는 것, 다만 개별
작품별로 각 한 시간씩 문학 시간에 독서토론(발제토론)을 진행한다
는 것, 개인이 제출해야 할 것은 자신이 선택한 작품에 대한 발제문
1편, 발제한 작품 이외에 작성할 토의·토론문 1편으로 총 2편만 작
성하면 된다는 것을 설명하니 아이들은 안도의 한숨을 내쉬었다.

일단 부담을 덜었다고는 하나, 아이들이 발제문을 손으로 직접
작성하는 일은 쉽지 않을 것 같았다. 그래서 조금 번거로움을 감수

하고 정보컴퓨터 선생님에게 양해를 구한 뒤, 컴퓨터실에 수업이 없는 시간을 골라 발제문을 컴퓨터로 작성하기로 했다. 그랬더니 아이들도 부담을 덜 느끼고 거부감도 덜한 듯했다. 하지만 토의·토론문은 한 시간 동안 독서토론을 진행하는 과정에서 모둠원들이 제시하는 의견들을 항목에 맞게 기록해야 했기 때문에, 어쩔 수 없이 해당 시간에 손으로 작성하고 나중에 자신의 생각을 정리해 이메일로 제출하도록 했다. 이 모든 과정을 자세히 안내하고 난 뒤, 각 교과의 수업은 표2, 표3과 같이 진행되었다.

수업
속으로

〈연대기, 괴물〉부터 〈라쇼몽〉까지,
작품 분석하고 발제문 작성하기

문학 시간에 먼저 모둠을 구성하고, 모둠 내에서 자신이 발제할 작품과 토의·토론문을 작성할 작품 등 각자 2편씩 작품을 선택하도록 했다. 각 작품 내용과 그 시대에 대한 이해는 문학, 중국어, 일본어 교과에서 나누어 진행하고, 읽은 작품 전체에 대한 토의·토론은 문학 시간에 종합적으로 진행하기로 했다. 그러다 보니 작품 분석 전 문학 시간에 처음 작성한 발제문에는 오류가 있을 수밖에 없었다. 내용에 대한 정확한 사전 설명 없이 자신이 이해한 대로 쓰다 보니, 당연하게 일어날 수 있는 현상이었다.

사실 문학 수업에서 작품을 자신의 관점대로 받아들이고 이해하고 느끼는 것은 매우 중요한 일이다. 하지만 시험 중심의 수업을 하다 보면 자신만의 관점이나 느낌은 사라지고 작품에 대한 보편적인 시각만을 가질 수밖에 없는 현실이 안타깝던 중, 이런 시간을 통해서라도 자신만의 시각으로 작품을 볼 수 있는 기회가 소중하게 느껴졌다. 그러나 이 수업의 목표는 사회적 환경이 인간에게 어떤 영향을 미치는가를 탐구하는 것이었기에, 소설 속에 반영된 당대 사회의 문제를 정확하게 이해하는 것이 매우 중요하다. 그래서 특히 중국과 일본의 작품은 아무래도 작품을 잘못 이해하고 작성한 내용이 상대적으로 더 많을 수밖에 없었다. 그래서 〈광인일기〉와 〈라쇼몽〉의 발제문은 해당 교과에서 작품의 내용과 배경을 정확하게 이해하는 수업을 진행하고 난 뒤 수정·보완하여 다시 제출할 수 있도록 아이들과 합의를 보았다. 아이들은 부지런히 자판을 두드리며 책임감 있게 발제문('함께 생각해볼 문제' 포함)을 작성하는 듯 보였다. 자신이 작성한 발제문에 따라 그 작품을 놓고 한 시간 동안 진행해야 하는 토의·토론의 질이 달라질 것이라고 생각한 것 같았다.

아이들이 처음에 작성한 〈광인일기〉와 〈라쇼몽〉의 발제문은 교사들의 폭소를 자아냈다. 두 작품 모두 번역문학이다 보니 사실 우리말로 번역할 만한 적절한 표현을 찾기가 쉽지 않기도 했겠지만, 두 나라의 문화적 상황을 제대로 알지 못한 상태에서 어떤 표현이 비유적으로 표현한 것인지 직설적으로 말한 것인지조차 아이들은 구분하지 못하고 있었다. 예컨대 〈광인일기〉에 등장하는 '식인(食

人)'이라는 표현에 대해 한 학생은 이렇게 서술하기도 했다.

"나는 평소에 사람을 먹는 것에 대해 한 번쯤 생각을 해보았다. 별생각

없이 생각해봤을 때에도 정말 말도 안 되는 것이라고 생각이 들었지만,

이 책을 보고 진짜 식인을 하는 사람이 있어서 가족이 그 사실을 알게

된다면 정말로 무섭고 당황스러울 것 같았다. 사람이라는 존재는 자신

이 살기 위해서라면 어떤 짓이든 할 수 있는 존재라는 생각이 들었다."

(고2, 한○○)

비유적 표현이라는 것을 파악하지 못하고, '식인(食人)' 문화와
관련하여 중국에 대한 편견을 갖고 있었던 것이 아닌가 하는 생각
에 중국어 교사와 큰 소리로 웃기도 했다. 하지만 중국어 수업을 통
해 이 학생은 소설 속에 등장하는 '식인(食人)'이라는 것은 피해망상
증 환자였던 주인공의 환각이라는 것을 깨달을 수 있게 되었다. 그
리고 피해망상증 환자를 대하는 사회적 분위기와 대처 방안에 관해
생각해보자고 같은 모둠 구성원들에게 제안을 하기도 했다.
〈라쇼몽〉에 대해서도 마찬가지였다. 일본 헤이안 시대의 특징을
수업에서 다루고 난 뒤에 〈라쇼몽〉에 대한 이해는 훨씬 수월할 수
밖에 없었다. 그러다 보니 두 작품에 대한 발제문은 수정 뒤에 질이
더 좋아졌고, 일본어 또는 중국어 수업을 듣지 않는 아이들도 해당
수업을 들은 아이들의 자세한 설명을 듣고 난 뒤에는 〈광인일기〉

나 〈라쇼몽〉에 대한 이해를 깊게 할 수 있었다. 해당 교과 수업이 마치 전문가 토론을 통해 내용을 깊게 이해하는 것과 유사한 효과를 가져옴으로써, 추후 문학 시간에 진행한 토의·토론의 질을 한 층 더 높일 수 있었다고 하겠다.

"사실 그동안 중국어 시간에는 여러 가지 생활 속 주제를 가지고 일상에서 사용할 수 있는 실용 중국어 표현과 단어 위주로 수업을 진행했거든요. 이렇게 중국 문학작품을 중국어 시간에 다뤄보기는 처음이었어요. 그러다 보니 수업 준비를 위해 할애해야 할 시간도 많았고, 준비할 것들이 많더라고요. 처음이니 시행착오도 있었는데, 가장 컸던 것은 예상 외로 수업시간을 많이 할애해야 해서 진도에 살짝 차질이 있었던 것도 사실입니다. 그게 부담스러웠던지, 일본어 선생님은 2학기 때는 못하겠다고 하시더라고요. (웃음) 2학기에는 그래서 좀 덜 부담스러운 내용으로 구성을 해봐야겠어요. 그런데 아이들 반응이 의외로 아주 긍정적이었어요. 과제가 아니라 수업시간에 이런 활동을 하다 보니 아이들도 부담을 크게 느끼지는 않는 것 같았어요. 그리고 자신들이 작품에 대해 깊이 있게 이해해간다고 느꼈는지 만족감도 아주 높더라고요. 다만 확실히 아이들은 컴퓨터를 사용한 글쓰기 방식을 선호하더군요. 여건상 모든 글쓰기를 컴퓨터로 하지 못하고 손글씨로 문학 2편, 중국어나 일본어 교과 2편 총 4편의 글쓰기를 비슷한 시기에 한 학생이 있었는데, 제가 생각해도 부담스러웠겠다 싶었죠. 평가도 함께 하는 방식으로 구상하거나, 중국어나 일본어 교과에서 다른 방식으로 평가했더라면 하는 아쉬움이 있었어요. 평가 방식에 대한 아이디어를 좀 더 생각해봐야 할 것 같아요."(중국어 교사, 이미연)

아이들이 제2외국어 수업에서 작품 분석을 마무리할 때쯤, 기한에 맞춰 아이들이 이메일로 제출한 발제문을 검토했다(참고자료2). 그리고 일정에 따라 각 모둠별로 토의·토론을 할 수 있도록 모둠원의 인원수에 맞춰 발제문을 출력해서 다음 문학 수업을 준비했다. 제출한 발제문들은 형식을 미리 제시했음에도 불구하고 참으로 제각각이었다. 하지만 뚝배기보다 장 맛이기에, 형식 자체를 평가에 반영하지는 않았다. 다만 출력할 때 가급적이면 여백을 줄여서라도 A4용지 1쪽으로 편집하고, 내용이 지나치게 많은 것은 2쪽 이내로 편집하여 아이들에게 배부했다.

와글와글 토론, 다시 '괴물'은 누구인가를 생각하다

개별 작품에 대한 토의·토론을 시작하기 전, 중국어와 일본어 시간의 진행 상황은 매우 중요했다. 작품 내용에 대한 이해가 완전히 마무리되어야 토의·토론을 시작할 수 있기 때문이다. 중국어와 일본어 시간에 시대 상황에 대한 정확한 이해를 바탕으로 〈광인일기〉와 〈라쇼몽〉의 내용을 이해하고 감상한 덕분에 문학 시간에는 해당 작

271

품에 대한 좀 더 깊은 토의가 진행될 수 있었다. 아이들은 이제 중국어와 일본어 시간에는 논술평가를 시행할 차례였고, 문학 시간에는 〈연대기, 괴물〉과 〈빨간 고양이〉를 대상으로 작품에 대한 토의·토론을 진행하고 있었다.

앞서 두 차례나 수업 안내를 했음에도 불구하고, 진행 과정에 대한 아이들의 질문은 기본적인 것부터 세세한 것까지 매 시간 다양하게 이어졌다. 이미 나왔던 질문을 다른 학생이 또 묻기도 했다. 하지만 그렇게 와글와글, 시끌벅적한 가운데에서도 매 시간 모둠별로 해당 작품의 발제자가 토의·토론을 이끌어가며 수업은 순조롭게 진행되었다. 그런데 문학 시간에 진행되는 토의·토론 수업에서 아이들이 작품에 대해 어떤 이야기를 나누는지 중국어와 일본어 선생님도 궁금해 했고, 함께 주제통합수업 연구에 참여하는 전문적학습공동체 구성원들도 아이들의 모둠활동 모습을 궁금해 했다. 그래서 과감하게 6시간의 수업을 공개했다. 그리고 참관하는 교사들을 위해 간략한 수업 안내도 함께 했다.

일단 수업 진행 과정에서 소외되는 아이들은 없었다. 시끌벅적한 분위기 때문이기도 했고, 자신이 토의·토론을 진행하거나 또는 기록해야 하는 임무를 맡고 있기 때문이기도 했다. 그리고 사전에 안내한 대로, 발제를 담당한 학생이 그 작품에 대한 토의·토론 진행을 맡으면서 반드시 모든 모둠원에게 꼭 발언 기회를 주면 좋겠다는 당부를 잘 지키고도 있었다.

소설 4편에 대한 내용 발제 후 모둠별 토의 · 토론

전문적학습공동체 교사들의 수업 참관

중국어와 일본어 선생님은 교과 시간에 함께 학습했던 내용이 잘 활용되고 있는 모습에 흐뭇한 표정을 감추지 않았다. 그리고 아이들이 모둠활동에서 언급하는 내용들을 확인한 뒤, 나중에 제2외국어 모둠활동과 논술평가에 참고하기도 했다. 활동의 내용이 겹치면 수업 진행에 어려움이 있을 수 있고, 모둠에서 논의한 내용이 특정 학생의 논술평가에만 반영되면 곤란하기 때문이기도 했다. 다른 학년, 다른 교과 교사들도 아이들이 모둠활동에서 자신의 의견을 적극적으로 표현하는 것에 놀라워했다. 자신들의 수업에 참고할 만한 내용을 메모하는 교사들도 있었다. 아이들 사이를 자유롭게 다니면서 아이들이 하는 이야기를 귀 기울여 듣는 교사들도 있었다.

수업의 전 과정이 평가에 반영되었기 때문에 아이들의 참여도가 높았다고 평가할 수도 있겠지만, 앞서 언급한 바와 같이 C고등학교 학생들은 성적과 진학에 대한 관심이 평균 이상으로 우수한 집단이기 때문에 기본적으로 모든 활동에 성실한 태도를 보이는 아이들이 많다. 그래서 이러한 모둠활동도 활발하게 이루어질 수 있었다는 사실을 중요하게 짚고 넘어가야 한다. 읽기 자체가 어려운, 15분 이상을 집중할 수 없는 아이들이 늘어나고 있는 상황에서 이런 수업이 가능할 수 있었던 데는 분명 학생 구성원의 특성이 중요하게 반영된다는 점을 간과할 수 없는 것이다.

모든 작품에 대한 모둠별 토의·토론 활동을 마치고, 아이들은 자신이 맡은 작품의 토의·토론문을 기한 내에 제출했다(참고자료3). 그리고 마지막으로, 〈연대기, 괴물〉에 등장하는 우리 현대사의 실제 장면을 영상으로 다시 한 번 확인하는 시간을 가졌다. '다큐창작소'에서 서북청년단의 만행을 영상으로 제작한 〈그들이 돌아왔다〉(2015년 1월 제작)를 감상하며, 보도연맹 사건부터 베트남 파병, 세월호 사건까지 〈연대기, 괴물〉의 주인공 송진태(송달규)가 삶의 과정에서 겪었던 우리 현대사의 사회적 폭력이 인간성 파괴에 미친 영향, 그리고 '괴물'의 상징적 의미를 학습지로 정리하며 마무리했다. 이어 루이제 린저의 〈빨간 고양이〉의 내용을 분석하면서, 어린아이인 주인공이 전쟁 속에서 빨간 고양이를 죽인 표면적 이유와 이면적 이유를 분석해보는 수업을 진행했다.

평가와 마무리

세 과목의 평가는 '문제 해결을 위한 협력적 의사소통'이라는 목표 아래, '다양한 사회적 문제 상황에서 일어나는 인간성의 변화를 모둠활동을 통해 심도 있게 논의하고 바람직한 인간성을 추구하기 위한 방법을 생각해보는 것'으로 구성했다. 문학 교과에서는 매 시간 모둠활동을 통해 작성한 발제문과 토의·토론 학습지를 수시로 평가한 뒤, 이에 대한 논술평가로 최종 마무리를 했다(표4). 그리고 중국어와 일본어 교과에서는 작품에 대한 이해와 감상 위주로 학습지를 작성하고, 사회와 개인에 관한 각자의 생각을 정리하는 논술평가로 마무리했다(표5).[*]

이런 과정으로 진행된 주제통합수업은 학생생활기록부에 다음과 같이 기록되었다.

[문학] 제2외국어 교과와 문학 교과가 연계하여 진행한 통합교과 독서 토론 활동에서 〈라쇼몽〉(아쿠타가와 류노스케), 〈빨간 고양이〉(루이제 린저),

---

[*] 앞서 중국어 교과의 이미연 선생님 인터뷰에서 드러난 것과 같이, 내용의 최종 정리를 위해 논술이라는 획일적 방식이 세 교과 모두에서 이루어진 점은 차후 보완해야 할 것이다.

〈광인일기〉(루쉰), 〈연대기, 괴물〉(임철우) 등 여러 사회를 배경으로 다양한 사회문제를 다룬 세계의 문학작품을 읽고, 〈연대기, 괴물〉을 통해 드러난 우리 사회의 현대사에서 국가 차원에서 자행된 합법적 권력의 폭력성과, 국가가 해야 할 의무를 다하지 않음으로써 발생한 또 다른 폭력적 사건을 확인하는 발제문을 작성함. 이후 독서토론의 사회자로서, 거대한 부조리에 직면했을 때 인간이 취할 수 있는 행동 양식, 공포스러운 사회 분위기 속에서 자신의 경우로 가정해 생각해보는 경험, 악마와 같은 인간형의 탄생 원인에 대한 분석, 표현의 자유를 인정할 수 있는 범위 등을 주제로 제시하여 모둠원들이 자신의 생각을 자유롭게 표현할 수 있도록 역할을 다함. 평소 사회문제에 관심이 많은 만큼, 사회문제에 대한 통찰력 있는 관점을 바탕으로 자신의 생각을 논리적으로 표현하는 능력도 뛰어남. 〈광인일기〉를 대상으로 한 독서토론에서는 모둠원들의 의견을 진지한 태도로 경청하며 토론지를 성실하게 작성하고, 한 사회의 문제점을 파악할 때 문화상대주의 관점의 중요성을 깨달음.

[중국어] 제2외국어 교과와 문학 교과가 연계하여 진행한 통합교과 독서토론 활동에서 〈광인일기〉(루쉰)를 읽고, 작품과 관련한 질문과 그에 대한 답을 작성해보며 작품 이해의 깊이를 더함. 모둠원들과의 질문과 답변을 공유하는 과정을 통해 생각을 나누고, 개인과 사회 변화의 관계에 대한 생각을 정립하여 논리적인 글로 표현하여 제출함. 이 작품의

시대적·사회적 배경에 대해 알게 됨으로써 중국에 관한 기본적이고 간단한 정보를 이해하는 성취기준 도달의 바탕을 마련하였고, 중국 사회와 문화를 한층 더 깊이 알아갈 수 있게 되었다는 소감을 밝힘.

표4 문학 논술 수행평가

(1) 〈빨간 고양이〉(루이제 린저)에서, 전쟁과 전후의 궁핍이라는 현실의 상황이 고양이를 죽인 '나'의 행위를 정당화해줄 수 있는지에 대하여 자신의 주장을 서술하되, 인과 관계가 논리적으로 드러나도록 제시하시오. (300자 이상)

(2) 강력한 사회적 범죄 혹은 반인륜적 행태를 동반한 사건이 일어났을 때 뉴스에서는 범인에 대해 '금수(禽獸)만도 못한, 사람의 탈을 쓴……' 등의 제목 아래 천인공노할 죄인으로 표현한다. 이런 사회적 분위기로 인해 생기는 문제점은 무엇인지, 〈연대기, 괴물〉(임철우)의 내용을 근거로 제시하여 서술하시오. (510자 이상)

표5 중국어 논술 수행평가

(1) 작품에 내포된 의미를 반영한 〈광인일기〉의 전반적인 내용에 대해 '조건'에 맞게 서술하시오.
※ 조건 ① 〈광인일기〉 저자의 이름을 한어병음으로 쓴 것이 한 번 포함될 것
② 글자 수는 띄어쓰기 포함 400자±25자 (375~425자)

(2) 〈광인일기〉가 저술된 시대적·사회적 배경에 대해 서술하시오.
※ 글자 수는 띄어쓰기 포함 300자±25자 (275~325자)

(3) 개인이 사회(사회구조/사회통념 등)를 변화시킬 수 있는지에 대해 근거를 들어 자신의 생각을 논술하시오.
※ 글자 수는 띄어쓰기 포함 300자±25자 (275~325자)

에필
로그

서로가 서로의 버팀목이 되다

학생 중심, 배움 중심 수업을 설계한다는 것은 교사들에게 참 수고
로운 일이다. 사실 처음 주제통합수업을 설계할 때도 그랬지만, 모
든 아이들이 참여할 수밖에 없도록 사전에 촘촘하게 디자인된 철저
한 수업 계획과, 함께하는 교사들 사이에 서로 수업을 참관하며 자
신의 다음 수업을 수정·보완하는 일이 이번 수업에서도 매우 중요
했다는 점을 확인했다. 그런데 이번에 더욱 의미 있었던 것은, 이 모
든 일을 교사들 스스로 자발적으로 했다는 점이었다. 물론 수업을
마치고 난 뒤에 어려움을 토로하는 교사도 있었지만, 그럼에도 모
두 끝까지 마무리를 잘해냈다. 강제가 아니었기에, 중도에 포기할
수 없었을 것이다.

그리고 이번 수업을 통해 또다시 깨달은 점은, 아이들이 무임승차를 할 수 없는 구조로 수업을 설계하니 아이들의 자발성이 더욱 커졌다는 점이다. 또, 다른 사람이 발표할 때 내용을 요약·정리해야 하므로 귀 기울이게 되는 효과가 컸고, 모든 학습지가 상시 수행평가이기 때문에 수업 집중력이 향상되는 효과도 거둘 수 있었다. 아이들은 자신이 맡은 부분이 아닌데도 수업에 더 적극적으로 참여하기 위해 스스로 자료를 찾아보고 다른 과목과 연결시켜 이해하려는 모습이 인상적이었다. 수업에 대한 학생의 자발성이 극대화된 현상이었다. 물론 이러한 현상은 자공고라는 학교 특성상 구성원들이 성적과 자세 면에서 우수했기 때문이었을 것이다. 그러다 보니 자연스럽게 친구들과 토의·토론을 통해 자신의 지식을 수정·보완·발전시키는 것을 즐거워하는 모습이 관찰되었고, 모둠 안에서 소그룹별로 발표 연습 기회를 충분히 주고 발표 수행평가에 참여하게 하니 발표를 두려워하지 않게 된 아이들도 보였다.

한편 함께 수업을 진행하는 교과 담당 교사들 사이에서도 지속적인 협의와 피드백이 가능했던 수업이었다. 마침 중국어 교사와 바로 옆자리에서, 같은 부서에서 근무하면서 쉬는 시간이나 잠깐 마주치는 순간에도 상시적 의견 교환을 하면서 수업 진행 과정 전체를 공유할 수 있었던 것도 큰 장점이었다. 이렇게 서로 다른 교과 간에 자연스러운 상호 수업 참관이 이루어지고, 이를 통해 자신의 수업을 진행하며 보완하거나 수정할 부분을 지속적으로 찾아냄으로써 유동적인 수업이 가능해질 수 있었다고 생각한다.

여기서 중요한 것 하나! 수업 설계 단계에서 이 수업을 이끌어갈 수 있는 리더가 없었다면? 아마도 주제통합수업 시도 자체가 불가능했을지도 모른다. 그러므로 처음에는 수업에 함께 참여하는 수준에서 시작하더라도, 여러 번 참여해보면서 스스로 주제통합수업을 이끌 수 있는 리더로 성장할 수 있는 경험의 축적이 절실하다. 게다가 수업의 설계부터 진행 과정과 평가까지 교사들의 끊임없는 소통이 요구되는 수업이다 보니, 중간중간 쉬는 시간까지도 투자해야 하는 물리적인 시간 소요가 많을 수밖에 없다. 역시 교사들의 자발적인 참여가 전제되지 않는다면 지속되기 어려운 요소일 것이다. 게다가 주제통합수업에 처음 참여하는 교사들이라면 수업 준비의 부담이 더 크게 느껴질 수밖에 없을 것이다. 그리고 수행평가의 형태도 다양하게 고민해야 하는 것이 과제로 남았다.

하나 더! 이번 주제통합수업에 처음 참여했던 일본어 교과 임승희 선생님과 중국어 교과 이미연 선생님은 2학기가 되자 함께 '환경' 문제를 주제로 한 주제통합수업을 자발적으로 구상하여 진행했다. 서로가 서로의 버팀목이 되면서 스스로 함께하는 수업을 구상하는 문화가 이제 자리 잡는 것이 아닌가 하는 기대가 더욱 높아졌다.

2학년 문학 독서토론 수업 안내

단계		활동 내용
대상 작품	1) 〈연대기, 괴물〉(임철우) 2) 〈빨간 고양이〉(루이제 린저) 3) 〈광인일기〉(루쉰) or 〈라쇼몽〉 (이쿠타가와 류노스케)	1인당 각각 발제문 1편 & 토의·토론문 1편 작성
모둠 구성, 작품 선정 및 읽기 (2시간)		• 모둠은 4~5명으로 구성하되, 친한 학생들끼리만 구성되지 않도록 • 작품 모두 읽기 ➡ 〈광인일기〉와 〈라쇼몽〉은 제2외국어 시간에 읽을 예정 • 1시간 안에 다 읽지 못한 경우, 다음 시간 전까지 꼭 읽어올 것
발제 (1시간)	작성	• 컴퓨터실에서 직접 작성 (정보컴퓨터 선생님 협조) • 각각 1작품씩 선택하여 발제하되, 상호 능력을 배려하여 작품 배분: 〈연대기, 괴물〉>〈빨간 고양이〉, 〈광인일기〉or 〈라쇼몽〉 • 한 모둠에서 최소한 3작품의 발제문이 반드시 1개씩은 나오도록 • A4 1쪽 이상 / 양식은 학교 홈페이지에서 다운로드
	제출	• 출력물 1부: 다음날 5교시 시작 전까지 • e-mail 제출: 다음날 자정까지 →j******@nate.com • 제출시 파일 제목: '학번-이름-발제문.hwp' (예: 20330-홍길동-발제문.hwp)
토의·토론 (1시간씩 총 4시간)	토의 토론 진행	• 발제한 사람이 진행 • 발제자의 내용 발제 → 모둠원 전체와 발제문에 제시된 문제 토의·토론 • 토의·토론 주제는 하나의 발제당 3가지 이상, 자세히 기록
	토의· 토론문 작성	• 자신이 발제한 작품을 제외한 다른 작품의 토의·토론문을 작성할 것 • 각 발제 및 토의·토론시 메모 → 흔글로 정리 • 양식은 학교 홈페이지에서 다운로드
	제출	• 출력물 1부: 다음날 5교시 시작 전까지 • e-mail 제출: 다음날 자정까지 →j******@nate.com • 제출시 파일 제목: '학번-이름-토론문.hwp' (예: 20330-홍길동-토론문.hwp)

		모둠원 4명	모둠원 5명
	제1발제	〈연대기, 괴물〉	〈연대기, 괴물〉(1), (2)
	제2발제	〈빨간 고양이〉	〈빨간 고양이〉
	제3발제	〈광인일기〉	〈광인일기〉
	제4발제	〈라쇼몽〉	〈라쇼몽〉
발표or 논술 (1시간)	• 지금까지 논의한 내용을 토대로 발표 • 또는 문학 시간에 분석한 2개 작품을 바탕으로 사회와 개인과의 관계에 대한 논술		
교사 내용 정리 (3시간)	• 〈연대기, 괴물〉(임철우) 내용 분석 및 정리 (2시간) • 〈빨간 고양이〉(루이제 린저) 내용 분석 및 정리 (1시간) ➡ 2차 지필평가 출제		

2학년 문학 독서토론 수행평가 발제문 쓰기 방법

1. 발제문이 무엇인가요?

발제문이란 어떤 주제에 대한 의견을 주장하기 위해 일정한 형식을 갖춰 쓴 글을 말합니다. 이번 수업에서의 발제문은 책을 읽고 토의·토론을 하기 위한 재료라고 할 수 있습니다. 따라서 작품 내용을 정리하고, 자신의 생각을 덧붙인 후, 모둠원들과 함께 논의하고 싶은 문제를 제기하는 형식으로 마무리하면 됩니다.

2. 발제문은 어떻게 작성하고 구성하나요?

• 발제문의 내용을 드러낼 수 있는 제목 (소설 제목을 그대로 옮기지 말고 발제 핵심 내용을 담아 창작)
• 작품에 대한 핵심 내용 요약 + 작가의 창작 의도나 제시된 내용에 대해 발제자가 느낀 점 또는 깨달은 점
 - 내용 요약 + 책을 읽고 중점적으로 생각하게 된 점 (깨달은 점, 자신의 의견 등)
  ㄴ, 10줄 정도 (1문단 이상 구성)   ㄴ, 10줄 정도 (1문단 이상 구성)
 - 총 20줄 이상, 2문단 이상 구성
• 생각해볼 문제 발문 (책의 내용에 대해 궁금한 점. 개인적 삶 및 사회로 확장)
 - 책의 내용 중 논의해볼 문제 제기 (1가지)
 - 개인적·사회적 문제로 확대하여 논의해볼 문제 제기 (2가지 이상)
 - 최소 3가지 이상으로 제시 (〈연대기, 괴물〉은 반드시 4가지 이상 제시)

- 주의점
  1) 원문을 인용할 때 큰따옴표 + 해당 내용이 있는 쪽의 번호 표기 → 선생님들이 쉽게 찾을 수 있도록
  2) 주술관계가 명료한 문장을 사용하여
- 분량 : A4 한 쪽 이상으로

3. 발제문 구성 (→ 발제문 양식은 학교 홈페이지에서 다운로드, 여백 등 양식 바꾸지 말 것)

(좌우여백 20 / 위여백 20 / 아래여백 10 / 머리말꼬리말 10 / 줄간격 160% / 글꼴 함초롬바탕)

내 가 창 작 한 제 목
→ (제목 : 15pt, 진하게/자간0/가운데정렬)

- '작품명', 저자 이름, 출판 연도, 출판사 -
→ (작품 정보 : 11pt, 자간0/가운데정렬)

　　　　(작성자 정보 11pt, 자간0/오른쪽정렬) → - 발제자 이름 (학번)
→ (한 줄 띄우기)
1. 내용의 요약 & 나의 생각 제시 → (소제목 : 10pt, 진하게/자간0/왼쪽정렬)
　→ (본문 : 10pt, 자간0/문단양쪽정렬/문단 시작할 때 들여쓰기10)

→ (한 줄 띄우기)
2. 함께 생각해볼 문제 → (소제목 : 10pt, 진하게/자간0/왼쪽정렬)
1) → (본문 : 10pt, 자간0/문단양쪽정렬/문단 시작할 때 내어쓰기10)
2)
3)
4)

2학년 문학 독서토론 수행평가 토의 · 토론문 쓰기 방법

1. 토의 · 토론문이 무엇인가요?

앞서 발제문에서 발제자가 제시한 '함께 생각해볼 문제'를 중심으로, 모둠에서 논의한 내용을 정리한 글입니다. 자신이 읽은 작품에 대하여 모둠원들과 깊고 넓게 생각해볼 수 있는 토의·토론의 과정을 정리하되, 누가 무슨 이야기를 했는지를 밝히기보다는 하나의 주제에 대하여 모둠에서 어떤 흐름으로 논의가 진행되었는지를 제시하는 것이 중요합니다.

2. 토의·토론은 어떻게 진행하고, 토의·토론문은 어떻게 작성하나요?

- 발제문에서 제시한 '함께 생각해볼 문제'를 중심으로 논의 주제 3~4개 정도 선택합니다.
- 모둠원들이 발제를 듣고, 수정해야 할 사항이나 보충해야 할 사항에 대하여 논의하고, 이를 토의·토론문에 정리합니다.
- 발제자가 제시한 문제가 작품의 핵심에서 벗어난다고 판단되는 경우에는 즉석에서 논의 주제를 바꾸거나 수정할 수 있습니다.
- 모둠원들이 해당 주제들에 대해서 논의한 내용을 주제별로 제시하되, 논의의 흐름이 파악될 수 있도록 정리합니다.
- 주제 토의를 마친 뒤, 끝나기 5분 전에, 오늘의 논의 과정과 내용에 대하여 모둠원들과 공유합니다.
- 마지막 단락에 있는 '내 생각의 변화' 부분은, 공유한 내용을 바탕으로 토의·토론문 작성자가 자신의 생각을 중심으로 정리합니다.

[문학] 발제문 사례

괴물, 적개심의 사회, 그 사회의 사람들

- 〈연대기, 괴물〉(임철우) -

최○○(고2)

1. 한 인물의 비극적 생애를 통해 들여다본 분노와 적개심의 사회

이 소설은 한 단신 기사로부터 시작한다. 지하철 4호선 정부과천청사역에서 벌어진 60대 노숙자의 투신자살 사건. 사람들은 그를 빠르게 잊어버리고 말지만, 서술자는 아무도 신경 쓰지 않았던 그의 하루, 더 나아가서 그의 일생을 들여다보기 시작한다. 그의 이름은 송달규. 그는 괴물의 존재를 쫓고 있었다. 그 괴물은 아주 어릴 적 그의 외조부네 뒤란의 대숲에서 처음 그와 마주쳤다. 어린 그는 이미 뒤죽박죽인 존재였다. 그의 외조부네 집이 있던 곳은 남쪽 바다의 작은 섬. 전쟁이 일어난 후 애꿎은 농민들은 보도연맹 사건으로 인해서 억울하게 죽임을 당하고, 인민군에게 지배를 받기도 하다가 다시 경찰에게 탈환된 곳이었다. 전쟁으로 인해 전우를 잃은 경찰들은 분노와 복수심으로 가득 차 있었고, 서북청년단이라는 자칭 '빨갱이 사냥꾼', 깡패 집단과 함께 마구잡이로 농민들을 잡아 죽이기 시작했다. 그로 인해서 달규의 어머니의 남편은 달규의 외조부네 대숲에서 잠혀가 죽임을 당하고, 어머니는 서북청년단의 대장이었던 일명 '갈고리'에게 밤마다 겁탈당했다.

몇 년 후 어머니가 달규를 데리고 나타났을 때, 달규의 외조부는 달규가 악마의 핏줄임을 깨달았지만, 그럼에도 아들과 딸을 다 잃은 슬픔에 그를 거두어 키워줬다. 달규는 이후 월남전에 참전하고, 죽이지 않으면 죽는 아수라장에서 그는 몸과 마음의 병을 얻고, 기도원으로 들어가 무려 20년이 넘는 시간들을 지내게 된다. 그러던 그는 세월호 사고를 접한다. 그는 세월호 주변을 돌아다니는 괴물의 모습을 목격하게 된다. 처음에 정치인들은 국가를 개조하겠다며 카메라 앞에서 울어 보였으나, 선거 후로 정치인들의 세월호에 대한 태도는 날로 변해가고, 그것이 극에 달해 서북청년단 재건 준비위원회에 관한 뉴스를 접한 달규는 그중에 악마이자 그의 생부이기도 한 갈고리가 있음을 육감적으로 깨닫고 그 길로 기도원을 나온다.

기도원을 나오고 그동안 모은 돈을 잃어 노숙을 하는 와중에도, 그는 나흘마다 한 번씩 안산의 세월호 임시 분향소를 찾아갔었고, 그의 마지막 날도 역시 임시 분향소를 찾았다가 돌아가는 길에 갈고리를 찾아낼 수 있을 것이라는 확신을 갖고서 정부과

천청사역으로 향했던 것이다. 역에서는 혼자 사열식을 벌이는 노인이 있었고, 달규는 그를 죽이려고 했지만 그는 갈고리가 아닌 월남전 때의 자신의 상사였던 미친개였다. 그에 달규는 다시 승강장으로 걸어 내려오고, 터널 속에 있는 괴물을 드디어 마주하게 된다. 그렇게 그는 칼을 움켜쥐고 괴물을 향해 튀어 나갔다.

우리나라는 광복 이후 사상의 대립으로 인한 혼란을 크게 겪었다. 흔히 '좌파'라고 불리는 공산주의와 흔히 '우파'라고 불리는 자본주의 사상을 가진 사람들이 첨예하게 대립하였다. 공산주의도 자본주의도 사회 구성원들의 자유와 권리를 최대한으로 보장하기 위한 사상이었지만, 그러한 서로의 의도를 제대로 파악하지 못하고 서로를 헐뜯고 공격할 뿐이었다. 그리하여 우리나라는 사상에 따라 갈라져, 광복 이후 3년여 만에 분단이라는 또 하나의 민족의 큰 시련을 겪고야 말았다. 그에 멈추지 않고, 사회 구성원들의 자유와 권리를 보장하기는커녕 서로의 욕심에 휘말려서 전쟁을 일으키고야 만다. 전쟁은 참혹했고, 서로에 대한 사람들의 적개심과 분노는 커져만 갔다. 전쟁에서는 군인과 민간인의 구분조차 없었고, 애꿎은 민간인들은 아무것도 모른 채로 전쟁을 일으킨 사람들의 이기심과 욕심에, 전쟁에 휘말린 사람들의 뒤틀린 분노와 적개심에 휘말려 죽어갈 뿐이었다.

전쟁이 끝난 후에도 사람들은 분노에서 헤어나올 수 없었다. 어떤 사람들은 그러한 분노를 이용하여서 권력을 잡고 마음대로 휘두르거나, 전쟁을 일으킨 사람들과 다를 바 없이 참혹한 일들을 저지르고는 했다. 그러한 사람들의 밑에 있던 사람들은 그러한 행동이 옳다고 굳게 믿기도 했다. 우리나라의 행복을 위해서는 소수의 희생은 상관없다고 생각했다. '국가를 위해서'라는 말에 사람들은 또다시 희생을 당했다. 국가를 위해서 베트남으로 파병을 나간 사람들은 그 후에 크게 고생하기도 했다. 하지만 우리 사회는 과정에서 있었던 사람들의 희생보다 국가의 발전이라는 결과에 초점을 맞췄다. 그리고 국가의 발전을 위해서 희생했던 사람들의 대부분은 발전이라는 목표가 없어지고 난 후, 희생으로 인해 아무것도 남지 않은 지금의 자신을 보며 '옛날이 살기 좋았다'라고 생각하게 되는 모순적인 모습을 보이게 됐고, 군대와 억압을 앞세워서 발전을 이끌었던 독재자는 미화된 기억 속에서 옳은 지도자로 재평가되었다. 그리고 새로운 세대들은 자신을 희생했던 전 세대의 사람들과는 달리 자신의 생계를 위해서 이기적으로 생활하며, 전 세대들의 희생을 무시하는 태도를 보이게 되었다. 이렇게 사회의 분노와 적개심은 전 세대와 후 세대의 갈등마저 유발하게 되었다.

과연 달규가 쫓아왔던, 그리고 마침내 마주한 괴물의 정체는 무엇이었을까? '국가를 위해서'라는 말로 개인을 희생시키는 사회의 모습일 수도, 그리고 그러한 사회에서 망가져버린 달규 본인일 수도 있다. 결국에 달규는 죽고 소설은 다시 처음 부분의 단신 기사로 귀결되지만, 우리 사회는 이전과 같은 과정을 되풀이하지 말아야 할 것이고, 괴물이 되는 것을 피해야 할 것이다.

2. 함께 생각해볼 문제

1) 〈연대기, 괴물〉에서는 '갈고리', '미친개'처럼 공산주의나 적군에 대한 분노와 적
개심에 물들어 악마같이 변해버린 사람들이 많이 등장한다. 과연 그들이 그러한 사람
이 된 것에는 당시의 사회상과 그러한 사회에 대한 개인의 태도 중 무엇이 더 큰 영향
을 미쳤을까?

2) 〈연대기, 괴물〉의 주인공인 노숙자 '송달규'는 괴물의 존재를 쫓는다. 이 괴물은
무엇을 의미할까?

3) 〈연대기, 괴물〉에서는 '국가나 사상을 위해서'라는 명목으로 타인의 목숨을 앗
는 끔찍한 행위를 한 사람들이 나오기도 하고, 자신의 취업과 생활을 최우선으로 여
기며 과거의 사람들의 희생을 무시하는 사람들 또한 조명한다. 과연 우리가 가져야
할 바람직한 태도는 무엇일까?

4) 현재 남북정상회담이 성공리에 진행되고 종전 선언문에 관한 이야기 또한 나오
고 있다. 이러한 분위기가 지속되어서 통일이 이루어지게 된다면 그동안 한반도에 있
었던 사상 대립 또한 사라질 수 있을까? 그렇게 생각하는 이유와 같이 얘기해보자.

[문학] 토의·토론문 사례

토의·토론 날짜 : 2018년 5월 ○일(○요일) ○교시

○○고등학교	문학 독서 토의·토론지	작성자	2학년 ○○반 ○○번 이름 : 최○○
대상 작품(작가명)	빨간 고양이(루이제 린저)	**발제 및 진행자(학번)**	김○○(2 0 ○ ○ ○)
참석자 이름(학번)	김○○, 송○○, 이○○, 최○○		
토의·토론 주제	토론·토의 내용 정리 (반드시 5줄을 끝까지 채워서, 그 이상으로 작성하세요.)		
발제 내용 요약	전쟁으로 피폐해진 나라의 주인공이 어머니, 남동생, 여동생의 세 식구와 힘들게 살던 도중에 빨간 고양이가 찾아와 식구들이 고양이에게 음식을 나누어주자 주인공은 화가 나기 시작한다. 나무토막을 고양이에 던져 어머니에게 뺨을 맞게 된 후 주인공은 점점 더 화가 끓어올랐고, 결국에는 고양이를 죽인다. 그러나 그 행동이 과연 옳은 것이었는지 고민하게 된다. 이 소설에서 주인공은 고양이를 얄밉고 짜증나는 존재로 묘사하고 있고, 그러한 존재로 느꼈기에 고양이를 죽였다. 이 글의 작가는 고양이에 대한 적개심을 합리화하는 주인공의 생각을 자연스럽게 독자들에게 전달하고 이러한 감정을 유도한다. 그리고 마지막의 '그 조그만 고양이가 먹어봤자 얼마나 먹었을까?'라는 구절로 인간의 이기심의 결과를 일깨운다.		
〈 주제 1 〉 누군가가 밉고 싫어서, 올바르고 합리적인 것처럼 보이는 이유를 붙여 괴롭히거나 피해를 입힌 적이 있는가?	이○○ : 초등학교 6학년 때 같은 게임을 하던 친구들끼리 모여서 놀았었는데, 다른 게임을 하는 친구들과 친해지고 전에 하던 게임이 시시해져서 여러 가지 이유를 붙여서 전의 친구들과 거리를 멀어지게 했던 적이 있다. 최○○ : 초등학교 때 따돌림 당하던 친구가 있었는데, 그 친구가 따돌림을 오랫동안 받아온 불쌍한 친구임을 알고 있었음에도 냄새가 난다, 싸가지가 없다는 이유를 붙여서 따돌리려고 했다. 김○○ : 초등학교 때 가난한 친구를 냄새 난다는 이유로 따돌렸다. 집안 사정이 가난한 불쌍한 친구라는 것을 알고 있었음에도 불구하고 합리적인 듯이 보이는 이유를 들어서 따돌렸고, 자신은 직접 괴롭힌 것이 아닌 방관하는 것이기 때문에 책임이 없다고 합리화하기도 했다. 송○○ : 작년의 친구가 과도하게 나서려 하고 눈치가 없다는 이유를 들어서 합리화시키며 따돌림. 그를 미안하게 생각해서 몇 번 도와준 적도 있지만 그것도 자신의 행동에 대한 일종의 합리화가 아닐까 하고 생각해보았다.		

최○○: 결과는 변하지 않았을 것이라고 생각한다. 선행이라는 것은 타인의 신뢰를 얻고 싶은 마음에서 나오는 것이고, 그 근간에는 이기심이 있다는 연구 결과를 본 적이 있다. 따라서 결국에는 식량이 완전히 다 떨어지려는 상황에 갔으면 고양이를 죽였을 것이라고 생각한다. 또한 평소의 상황에서는 타인에게 베푸는 것이 옳지만 극한의 상황에 치달았을 때에는 그것의 옳고 그름을 판단하기 힘들 것이라고 생각한다.

〈 주제 2〉
주인공이 고양이를 죽이지 않고 다른 가족들처럼 먹을 것을 나누어줬다면 어떻게 되었을까? 또한 이기심을 억누르고 남에게 베푸는 것이 항상 옳은 일이라 할 수 있는가?

김○○: 이 상황에서의 행동을 단순히 이기적이라고만 볼 수는 없을 것이라고 생각한다. 고양이를 죽이겠다는 판단은 단기적으로는 이기적인 생각으로 볼 수도 있으나, 장기적으로는 전체에게 도움을 주는 결과를 가져올 수 있기 때문이다. 그러므로 고양이에게 나눠주다가 식량이 부족해지면 고양이를 대하는 태도가 결국에는 부정적이 될 것이라고 생각하며, 남에게 베푸는 일에 관해서는 자신의 상황을 고려하지 않는 베풂은 옳지 못하다고 생각한다.

이○○: 고양이 때문에 식량이 바닥났다며 탓은 할 수 있더라도 고양이를 죽이겠다는 생각은 할 수 없었을 것이라고 생각한다. 그 이유는 먹여준 고양이에 대한 정이 생길 것이기 때문이다. 남에게 베푸는 것은 대부분의 경우 옳은 일이라고 생각한다. 그렇지 않은 경우에도 일단은 남에게 베푸는 선택을 한 뒤에 후회할 가능성이 더욱 높다고 생각한다.

송○○: 주인공이 애초에 고양이에 대해서 부정적인 인식을 가지고 있었기 때문에 음식을 줄 때도 어쩔 수 없다는 듯이 행동했을 것이고, 불만이 쌓이게 되어 결과는 같았을 것이라고 생각한다. 남에게 베푸는 것이 옳은지는 상황에 따라서 다를 것이라고 생각한다.

〈 주제 3〉
주인공의 시점에서 바라보는 것과 객관적인 3자의 입장에서 바라보는 생각이 다를 수 있다. 그러면 우리는 이기적인 사람을 비판할 수 있을까?

최○○: 극단적인 상황에 치달았을 때에는 모두가 자신의 생존을 추구할 것이기 때문에 이기적인 사람을 비판할 수 없다. 그러나 안전한 사회가 있고, 타인의 권리를 침해하지 않고도 자신의 목표를 이룰 수 있는 능력이 있는 와중에도 이기적으로 행동하는 사람이 있다면 그 사람은 비판받아 마땅하다.

김○○: 우리가 타인의 희생을 숭고하다고 평가하는 것 또한 평소에 나 자신의 가치를 가장 높게 평가하는 우리의 이기심에서 비롯되는 것이고, 그러한 희생을 한 사람 또한 자신이 중요히 여기는 가치를 위해서 희생한 것일 뿐이다. 이와 같이 인간의 본성은 이기적이므로, 이기적인 사람에 대한 비판은 의미가 없다고 생각한다.

이○○: 주인공의 시점으로 봐도, 객관적인 3자의 시점으로 보아도 주인공
의 행동은 옳다고 생각한다. 또한 우리 자신도 이기적인 사람이기 때문에
타인의 이기심을 비판할 수 없다고 생각한다.

송○○: 우리의 모든 행위는 결국 자신이 최우선으로 생각하는 가치를 이루
기 위한 것이므로 다른 누군가를 이기적이라고 비판하기는 힘들다고 생각
한다.

| 내 생각의 변화 (전후 내용 합쳐서 10줄 이상 반드시 작성) | 토의 토론 전 | 〈빨간 고양이〉에서 작가가 인간의 이기심을 비판하고 있다는 것을 알고 있었고, 이기심이라는 것은 곧 인간의 생존 본능으로부터 생겨난 것으로, 인간의 내면 속 깊은 근원을 이루고 있어서 그로부터 완벽히 벗어날 수는 없다고 생각했다. 하지만 인간은 사회적 동물로서 다른 인간들과 사회적 관계를 맺고 살아가므로, 충돌을 막기 위해서는 서로의 이기심을 억누르고, 이타적인 선행을 해야 한다. 따라서 사회 안에서 우리는 우리의 이기심을 서로 판단하고 이기적이지 않게 행동하려고 노력하는 도덕적인 모습을 보일 수 있지만, 사회가 없는 불안정한 상황이라면 이러한 이기심의 옳고 그름을 판단할 수 없다고 생각했다. |
| | 토의 토론 후 | 〈빨간 고양이〉에서 작가가 나이가 어린 주인공을 화자로 내세워서 주인공이 고양이에 대한 적개심과 이기심을 그럴듯한 이유를 통해 합리화하는 모습을 독자들에게 자연스럽게 감정 이입할 수 있도록 유도했다는 관점이 신선하다고 생각했고, 이러한 것을 통해서 그동안 후회하고 있었던 나의 어린 시절의 이기적인 행동들을 객관적으로 다시 한 번 돌아볼 수 있어서 좋은 기분이 들었다. 또한 이를 친구들과 토론해봄으로써 우리의 모든 생각이 기본적으로 약간의 이기심으로부터 비롯된다는 것을 다시 한 번 절실히 느끼게 되었다. 또한 이기심에 대한 나의 관점이 객관적이라는 생각을 갖고 있었으나, 친구들의 반론과 다른 견해를 통해서 나의 생각이 과연 옳은 것이었는지 생각하게 되었고, 이기심과 다른 마음을 본질적으로 구분할 수 없다는 생각을 가지게 되었다. |

갈등과 평화, 그리고 세계시민의식

국제분쟁, 협상, 인간과 자연

통합사회+국어+통합과학실험

글 정은경

수업 참여 교사 유선화(통합사회) + 정은경(국어) + 이경아(통합과학실험)

씨앗에서
숲으로

주제통합수업의 주체로 우뚝 서다!

2018년 1학기에 2학년 아이들과 함께한 주제통합수업의 진행 과정을 옆에서 흥미롭게 지켜본 동료들이 있었다. 그중 과감하게 용기를 낸 3학년 교과 담당 교사들은 1학기를 마무리하기 전, '1코노미, 자발적 고립'을 다룬 주제통합수업을 짧게 시도하기도 했다. 1인 가구가 늘면서 자발적인 고립을 선택한 현대인들의 특성을 이해하고 가치관의 차이에 따른 갈등을 방지하며, 다양한 문화적 환경과 사회에 대한 이해를 통해 사회 변화를 예측하고 그 변화에 대응할 수 있는 역량을 키운다는 목표 아래 설계된 수업이었는데, 여기에 아주 특별한 제목도 붙였다. 이름하여 '사소한 용기' 프로젝트. 무엇이든 혼자 하기를 선호하는 문화적 트렌드를 이해하고 대응력을 키우

295

는 수업이었다. 독서와문법 시간에는 '1코노미'에 대한 배경지식을 이해하고 미래 사회의 경제·사회 구조를 고려해 창업 아이디어를 제안하는 수업으로 설계하고, 이에 보조를 맞춰 심화영어 시간에는 다양한 테마의 1인 여행 계획을 세우고 외국인을 대상으로 하는 홍보 팸플릿을 만들어 실제로 여행사 한 곳에 자신들의 아이템을 제안하기도 했다.

 1학기에 진행된 이 두 가지 주제통합수업의 성과와 보완점을 바탕으로, 본격적으로 1학년 대상의 새로운 주제통합수업을 구상하기 시작한 것은 여름방학이 시작되기 전이었다. C고등학교의 주제통합수업이 본격적으로 출발하는 순간이기도 했다. 사실 교사들은 1학기부터 전문적학습공동체를 구성하여《교육과정 통합, 어떻게 할 것인가? – 수행평가를 중심으로 교육과정 통합하기》(성열관 외)를 함께 읽으며 이론적인 배경을 이해하고자 노력하는 시간도 가졌다. 이후에는 필요에 따라 I-SCREAM 원격교육연수원에서 진행하는 'KOICA와 함께하는 세계시민교육'(30시간)을 수강하기도 했다. C고등학교의 '세계시민의식 함양'이라는 주제에 걸맞은 수업을 설계하는 데 필요한 심도 있는 내용을 채우기 위해서였다.

 사전 연수를 통해 주제통합수업에 대한 공감대를 탄탄하게 마련한 뒤, 2학기 교육과정 중 각 교과의 핵심 내용 요소를 정리하고, 그중 공통 주제를 뽑아 교과별로 다양하게 아이들의 사고력을 향상시킬 수 있는 텍스트를 선별하기로 했다. 우선 각 교과서를 중심으

표1 교과별로 무작위 추출한 수업 내용 요소(통합사회, 국어, 통합과학실험의 경우)

통합사회	국어	통합과학실험
시장경제	공감적 소통	화석연료
자본주의	행복의 가치	지구온난화
합리적 선택	이상적인 공동체의 모습	대기오염
무역	공동체가 추구해야 하는 가치	환경
기업가 정신	개발을 통한 발전과 행복의 기초	지속가능한 발전
금융 설계	매체의 사회적 기능과 역할, 사회적 책임	친환경 에너지
국제 분업	소셜네트워크의 사회적 기능과 역할	
자산관리	TV 시사 프로그램의 사회적 역할과 책임	
생애 주기별 금융 생활	저작권	
정의의 의미	예술과 사회 참여	
정의관	문학의 사회적 기능과 공동체의 결속	
사회 및 공간 불평등	성평등	
사익과 공익	여성의 사회적 지위와 역할	
사회 계층의 양극화	남성 우월주의와 권위주의	
사회적 약자	페미니즘	
사회복지제도	다문화	
지역 격차 완화 정책	문화 상대주의	
문화권	논리적 자기표현	
문화 변동	인터넷상의 올바른 소통	
문화 상대주의	외래어의 사용과 국제화	
보편 윤리	갈등과 협상	
다문화 사회	국제 협상과 국가 간 분쟁	
문화의 다양성	고령화 사회와 가족공동체	
세계화	잊힐 권리 & 알 권리	
국제사회의 행위 주체	함께하는 성장	
평화		
인구 문제		
지속가능한 발전		
미래 삶의 방향		
저출산·고령화		

로 수업에서 다룰 수 있는 다양한 주제 키워드를 무작위로 선별했다(표1). 각 교과서의 목차를 점검하며 '세계시민의식'과 조금이라도 연관되는 주제를 있는 대로 뽑아냈고, 그중에서 각 교과가 연결할 수 있는 주제들을 거미줄처럼 다양하게 엮어보기로 했다. 교사들 중에는 국가교육과정정보센터(http://www.ncic.re.kr)의 '교육과정자료실'을 참고해 조사하기도 했다.

수업에서 다룰 수 있는 다양한 내용 요소들을 모아놓고 보니, 교과들 간에 함께 수업을 설계할 수 있는 요소들이 한눈에 들어왔다. 그리고 그 안에는 모든 교과에서 함께 다룰 수 있는 공동 주제도 있었지만, 2~3개의 교과에서 다룰 수 있는 주제들도 많이 눈에 띄었다. 특히 '환경'과 같은 주제는 흔히 자연적 환경을 먼저 생각하게 되지만, 사회문화적 환경이나 경제적 환경의 문제로도 접근할 수 있을 것 같았다. 또 사회문화적 환경에서 파생될 수 있는 '다문화' 같은 주제는, 다문화를 다룬 문학작품을 통한 접근도 있을 수 있겠지만, 제2외국어 시간을 통해 유사성과 다양성이 공존하는 동양 2국(중국과 일본)의 문화를 비교하며 접근할 수도 있겠고, 특정한 분야에 한정하여 세계의 다양한 문화를 이해하는 시간으로 설계할 수도 있을 것 같았다. 이를테면 만약 음식 문화로 분야를 한정한다면, 음식에 담겨 있는 다양한 사회문화적·역사적 접근을 통해 해당 음식 문화를 이해하고, 이를 미술 시간에 조형물로 형상화할 수도 있을 것이다. 이렇게 그야말로 다양한 수업 아이디어들이 쏟아져나왔다.

긴 논의 끝에 2학년은 '환경'을 주제로 한 수업*을, 1학년은 '갈등과 평화'를 주제로 한 수업을 진행하기로 하고, 이후에는 함께 수업을 하는 교과끼리 따로 모여 수시로 수업 설계를 위한 협의를 진행하기로 했다.

─────── * 이 글에서는 다루지 못했으나, 2학기 때의 2학년 주제통합수업은 '다양한 환경'이라는 주제로 다음과 같이 진행했다. 국어과의 고전 교과에서는 《침묵의 봄》(레이첼 카슨)과 《희망의 밥상》(제인 구달) 텍스트를 대상으로 인간의 생활환경과 자연환경을 다룬 수업을 진행했고, 수학과의 기하와벡터 교과에서는 '경제적 환경과 환율의 변동'을 주제로 환율의 변동이 우리 경제에 시사하는 바를 다루었다. 그리고 제2외국어 교과에서는 '문화적 환경-음식 문화'를 주제로 중국과 일본의 음식 문화를 체험하고, 음식점에서 주로 사용하는 문장을 학습하기도 했다. 보건 교과도 이에 동참했는데, '미디어 환경과 성문화'를 주제로 미디어 리터러시를 활용한 상업광고인 피임 광고가 주는 메시지를 식별하는 수업을 진행했다. 어떤 주제를 수업 대상으로 삼을 것인가에 따라 함께 수업을 구상할 수 있는 교과의 폭을 다양하게 할 수 있고, 다양한 교과가 참여할수록 아이들이 하나의 주제에 접근할 수 있는 방법도 그만큼 다양화되는 만큼, 같은 주제를 반복해서 다룬다는 인상을 주지 않도록 세심하게 수업을 설계하는 일이 중요할 것이다.

무엇을 어떻게
가르칠까?

갈등과 대립을 넘어 '평화'로

1학년은 10월 말부터 11월까지 '갈등과 평화'를 주제로 국어, 통합사회, 통합과학실험 등 세 교과에서 진행하기로 했다. 인간이 살아가면서 서로가 원하는 것이 충돌해 갈등을 겪는 상황에서 자신의 이익만 추구한다면 문제는 더욱 악화될 것이며, 이에 현대 사회에서는 갈등의 원인과 현재의 상황, 문제의 심각성을 명확하게 인지하고 문제를 해결하기 위해 상호 협력적 태도로 현명하게 대처하는 자세가 요구된다고 생각했다. 따라서 다양한 갈등 상황과 바람직한 협상에 대해 학습하고 이를 바탕으로 합리적인 의사결정 능력을 기르는 데 중점을 두는 것을 목표로, '다양한 갈등, 그리고 협상으로 완성되는 평화'라는 수업을 설계했다.

수업에는 통합사회 교과 2명, 국어 교과 3명, 그리고 통합과학실험을 담당하는 화학과 1명 등 총 6명의 교사가 참여했다. 하지만 실제 수업 협의는 통합사회 유선화 선생님과 통합과학실험 이경아 선생님, 그리고 내가 주로 진행한 뒤, 각 교과별 협의에서 의견을 공유하고 그곳에서 새로 제시된 아이디어를 대표 교사들이 다시 만나 협의해 결정하는 방식으로 진행했다. 6명의 교사가 한자리에 모이기는 쉽지 않지만 개별 교과끼리 모이는 것은 상대적으로 수월하기도 했고, 실제 수업 아이디어를 내고 수업을 이끌어가는 교사들이 자주 만나 협의를 하는 것도 효율성을 높이는 방법이기도 했다.

이 수업에 앞서 국어 교과의 2학기 독서 계획안에 다양한 갈등과 협상의 문제를 다룬 도서 목록을 포함시켜 아이들에게 제시하고, 주제통합수업 전에 자신이 선택한 책 한 권을 모두 읽은 상태에서 수업을 진행하기로 했다.[*] 책이라는 긴 호흡의 맥락을 통해 갈등의 상황을 자세히 읽을 수 있는 기회를 먼저 제공하는 것이 좋을 것 같았기 때문이다. 그런데 이 도서 목록에 어떤 책을 포함시킬 것인가에 대한 고민이 있었다. 갈등의 상황과 해결의 범주가 개인의 차원에서 이루어질 수도 있겠지만, 주로 공동체에 속한 개인과 공동체와의 갈등, 공동체 간의 갈등을 다루는 것으로 수업 논의를 시작했기 때문이다. 그래서 도서 목록에도 공동체와 평화에 대한 고민을 담고 있는 책이 필요했다. 그리하여 아이들에게 다음과 같은 목록을 제시했다.

《나에게 품이란 무엇일까?('길담서원 청소년인문학교실' 시리즈)》(윤구병 외, 철수와영희, 2014)

《세상을 바꾸는 힘('길담서원 청소년인문학교실' 시리즈)》(하승창 외, 궁리, 2015)

《시민의 교양》(채사장, 웨일북, 2015)

《집으로 가는 길》(이스마엘 베아, 북스코프, 2014)

《연을 쫓는 아이》(할레드 호세이니, 현대문학, 2010)

《괴물이 우리를 삼키기 전에》(게르트 슈나이더, 돌베개, 2013)

《타인의 고통》(수전 손택, 이후, 2004)

《순이 삼촌》(현기영, 창비, 2015)

《체르노빌의 아이들》(히로세 다카시, 프로메테우스, 2011)

───── * 국어 시간에 아이들은 이 주제통합수업의 주제인 '갈등과 평화'를 비롯해 '다문화', '진로' 등 3개의 주제별로 각 한 권씩, 한 학기에 총 3권의 책을 읽게 되었다. '한 학기 한 권 읽기'를 확대해 실시한 것으로, 이를 위해 주당 4차시의 국어 수업 중 1시간을 독서 시간으로 배정했다. 그리고 아이들은 이 시간을 활용해 책을 읽으면서 가장 중요하다고 생각하거나 가장 인상 깊게 읽었던 부분을 따로 뽑아내어 정리하는 초서법(抄書法)을 활용했고, 이를 국어 교과의 수행평가에 반영했다. 초서법이란 다산 정약용의 독서법으로 유명한데, 책을 읽으면서 핵심이 되는 내용을 뽑아 따로 정리하는 방법이다. 간략한 양식을 만들어 매주 1시간씩 자신이 선택한 책을 읽고, 수업이 끝나기 전 여기에 자신의 생각과 이유를 덧붙이도록 했다. 이렇게 국어 시간에 초서법으로 정리한 내용을 활용해 통합사회 시간에 '갈등과 평화'를 주제로 고른 책을 대상으로 서평쓰기 수행평가를 실시했다. 그러다 보니 아이들은 2개 교과에서 따로 책을 읽는 수고로움을 덜고, 자신이 읽은 책을 바탕으로 여러 교과에서 다양한 방식의 수행평가에 활용함으로써 평가에 대한 부담을 덜 수 있었다.

세계와 평화, 소통과 협상, 도시와 환경

먼저 통합사회 교과에서는 "세계와 평화" 단원을 통해 현재 지구상에서 일어나고 있거나 과거에 있었던 국제분쟁 8가지를 학습하고, 그 쟁점과 원인, 현재의 해결 노력 상황들을 파악하기로 했다. 그리고 이를 바탕으로 국어 교과에서는 8단원 "문제 해결의 지름길, 소통" 중 '갈등을 해결하는 협상' 단원을 통해, 협상의 구체적인 방법과 실제 단계 등을 이해하고, 교과서 학습활동에 제시된 갈등 상황을 소재로 모의협상을 위한 사전 연습을 시도해보기로 했다. 그리고 이후 국제분쟁 8가지 중 모둠별로 한 가지씩을 선정하여 실제 모의협상을 진행한 뒤, 구체적인 협정서를 작성하고 발표하는 활동까지 수업으로 설계했다.

"평가와 지식 전달 위주의 수업을 지양하고 세상을 올바르게 바라볼 수 있는 눈을 기르는 수업을 항상 바랐는데, 통합사회는 이러한 수업을 하기에 아주 적합한 교과라고 생각합니다. 2학기 들어 주제통합수업을 구상하는 전문적학습공동체 활동과 유네스코학교로서의 세계시민교육이 연결된 의미 있는 수업이 되길 바라는 기대가 있었지요. 특히 국제분쟁을 다루는 단원을 수업할 때면 늘 국제적 갈등 상황이 강대국과 약소국 사이의 선악 구도로 아이들에게 인식되는 경우가 대부분이었어요. 그런데 막상 입장을 바꿔 생각해보면, 그러니까 그 상황이 막상 우리나라라면? 내가 그 분쟁국의 국민이라면? 그럴 때 우리는 과연 어떤 선택을 할 수 있을까? 하는 고민에 빠지게 되는 거예요. 그래서 아이들에게도 서로 다른 입장을 이해하고 복잡한 이해관계를 넓게 볼 수 있는 안목을 길러주고 싶었죠. 그래서 이번 주제통합수업을 통해 국어과의 '협상' 관련 단원과 연계한다면, 비록 가상의 협상이지만 발전적·발산적 사고로 이어질 수 있겠다는 기대가 있었어요. 국어 시간에 시도하는 모의협상 과정을 통해 내가 원했던 부분이 수업에 꼭 반영되었으면 했지요."(통합사회 교사, 유선화)

주제통합수업 일정이 다가오면서 실제 수업에 소요될 시간과 아이들에게 제시해줄 갈등 사례에 대해 더 구체적으로 고민하게 되었는데, 통합사회 시간에 다룰 국제분쟁 사례 8가지가 너무 많다는 의견이 제기되었다. 특히 갈등의 상황이 복잡한 사례를 접할수록 그런 의견에 더욱 공감하게 되었다. 그리하여 최근까지 벌어졌거나 현재까지도 해결되지 못하고 있는 사례, 우리나라 상황과 무관하지 않은 사례를 중심으로 다음과 같이 6가지만 제시하기로 최종 결정했다.

(1) 팔레스타인 분쟁: 제1차 세계대전 이후 팔레스타인 지방을 둘러싸고 아랍계 무슬림과 유대인 간의 영토 분쟁이 종교와 인종 갈등으로 확대된 분쟁. 종교와 인종 문제를 심층적으로 탐구할 수 있는 갈

등이다.

(2) 카슈미르 분쟁: 영국의 식민통치가 끝나면서 인도와 파키스탄 간의 정치적 알력과 종교적 갈등으로 인해 발생한 분쟁. 동남아 지역의 정치와 종교 문제를 살펴볼 수 있는 갈등이다.

(3) 난사 군도 분쟁: 난사 군도를 둘러싸고 남중국해에 인접한 중국과 대만, 말레이시아, 브루나이, 베트남, 필리핀 간에 벌어진 영유권 분쟁.

(4) 쿠르드족 분리운동: 제1차 세계대전 직후 패전국인 오스만제국의 분할을 위해 독립국가 창설을 승인받은 쿠르드족이 터키의 반발로 국제적으로 비준되지 못한 채 소련령 카프카스, 아르메니아, 그루지야(조지아), 아제르바이잔, 시리아 등으로 분할된 상태가 지속되자 각지에서 쿠르드족이 벌이는 독립운동.

(5) 메콩강 물 분쟁: 메콩강 유역국 중 하나인 중국이 메콩강의 수자원을 개발하기 위해 메콩강 상류의 란창강에 댐과 수력발전소를 건설하는 '란창강 수력개발 프로젝트'를 시행하면서 태국과 베트남, 라오스 등과 벌이는 물 분쟁.

(6) 카탈루냐 독립운동: 2017년 10월 스페인으로부터 하나의 '국가(nation)'로서의 지위, 즉 스페인으로부터의 '분리독립'을 요구하는 카탈루냐와 스페인 정부 간의 갈등.

이 6가지 사례는 각기 세계 다양한 지역에서 현재까지도 지속되는 갈등으로서, 통합사회 교과에서는 각각의 갈등을 다루는 데 그

표2 1학년 '갈등과 평화' 주제통합수업 흐름

	1차시	2차시	3차시	4차시	5차시	6차시	
통합 사회	교과서 개괄 수업	팔레스타인 분쟁	카슈미르 분쟁	난사 군도 분쟁	쿠르드족 분리운동	메콩강 물 분쟁	
국어				독서 수행평가 (초서법)	수행평가 안내 및 3인 1모둠 구성	협상의 방법, 단계	
통합 과학 실험							

치지 않고 갈등의 원인과 전개 과정, 갈등 당사자들의 입장을 폭넓게 살펴보는 수업을 진행하기로 했다. 교과서에는 이 분쟁들의 상황이 너무 간단히만 언급되어 있었기 때문에, 교사가 관련 영상과 읽기 자료를 준비하고, 더 깊은 이해를 원하는 아이들을 위해 추가 보충자료까지 준비하기로 했다.

그리고 국어 교과의 경우, 수업 내용이 교과서 단원으로 나오는 부분이라 교과서를 충분히 활용한 수업으로 설계했다. 특히 교과서 학습활동은 본격적인 모의협상에 들어가기 전의 사전 준비용으

7차시	8차시	9차시	10차시	11차시	12차시	13차시
카탈루냐 독립운동	수행평가 (국제분쟁 내용 이해)					
협상에 임하는 태도, 협정서 작성 방식	협상 & 협정서 작성 연습	(모둠활동1) 분쟁 선택, 상황 분석	(모둠활동2) 분쟁 당사자 입장 정리	(모둠활동3) 모의협상 & 협정서 작성	(모둠활동4) 모둠별 발표	
					친환경 에너지 도시의 특징 정리 (보고서)	기피혐오 시설 활용 방법 & 친환경 도시 설계와 평가

로 매우 훌륭하게 구성되어 있었다. 그래서 협상의 과정 및 단계에 대한 이론 학습과 사전 연습은 교과서를 활용하기로 하고, 실제 모둠별 모의협상을 위한 수행평가 학습지만 별도로 준비하기로 했다. 교과서에는 협상의 필요성과 개념, 협상의 사례, 목적, 단계, 협상에 임하는 태도, 협상의 전략 등 실제 협상에서 필요한 요소를 간략하게 정리하여 소개하는 내용과, 실제 2002년 한일월드컵 개최 문제를 놓고 한국과 일본과 FIFA가 어떤 과정을 거쳐 공동 개최라는 협상 결과에 도달하게 되었는지를 단계적으로 서술한 설명문이 실려

있었다. 다소 먼 과거의 사례이긴 하지만, 이론 수업에 활용하기엔 적절한 내용이었다.

통합사회 시간에 6가지 국제분쟁 사례를 하나하나 학습하고 있을 무렵 국어 시간에는 교과서를 통해 협상에 대한 이론 수업을 전개하고, 통합사회 교과 수업이 끝날 무렵에는 국어 교과서 학습활동에 실린 가상의 상황으로 협상 연습을 한 뒤 협정서까지 작성하는 수업을 진행하기로 했다. 그리고 이 모든 수업이 마무리되고 난 뒤에, 통합과학실험 수업에서는 세계적으로 문제가 되고 있는 환경 문제를 다루면서 현재 도시 내 환경의 갈등 상황과 해결방안을 모색하는 수업을 진행하기로 했다.

사실 처음 주제통합수업을 설계할 때는, 통합과학 교과가 함께 참여한다면 아이들이 더욱 다양한 관점에서 접근할 수 있는 기회가 되겠다고 생각했다. 하지만 여건상 통합과학 교과가 참여하기 어려운 상황이 되면서 통합과학실험 수업이 함께하게 되었다. 주 1회 수업이라 설계가 쉽진 않았지만, 그 2시간 동안만이라도 아이들이 다른 시각에서 갈등의 문제에 접근할 수 있게 된 것이 다행스럽기도 했다.

이렇게 이 모든 과정이 톱니바퀴처럼 맞물려 진행돼야 했으므로, 철저한 진도 계획을 순차적으로 긴밀하게 세워야 했다. 그리고 이를 바탕으로 지속적으로 다른 교과의 학급별 진도와 수업 내용을 확인하면서 자기 교과의 진도를 조절하는 것이 중요했다. 그리하여

'갈등과 평화'를 주제로 한 세 과목 연계 주제통합수업은 표2와 같이 구상할 수 있었다. 그리고 아이들에게도 수업 진행 과정과 수행 평가에 대한 안내문을 제공하고, 교사들에게는 수업 공개 일정을 안내했다.

수업
속으로

통합사회 수업 참관기, 세계의 분쟁 지역을 가다

국어 시간에 시작한 독서수업은 생각보다 순조롭게 진행되었다. 1학기 때부터 꾸준히 진행해온 데다가 8월 개학 후 바로 '다문화' 관련 독서를 1차로 마친 상태였기 때문이다. 그리고 2학기의 두 번째 주제 독서인 '갈등과 평화'는 특히 통합사회 교과에서 시행한 서평 쓰기 수행평가에도 많이 활용되었다. 아이들이 대체로 많이 선택했던 책은 체르노빌 방사능 누출 사고를 소설 형식으로 재구성한《체르노빌의 아이들》과, 전쟁의 참상을 고발하는《괴물이 우리를 삼키기 전에》였다. 지금까지도 가장 큰 상처로 남아 있으면서 사회적 갈등이 되는 것이 원자력발전소 사고와 전쟁이다. 가장 대표적인 갈등의 사례를 보여주는 것인 만큼, 이번 주제통합수업에 적합한 도

표3 통합사회 수업계획서

차시	개요	수업의 세부 내용 및 방법	수업 자료
1	수업 개괄 및 안내	• 세계화가 우리 삶에 미치고 있는 영향 • 앞으로 다룰 6가지 국제분쟁 개괄, 소개	PPT
2	분쟁 사례 1	• 팔레스타인 분쟁	영상, 학습지
3	분쟁 사례 2	• 카슈미르 분쟁	영상, 학습지
4	분쟁 사례 3	• 난사 군도 분쟁	영상, 학습지
5	분쟁 사례 4	• 쿠르드족 분리운동	영상, 학습지
6	분쟁 사례 5	• 메콩강 물 분쟁	영상, 학습지
7	분쟁 사례 6	• 카탈루냐 독립운동	영상, 학습지
8	수행평가	• 국제분쟁 내용에 대한 이해 평가	

서이기도 했다. '길담서원 청소년인문학교실' 시리즈 중 하나인《세상을 바꾸는 힘》도 많이 선택했는데, 갈등의 원인으로 권력을 무시할 수 없는 만큼 갈등의 원인과 해결방안에 접근하는 데 도움이 될 만한 도서였다.

　국어 교과에서 두 번째 초서법 수행평가를 마칠 무렵, 통합사회 시간에는 이미 국제분쟁을 대상으로 한 수업이 한창 진행 중이었다. '세계화가 우리의 삶에 미치고 있는 영향'이라는 측면에서 세계의 다양한 갈등과 분쟁을 학습하고, 그 평화적 해결 방법을 찾아가는 과정으로서 국제사회의 협력과 세계시민의식의 필요성을 이해하며, 세계시민으로서 평화를 존중하는 자세를 기를 수 있도록 하는 데 수업의 목표를 두고 총 8차시로 진행되었다(표3).

311

통합사회 교과의 첫 수업시간.

"앞으로 국어와 통합사회가 함께 수업을 할 것이다. 통합사회에서 하는 평가는 정답이 없다. 다양한 입장에 대해 고민하고 자신만의 생각으로 표현하면 된다. 그리고 이렇게 수업한 내용을 그대로 옮겨가서 국어 시간에 협상을 하고 협정서를 작성한다. 다만 수업시간 외에 자료를 추가로 조사하는 수고는 들이지 않아도 된다. 그리고 평가도 모두 수업시간 안에서 이루어질 것이다."

이렇게 통합사회 교사가 앞으로의 진행 과정을 자세히 전달하고 질문을 받기 시작했을 때, 1학년 학급 중 가장 부정적이고 냉소적이어서 수업하기 어렵다고 소문났던 바로 그 반에서의 반응.

"와 재미있겠다. 나 이런 거 좋아."

그래서 되물었다.

"이런 게 뭔데?"

"수업이요. 내가 직접 하는 거요."

참 짧은 대답이었지만, 아이들이 주체가 되어 참여하고 자신만의 생각을 표현하는 수업을 반가워해주다니! 통합사회 담당 교사였던 유선화 선생님은 이 말을 듣고 정말 기뻤다고 한다. 사실 자신의 생각을 길게 써야 하는 평가 방식이라 아이들이 부담을 가질까봐 걱정했었는데, 아이들은 글로 쓰는 것 자체를 정말 싫어한다고 생각했었는데, 억지가 아닌 자신의 생각을 쓰는 것이라면 부담을 적게 갖는구나 하는 생각이 들어 고맙기까지 하다고 했다.

이후 총 6차시에 걸쳐 진행된 내용 수업은 각 분쟁 사례에 대하여 교사가 제시하는 영상과 뉴스를 보는 것으로 시작했다. 그리고 분쟁의 양상과 원인, 평화적 해결방안, 국제사회의 노력에 대한 교사의 설명이 이어졌다. 사실 통합사회 수업은 6차시 동안의 내용을 어떤 분쟁으로 구성하느냐가 최대 관건이었고, 관련 영상을 구하는 것은 그리 어렵지 않았다. 다만 해당 분쟁에 대한 아이들의 관심과 이해 정도가 달랐고, 또 국어과에서 집중적으로 한 가지 분쟁 사례를 선택해 깊이 있는 이해를 해야 했으므로 통합사회 시간에는 최대한 분쟁에 관한 정보를 제공하는 데 주력했다.

매 시간 작성하는 학습지는 수행평가에 지속적으로 반영되었고, 아이들은 통합사회 시간에 배운 내용이 국어 수행평가와도 밀접하다는 점을 염두에 두어서였는지 수업에 임하는 태도가 진지했고 수업 내용에 대한 집중도도 높아 보였다. 특히 국제분쟁 사례의 세부 내용에 대해 강의식 수업을 할 때는 아이들의 질문이 거의 없었으나, 각 나라의 입장에 따라 서로 다르게 생각해보자는 활동 수업을 진행할 때는 질문이 쏟아져 나왔다.

"쿠르드족을 저렇게 많은 나라로 갈라져서 살게 한 강대국들은 지금 쿠르드족을 위해 어떤 노력을 하고 있나요?"

"카탈루냐 독립을 주도했던 세력들은 지금 어디서 무엇을 하고 있나요?"

"스페인이나 베트남의 경제 발전이 우리나라와 밀접한 연관이 있을까요?"

"중국은 지금도 강대국이고 넓은 국토도 가지고 있는데, 도대체 동아시아나 동남아시아 국가들과 왜 저렇게 많은 갈등을 일으키고 있는 건가요?"

심지어는 수업을 참관하고 있는 나에게, 내년에 중국어를 선택하면 중국의 일대일로(一帶一路) 정책을 배워서 저런 동아시아 정세를 자세히 이해하는 데 도움이 되느냐는 질문까지 하기도 했다. 세계의 분쟁이 지금 당장 자신의 이해관계와 직접적인 연관이 없다고 하더라도, 자신들이 앞으로 나아가게 될 세상의 한 부분이라는 점을 아이들이 깨닫고 있는 현장을 함께한 순간이었다.

"처음 여러 교과가 연결된 수업을 할 것이라고 했을 때 많은 아이들이 당황해했어요. 그러나 수업 전체의 흐름과 평가 내용에 대해 한 시간 동안 설명하고 안내하고 나니 아이들도 불안감을 가라앉힐 수 있었던 것 같아요. 저 역시 교사가 일방적으로 설계하고 끌어가는 수업이 아니길 바랐기 때문에 수업 안내에 더 공을 들였던 거고요."(통합사회 교사, 유선화)

갈등을 해결하는 협상의 달인이 되자!

아이들이 통합사회 시간에 세계의 분쟁에 관해 학습하고 있을 무렵, 국어 시간에는 교과서의 '갈등을 해결하는 협상' 단원을 배우고 있었다. 협상의 중요성과 과정, 구체적 협상 단계, 협상에 임하는 태도, 구체적인 갈등 상황에서의 협상 사례 등을 이해하는 학습은 주로 PPT를 통한 교사의 강의로 이루어졌다. 이어서 교과서 학습활동을 통해, 일상에서 일어날 수 있는 소소한 갈등 사례를 대상으로 간단한 협상 과정을 거쳐 협정서를 체결하는 연습을 했다. 이렇게 총 9차시에 걸쳐 수업이 진행되었다(표4).

표4 국어 수업계획서

차시	개요	수업의 세부 내용 및 방법	수업 자료
1	독서 수행평가 (초서법)	• '갈등과 평화'를 주제로 한 독서 수행 평가	초서법 평가지
2~5	협상 이론 학습	• 협상의 단계, 협상에 임하는 태도, 협상 사례 등 강의	PPT
6	모둠활동을 하며 개별학습지 작성	• 통합사회 시간에 다룬 내용을 바탕으로 한 모둠활동을 하며 개별학습지 작성	개별학습지
7	모의협상, 협상문 작성	• 모둠원별 1인 1역을 맡아 모의협상 진행 • 협상문 작성(1장)	개별학습지 4절지 색연필
8	갈등 해결을 위한 각국의 입장문 작성	• 자신이 맡은 역할에 따라 입장문 작성	개별입장문
9	협상문 발표	• 모둠별 발표 • 자기 영역은 숙지하여 메모를 보지 않고 발표 • 평가 항목: 속도, 발음, 성량/몸짓과 표정/소통과 전달력	영상, 협상문

교과서에 실린 두 가지 갈등 사례는 아주 간단했으나 아이들은 매우 진지했다. 하나는 고등학교 밴드부와 연극부가 동아리 발표회를 준비하는 과정에서 연습 공간을 두고 벌어진 갈등이었고, 다른 하나는 둘레길 조성을 둘러싸고 ○○시와 마을 주민들 간에 벌어진 갈등이었다. 두 가지 중 하나의 사례를 선택한 뒤, 짝꿍과 각각 갈등 당사자의 역할을 맡아 역할극으로 진행했다. 의외로 아이들은 감정 이입을 충실하게 하여, 마치 자신이 갈등의 당사자인 양 목소리도 높이고 삿대질까지 해가며 역할에 몰입했다. 이때 수업을 참관했던 한 교사는 수업 공개를 위해 아이들이 미리 연습을 한 것인지 묻기도 했다. 하지만 1학기 때부터 교실 뒷문을 열어놓고 수시로 서로의 수업을 참관했던 교사들을 아이들도 이제는 친근하게 느끼며 그다지 불편하게 생각하지 않는 것 같았다. 그래서인지 역할극은 더욱 자연스럽게 이루어졌고, 참관하는 교사들의 감탄에 용기를 얻었는지 아이들은 더욱 역할극에 몰입하는 모습을 보였다. 귀엽기가 이루 말할 수 없었다.

하지만 본격적인 모의협상에 들어서자 아이들은 진지한 모습으로 돌변했다. 앞서 수업했던 협상의 과정과 수업 진행 과정을 늘 상기시키기 위하여 관련 PPT를 늘상 모니터에 띄워놓았는데, 아이들은 이 과정을 스스로 확인하며 해당 시간에 자신들이 해야 할 활동과 자신의 역할에 충실하였다.

먼저 3명으로 구성된 모둠을 만들어 각 모둠에서 다룰 분쟁 사례

'갈등과 평화'의 수업 단계와 모둠별 모의협상 모습

수행평가 ➜ 주제 : 갈등을 해결하는 협상, 그리고 평화

모둠 정하기	학습지 작성 (1차시)	모의 협상 (2차시)	입장문 작성 (3차시)	발표 (4차시)
3인 1모둠 통합사회 시간에 다룬 내용 (6개) 중 택 1	문제상황 분석 ➜ 관계자 입장 분석 ➜ 관계자 요구 정리 ➜ 역할 정하기 ➜ 상대 요구에 대한 대응 방안 마련	UN 대표 사회 문제상황 분석 ➜ 각국 & UN 입장 ➜ 각국 요구에 따른 논의 (20분 이상) ➜ 합의사항 정리 협정서 작성	개인별 협상 결과 정리 ➜ 자신의 역할에 따라 각국의 입 장을 표현한 각국 입장문 작성 (A4 1장)	모둠별 총8분 이내 협상 개괄 ➜당사국 ➜상대국 ➜UN ➜협상결과 보지 않고 해당국 대표로서 발표

를 선정했다. 이를 위해 통합사회 시간에 받은 자료와 자신이 작성한 학습지를 미리 준비할 수 있도록 안내했다. 모둠의 구성도 사전에 완료했다. 모둠에서 너무 강하게 의견을 제시하는 학생이 있을 경우 혹시라도 그 학생이 이끄는 대로 다른 모둠원들이 따라가기만할 것을 우려해, 먼저 교사가 다른 구성원들의 의견을 존중할 수 있는 학생으로 모둠장들을 선정한다. 그리고 각 모둠장들이 러닝메이트로 한 사람씩을 선택하게 한 뒤, 남은 아이들은 구성된 모둠을 보고 스스로 모둠을 선택하게 했다.

그리고 모둠장의 리드 아래, 모둠에서 다룰 주제를 하나하나 검토한 뒤 주제를 선정했다. 사실 분쟁의 상황이 복잡하고 다양한 국가가 얽혀 있는 경우 아이들이 기피할 것이라 예상했지만, 의외로다양한 분쟁을 선택함으로써 최소한 한 학급에서 4가지 이상의 분쟁이 선택되었다. 통합사회 교과의 유선화 선생님 의견으로는 아이들이 난사 군도 분쟁을 어렵게 생각할 것이라고 하였는데, 과연 1개모둠에서만 선택하였다. 구성원을 보니 유네스코 동아리 소속 학생이 그 모둠에 있었고, 지난 여름방학 때 코엑스에서 열렸던 '모의 유엔 회의'에 참석하여 당시 의제였던 중국의 일대일로 정책에 대해 다소나마 알고 있었던 학생이었다. 아이들이 가장 선호한 주제는 카탈루냐 독립운동이었는데, 뉴스로 가장 많이 접했던 것이 선택의 이유로 꼽혔다. 아이들에게 얼마나 친숙한가에 따라 선호도가 달라지는 것을 보니, 수업시간에 다양한 정보를 제공하여 아이들이 '들어본 적이 있다'고 기억하게 하는 일의 중요성을 다시금 깨닫게 되었다.

주제를 정한 모둠에서는 역할을 정하기에 앞서 해당 분쟁 전반에 대해 자세히 분석해보기로 했다(참고자료). 통합사회 시간에 분쟁 내용을 다루기는 하였으나, 한 가지 분쟁만을 깊게 들어가기로 한 만큼 더욱 세밀한 분석이 필요했기 때문이다. 그래서 모둠학습지에 문제 상황을 구체화하여 분쟁의 심각성을 확인하고, 분쟁이 일어난 원인을 다각도로 분석한 뒤 갈등 관계자들의 구체적인 입장까지 정리했다. 이어 분쟁 당사국들이 요구하는 사항들과 이에 대한 상대국의 대응, 그리고 이 상황에 대해 유엔이 취할 수 있는 대응 방식도 함께 토의했다. 이어 분쟁 당사국 역할 2명과 중재 기구인 유엔 대표의 역할을 정하고, 자신이 맡은 역할에서 필요하다면 상대방이 추가로 요구할 것으로 예측되는 사항들을 자율적으로 조사해 추가 대응 방안도 모색해보기로 했다. 이는 수업시간에 다룬 내용 이외에 추가할 만한 사항을 스스로 조사해보도록 '권유'하는 사항이었는데, 의외로 자세하게 조사하여 보조 용지에 깨알같이 써 온 아이들도 있었다. 자료를 출력해서 오려 가지고만 왔어도 기특한 일일 텐데, 스스로 정리하면서 내용을 익히는 시간을 가졌다는 게 더 기특하게 느껴졌다.

> "통합사회 수업을 하면서 이미 적절한 양의 자료를 제공한 뒤였고, 또 그 수준에서 협정서를 작성해도 된다고 이미 말했어요. 그런데 국어 수업을 참관하면서 보니, 아이들이 자발적으로 자료를 더 찾아오고 여러 가지 추가 질문을 하더라고요. 그게 참 인상적이었어요. 나중 일이기는 한데, 이 주제통합수업을 모두 마치고 관련된 국제 뉴스가 나온 것을 본 어떤 학생은 복도에서부터 저를 쫓아와 최근 경향을 함께 이야기하기도 했으니까요."(통합사회 교사, 유선화)

이어서 진행한 모의협상에서는 유엔 대표의 진행 아래 갈등 당사국의 입장을 차례로 듣고, 상대국에 요구하는 내용을 제시한 뒤, 토론을 통해 서로 양보할 수 있는 점과 양보가 불가능한 부분을 논의했다. 유엔이 중재할 수 있는 부분에는 적극 개입하여 상호 요구 사항을 정리한 뒤 협상을 이끌어내는 과정을 거침으로써, 갈등 당사국 외에 유엔의 입장에서도 수용할 수 있는 협상안을 이끌어내고자 했다. 협상 중에 한 국가라도 만족하지 못하는 경우, 협상을 다시 시작하는 모습도 보였다. 간혹 큰 웃음소리와 항의하는 목소리도 들렸으며, 갑자기 벌떡 일어서서 악수를 하는 모둠도 있었다.

사실 모의협상은 한 시간 안에 끝내려고 했으나, 30분이 지나서도 협상의 기미가 보이지 않는 모둠도 있었다. 그래서 아이들에게 협상안 작성은 다음 시간으로 넘기겠다고 안내하고, 충분히 협상할 수 있는 시간을 확보해주었다. 5~10분 정도 일찍 끝낸 모둠의 경우, 모둠활동 중에 이야기 나온 내용을 중간 점검해주면서 논의가 더 필요한 부분을 언급하며 좀 더 논의해볼 것을 권유하기도 했다.

다음 시간, 20분 정도면 협정서가 작성될 줄 알았다. 그런데 이 녀석들이 어찌나 꼼꼼하게 협정서를 작성하는지, 조사와 어미 하나하나까지 신경을 쓰고 있었다. 역시나 '모의 유엔 회의'에 다녀온 학생의 입김이 작용하는 듯했다. 외교적 책임론까지 거론하며, 협정서를 함부로 작성해서는 안 된다는 흐뭇한 고집을 피우기도 했다. 결국 50분을 꼬박 사용해 협정서 내용을 완성하고, 4절지에 협정서를 옮겨 적은 뒤 세 대표가 서명하는 것으로 마무리하였다.

이제 자신이 맡았던 역할에 따라 각국의 입장문을 개별적으로 작성하는 시간을 가졌다. 내용 구성 방식은 사전에 제시하였는데 (표5), 대부분의 아이들이 아직 글의 전개 과정을 치밀하게 구성하지 못하기 때문에 짜임새 있는 글의 구성을 사전에 안내하고 그에 따라 내용을 쓰게 하면 글쓰기 요령이 생기지 않을까 해서였다. 하지만 이렇게까지 안내해주는 것이 아이들에게 궁극적으로 도움이 되는 것인지, 수업을 이렇게까지 세밀하게 설계해야 하는 것인지에

모의협상 후 작성한 협정서

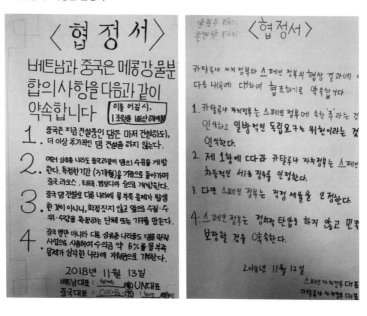

대한 갈등이 없었던 것은 아니다. 다만 체계적인 글쓰기의 구성에 대한 본보기를 한 번쯤은 보여주는 것이 효과적일 것이라고 스스로 위안했다.

  자신이 담당했던 국가의 입장에서 완성된 한 편의 글을 쓰고 나니 발표에 대한 자신감이 어느 정도 생겼던 것 같다. 모둠별로 각국의 입장문은 작성자가 직접 그 내용을 요약·정리해 돌아가며 발표하고, 마지막으로 유엔 역할을 맡은 학생이 '해당 분쟁에 대한 유엔의 입장을 담은 모두발언 → 분쟁 당사국 중 피해국의 입장 → 상대국의 입장 → 양국의 협정서'의 순서로 간략히 요약해 발표했다. 자

표5 각국 입장문의 내용 구성 방식

단락	포함 내용
처음	현재까지 국제분쟁의 문제 상황, 전개 과정 제시
중간	1) 현재까지의 갈등 상황이 자국과 세계 정세에 미친 영향, 앞으로 전개될 양상의 심각성 예측, 이에 따른 문제 해결의 필요성 제시 2) 입체적 차원에서 다각도로 문제 발생의 원인 분석, 각 원인 발생의 책임 소재 분석
끝	1) 문제 해결을 위해 상대국과 유엔에 요구할 사항 2) 이 요구가 받아들여졌을 때 상대국과 유엔(또는 전 세계)에 주어지는 이점

신이 발표할 부분은 내용을 잘 숙지하여 메모를 읽지 않고 발표하기로 했는데, 처음에는 다소 난감한 표정을 짓던 아이들도 금세 수긍했다. 발표 중에 허공을 응시하며 발표 내용을 기억해내려 애쓰는 모습을 보인 학생도, 조금 더듬거리기는 했지만 자신이 말하고자 했던 내용을 그래도 다 표현했다는 안도감에 긴 숨을 내쉬는 학생도, 모두가 긴 마라톤의 막바지에 이르러 해냈다는 만족감이 얼굴에서 보였다. 한 모둠당 총 7분 동안 세 명의 학생이 정해진 순서에 따라 나름대로 완성도 있는 발표를 마치며 협정서를 읽는 것으로 마무리된 국어 수업은, 세계시민의 일원으로서 현대 국제사회에서 벌어지고 있는 갈등 상황과 문제를 이해하고, 협상을 통한 평화의 중요성을 간접적으로 경험함으로써, 국제사회의 평화에 기여할 수 있는 세계시민으로서의 자질을 함양하는 기회로 삼기에 적절했다고 자평하고 싶었다.

'갈등과 평화' 발표 수업

"처음 이 수업에 대한 안내를 들었을 때는 당황했어요. 또 어려운 주제로 하는 수업이구나……. 거기다가 통합사회 수업을 이어서 한다니 더 부담이 되었지요. 그런데 워낙 국어 수업이 만만치 않다는 것을 1학기 지내보고 이미 알았기 때문에, 뭐 수업시간에 해야 할 것들을 하다 보면 또 하게 되겠지, 하는 생각이 들었어요. 그런데 막상 통합사회 시간에 알게 된 여러 분쟁의 내용이 진짜 충격적이더라고요. 사실 통합사회 수업을 들을 때까지만 해도 그냥 두 나라가 싸우나 보다, 쿠르드족이 독립운동을 하나 보다 했는데, 국어 시간에 수행평가 준비하면서 추가로 더 조사하다 보니, 민간인의 희생이 엄청나다는 것을 알았어요. 특히 쿠르드족의 독립운동은 정말 참혹하더라고요. 강대국 사이에서……. 이 수업이 아니었으면 몰랐을 거예요. 우리도 사실 100여 년

전에 했었잖아요, 독립운동이요……." (고1, 박○○)

인간과 자연의 갈등을 넘어,
지속가능한 '친환경 에너지 도시' 만들기

또 하나의 고비를 넘겼다는 안도감과 함께, 이제 주제통합수업의 막바지에 통합과학실험 수업을 진행하게 되었다. 현대 사회에서 화석연료의 사용이 증가하고 이로 인해 대기오염이 악화되면서, 지구 온난화와 같은 환경문제는 매우 심각하다. 이러한 많은 환경문제로 인한 갈등을 해결하기 위한 방안으로 최근 '친환경 에너지 도시'에 대한 관심이 커지고 있다. 그래서 통합과학실험 수업에서는 '친환경 에너지 도시'의 특징을 파악하고, 나아가 '지속가능 발전'이 가능한 도시가 되기 위해 주민들은 어떻게 참여하고 노력해야 할지 함께 고민해보는 시간이 될 수 있도록 수업을 설계했다(표6).

우선 '지속가능 발전'이라는 용어의 의미를 정리하고, 친환경 에너지의 종류와 특징, 에너지 자립의 다양한 비법과 실천 팁 등에 관한 읽기 자료를 아이들에게 제공한 뒤, 세계적으로 친환경 도시 건설의 모범적 사례라고 할 수 있는 6개의 도시를 살펴보고 그중 모둠별로 한 도시를 선택해 그곳의 특징을 조사해보도록 하였다. 주 1회 수업시간이라는 빡빡한 여건이었지만, 아이들이 친환경 에너지와 친환경 도시에 대해 간략하게라도 이해할 수 있다면 그것으로 만족

표6 통합과학실험 수업계획서

차시	개요	수업의 세부 내용 및 방법	수업 자료
1	용어의 개념, 친환경 에너지 도시	• '지속가능 발전'의 개념, 친환경 에너지의 특징과 종류 • 친환경 에너지 도시의 공통적인 특징 이해	영상 PPT
2	친환경 에너지 도시 설계	• 제시된 도시의 문제점 파악 • 적절한 에너지 공급 방식, 기피혐오시설 활용 방안 탐색 • 친환경 에너지 도시 설계	전지, 색연필 등 문구

하기로 했다.

환경을 보존하여 미래 세대의 삶의 질을 파괴하지 않는 발전이라는 의미를 가진 '지속가능 발전'이라는 용어는, 1987년 유엔에 의해 구성된 세계환경개발위원회(WCED)의 〈우리 공동의 미래(Our Common Future)〉 보고서에서 처음 사용되었다. 그리고 1992년 브라질 리우에서 열린 유엔환경개발회의(UNCED)에서 '지속가능 발전'을 실현할 구체적인 노력으로 2개의 선언, 1개의 성명, 그리고 2개의 협약을 채택한 뒤, 더욱 효과적인 지구환경보전 전략 수립을 위해 유엔지속개발위원회(UNCSD)를 설치하기로 결정했다. 이에 따라 우리나라에서도 2000년 9월 대통령 직속 지속가능발전위원회(PCSD)를 설치하여 국가실천계획의 이행 상황을 평가하고 보완하는 작업을 지속적으로 수행하고 있다. 즉 장기적 성장을 이유로 단기적 자연자원을 파괴하지 않는 '지속가능 발전'이라는 개념 역시 세계시민의식 함양을 위한 요소로서, 넓은 의미에서 자연(환경)과 인간 사이의 갈등을 평화적으로 해결하고자 하는 노력이라고 할 수 있다는 점에서 의미가 있었다.

첫 수업시간에는 '지속가능 발전'이라는 용어의 의미와 에너지 자립, 친환경 에너지의 종류와 특징에 대한 읽기 자료를 제공하여 이해를 도왔다. 그리고 세계적인 '친환경 에너지 도시'로 유명한 아랍에미리트 아부다비의 마스다시티, 스웨덴 스톡홀름의 함마르비, 독일 니더작센주에 위치한 윤데, 오스트리아의 무레크, 영국 서튼버러의 베드제드, 독일의 프라이부르크 등 6개 도시를 선정하고, 그 중 모둠별로 한 도시를 택해 그 도시에 적용된 친환경 에너지 기술, 국가의 정책 방향, 주민들의 참여와 역할 등을 정리한 뒤 발표하는 수업을 진행했다. 발표 후에는 '친환경 에너지 도시'의 공통적인 특징을 정리한 간략한 보고서를 개별적으로 작성하게 했다. 짧은 시간 안에 주어진 자료를 검토하고 도시의 특징을 정리하는 과정이 빡빡하긴 했으나, 집중적으로 '친환경 에너지 도시'의 실상을 살펴볼 수 있는 좋은 기회였다.

일주일 뒤, 환경문제가 심각한 가상의 도시를 아이들에게 제시했다. 아이들은 주어진 도시의 특징과 문제점을 먼저 파악하고, 지난 시간에 배운 내용을 바탕으로 '친환경 에너지 도시'를 설계하기로 했다. 이 도시에 가장 필요하고 적합한 에너지 공급 방법과, 기피혐오시설 활용 방법, 그리고 주민 참여 및 편의시설을 적용해 전지에 설계하고, 각 시설과 활용 방법에 대한 설명을 간략하게 덧붙였다. 그리고 각 모둠에서 설계한 '친환경 에너지 도시'의 특징을 간략하게 발표하여 공유한 뒤, 모둠별로 장단점을 평가함으로써 수업은 마무리되었다. 좀 더 여유 있게 수업을 설계했다면 좋았겠지만, 어쩔 수 없는 현실에 맞게 간략한 수업이나마 환경문제를 갈등의 차원으로 다루어볼 수 있는 기회였다는 데 의의를 두고자 했다.

평가와 마무리

이런 과정으로 진행된 주제통합수업은 학생생활기록부에 다음과 같이 기록되었다.

[통합사회] 주제통합수업 '대립과 갈등을 넘어 평화를'에서, 세계 주요 갈등 사례의 원인과 현황에 대해 학습하고 현지 주민의 입장과 그들이 바라는 해결방안에 대해 보고서를 작성함. 그중 팔레스타인 가자 지구 어린이의 입장에서 지붕 없는 감옥과 같은 현실에 대해 토로하면서도, 팔레스타인이 유엔 옵서버 국가로서 인정받았으니 앞으로 국제사회 일원으로 정당하게 도움을 요청하겠다는, 현실적이고 통찰력 있게 현 상황을 파악한 보고서를 작성함.

[국어] 주제통합수업 '대립과 갈등을 넘어 평화를'에서, 통합사회 시간

에 다룬 세계 주요 갈등의 사례 중 팔레스타인 분쟁을 선택하여, 분쟁의 쟁점에 관해 모둠원들이 생각하고 있는 바를 적극 표현할 수 있도록 유도함으로써 토의가 원만하게 진행될 수 있도록 리더십을 발휘함. 아울러 수업에서 다룬 내용 외에, 이스라엘과의 역사적 관계를 자발적으로 조사하여 해당 주제에 대한 폭넓은 이해가 가능하도록 모둠원들과 공유하는 협력적 태도를 보임. 팔레스타인 분쟁에 대한 정확한 원인 분석을 바탕으로, 갈등 당사자인 유대인을 상대로 국제기구가 제시할 수 있는 협상 내용을, 주술관계가 명확한 문장과 풍부한 어휘를 구사하여 한 편의 완성된 협정서를 작성함. 아울러 세계시민의 일원으로서 문제 해결을 위한 구체적 단계를 일상생활에서도 실천하고자 하는 의지를 보임.

[통합과학실험] 주제통합수업 '대립과 갈등을 넘어 평화를'에서, 환경 문제를 해결하기 위해 세계적인 친환경 에너지 도시의 에너지 공급 방법, 국가 정책, 주민들의 협조 등을 조사하고 발표한 후 친환경 에너지 도시의 특징을 정리함. 이를 토대로 주어진 조건에 가장 알맞은 지속가능한 발전을 할 수 있는 도시를 설계하고, 주민의 참여도를 높이기 위해 가상의 발전량을 수치로 계산하여 수익 창출 가능성까지 제시하는 면밀함이 돋보임.

에필
로그

"너의 눈물인 줄 몰랐던~ 너의 절망인 줄 몰랐던~"

이번 주제통합수업은 현재 진행 중인 국제분쟁 문제를 직접 다룸으로써 아이들에게 책과 교과서 밖 세상으로 시선을 돌릴 수 있는 기회를 제공했다는 점에서 의미가 컸다. 아이들은 세계의 분쟁 문제가 자신들과 무관한 일이 아님을 깨닫는 계기가 되었고, 아울러 세계시민으로서의 의식을 고취할 수 있는 기회가 되었다. 특히 '세계시민'이라는 대주제 아래 시행했던 다양한 주제통합수업 가운데 가장 직접적으로 '세계시민의식 함양'이라는 수업 목표를 성취했다고도 평가할 수 있을 것 같다.

그리고 마지막으로 진행되었던 통합과학실험 수업을 통해, 주민들의 편의시설과 기피혐오시설 활용 방법, 주민 참여에 대해 협상하고 타협점을 찾아보는 것을 시도함으로써 지역사회와 학교 교육이 연계될 수 있었다는 점에도 의의를 둘 수 있을 것이다.

　사실 더 큰 보람과 감동은 수업 이후에 있었는데, 이후에 시행했던 '다문화' 주제의 주제통합수업과 '세계시민교육'의 창의체험활동을 거친 1학년 1반 학생들이, 학기말 합창대회에서 '공정무역송'에 수화를 붙여 합창을 하는 발전적 모습을 보이기도 했다는 점이다.

　한 잔의 커피
　한 조각의 초콜릿
　세상을 바꿀 수 있다면

　우리는 행복한 지구별 사람들
　더 나은 세상 열어갈 수 있다면

　너의 눈물인 줄 몰랐던 맛있는 초콜릿
　그 달콤함을 너에게 주고 싶어
　너의 절망인 줄 몰랐던 커피 한잔의 여유
　너에게도 전해주고 싶어

　이제 시작해
　지금 우리

새로운 길을 찾아

함께 움직여

가려진 아픔 너머

더불어 사는 세상을 위해 (×2)

[랩 16마디]

사라진 인권과 함께 (사라진 우리의 양심) 달콤함에 빠진 우리는 (너무나도 무심)

우린 가져야만 해 (그 문제에 대한 관심) 우린 보여줘야 해 (이것이 바로 핵심)

우리 모두 회피했던 (무책임한 소비) 우리 모두 해피해져 (공정무역 소비)

아름다운 (거래) 삶이 있는 (거래) 공정무역 하면 모두 (행복해질 거래)

이제 시작해

지금 우리

새로운 길을 찾아

함께 움직여

가려진 아픔 너머

더불어 사는 세상을 위해 (×3)

한 알의 씨앗이 나무가 되고, 숲이 됩니다

"정답을 요구하는 평가가 아니라, 성실하게 학습을 수행하는 과정이 평가되는 수행평가라면 내용이 다소 무겁더라도 아이들이 잘 따라와 준다는 것을 알게 되었어요. 그 과정이 만약 평가가 아니라면, 또 시간에 구애받지 않고 글로 쓰고 모둠끼리 이야기할 시간이 충분하다면…… 하는 아쉬움은 늘 있기 마련이고요."(통합사회 교사, 유선화)

"충분히 자료를 찾고 토의하여 친환경 에너지 도시를 설계하기에는 주당 1시간으로 배정되어 있는 교과에서 깊이 있게 다룰 수 있는 시간이 부족했어요. 이번 수업에서는 특정한 도시를 가상하여 설계했지만, 사실 자신이 현재 살고 있는 도시의 환경을 조사한 후에 이를 분석하고, 그에 맞는 친환경 에너지 도시를 설계하기 위한 제안서를 작성해보았더라면, 즉 자신이 살고 싶은 친환경 에너지 도시를 직접 설계해보았더라면 더 의미가 있지 않았을까 하는 아쉬움이 남아요."(통합과학실험 교사, 이경아)

이러한 아쉬움조차 다시 다음의 수업 설계에 좋은 지침이 될 수 있다는 것에서 더 큰 의의를 찾을 수 있을 것이다. 하지만 이러한 만족감과 아쉬움과 기대감이 크다고 하더라도, 2016년 처음 C고등학교에 와서 교사로서의 정체성에 위기를 맞았던 그때의 고민에 대한 해답을 나는 여전히 찾지 못했다.

'아이들을 위한 참여 활동 수업이라고 생각하며 설계했던 수업이, 겉으로는 아름다운 수업 같지만 실제로는 교사가 치밀하게 짜놓은 계획 속에서 아이들이 움직이는 것을 성공적인 수업이라고 믿었던 것은 아닌가? 결국 계획했던 수업을 실제 수업으로 완성했다는, 교사로서 나 자신의 만족을 추구했던 것은 아니었나?'…… 주제통합수업을 하기 위해서는 여전히 치밀한 수업 설계를 해야 하고, 각 단계별로 아이들이 꼭 성장했으면 하는 요소들이 담긴 학습지를 구상해야 하고, 이 수업을 통해 아이들이 꼭 갔으면 하는 길을 뚫어 놓아야 한다. 그런데 이 방법이, 이 길이 맞는지 아직도 모르겠다.

다만, 한 가지는 확실하고, 또 확신한다. 내 옆에 함께하는 동료가 있다는 것. 함께 수업을 고민하고, 함께할 수 있는 방법을 의논하고, 답답하고 막혀 있는 마음을 터놓고 이야기하고, 수업하는 아이들을 함께 바라보고, 수업에 들어와 그 아이들과 함께 호흡해주는 나의 동료들. 그리고 주제통합수업을 함께 설계했던 동료들이 이 수업에서 용기를 얻어 또 다른 수업을 해보자고, 다른 동료 교사들과 함께 수업을 계획하는 모습을 발견할 수 있다는 것. 어쩌면 주제통합수업을 설계하고 진행하고 마무리하면서 내가 받은 가장 큰 선물은, 언제나 내 주위에 수업을 함께 고민할 수 있는 동료 교사들이 있음을 깨닫게 된 것이 아닌가 한다.

[국어] 모의협상 학습지(1)

○○고등학교	갈등을 해결하는 협상, 그리고 평화(1차시)

수행평가 안내 ▶ 주제 : '대립과 갈등을 넘어 평화를'

차시	활동 평가 내용
1	**통합사회 시간에 다룬 내용을 바탕으로 모둠활동 & 개별학습지 작성** 1) 학습지의 '가~다' 항목까지 **논의는 함께, 작성은 각자** 꽉 채워 개인별 작성, '라' 항목은 개인이 작성 2) 통합사회 시간에 받은 자료(6가지) 준비 ➡ 그중 모둠별로 택 1 • **내용 구성** 가. 문제 상황의 구체화 나. 문제 해결 과정에서 해당 갈등 관계자들의 구체적인 입장 분석 다. **모둠원이 함께** 각각의 상대국과 UN의 요구와 대응에 대하여 정리 분석 라. 모둠원 각자 자신이 맡을 역할 결정 후 　➡ 1) 당사국 역 & 상대국 역 : 상대측의 요구에 대한 대응 방안 마련 　　 2) UN 역 : 모의협상 진행 계획 & 양국의 요구에 대한 대응 방안 마련
2	**모둠별 모의협상 & 협상문 작성** • **모둠원별 1인 1역을 맡아 모의협상 진행** 　➡ 각자의 입장 발표 ➡ 각국 입장에 대한 문제점, 유리한 점 분석 　➡ 문제 해결 방안, 각국이 취할 수 있는 이익 등 논의 ➡ 협상 합의 결과 정리 　➡ 협상안 점검 : 실현 가능성, 구체성, 현실성, 갈등 당사자의 만족 여부 등 • **협상문 작성 (4절지 1장)** 　➡ 각자의 입장과 대응 방안, 해결 방안 모색 ➡ 협상문 작성 (교과서 p.363 참조)
3	**갈등 해결을 위한 각국의 입장문 작성 (자신이 맡은 역할에 따라)** • A4 1장 분량 ➡ 각 단락별로 포함해야 할 내용 제시 예정 • 평가 요소 : 내용 제시의 구체성과 정확성, 원인 분석의 기준의 명확성, 인과 관계의 논리성, 해당 입장 반영의 충실성
4	**협상 결과 발표** • 모둠별 발표 순서 ➡ 총 7분 이내 : 어떤 갈등에 대한 협상인지 개괄적 소개 + 당사국의 입장과 요구 (2~3분) 　➡ 상대국의 입장과 요구 (2분~2분30초) ➡ UN의 입장 & 협상 결과 (2~3분) • 자기 영역은 숙지하여 파일을 <u>보지 않고 발표</u> • 평가 항목 : 속도, 발음, 성량/몸짓과 표정/소통과 전달력 등

모둠활동 개별학습지	1학년 　반　 번 이름 :

우리 모둠에서 선정한 갈등 상황 & 협상의 목표 (5분)

모둠 구성원 이름(학번)			
협상에서 다룰 갈등 주제			
협상의 목표	• •		

모둠활동 갈등 상황의 분석 & 각국의 입장과 요구 분석 & 대응 방안 마련

1. 갈등 상황의 분석 (20분) ➡ 구체적으로 작성하세요.

(1) 문제 상황의 구체적 분석	문제의 심각성	상대국들과 주변국, 세계 정세에 미치는 악영향에 대하여 논의하세요.
	문제의 원인	역사적 상황까지 포함, 구체적으로 분석하세요.
(2) 문제에 대한 갈등 관계자 들의 구체적 입장	당사국의 입장 (나라명)	이 문제를 받아들이고 있는 자국의 입장과 피해
	상대국의 입장 (나라명)	이 문제를 받아들이고 있는 자국의 입장과 현 상황을 바라보는 관점 등
	UN의 입장	이 문제가 전 세계에 미치는 영향, 이 문제를 바라보는 UN의 입장 등

2. 각국의 요구 & 각국 요구에 대한 UN의 대책(계획) (20분)

당사국의 요구 (나라명)	
상대국의 요구 (나라명)	
UN의 대책	

3. 역할 분담 & 상대측 요구에 대응 (5분) ➡ 2번 항목에서 논의한 내용을 대상으로 준비하세요.

역 할	당사국 (나라명)	상대국 (나라명)	UN
담당자 이름(학번)			

상대측 요구에 대한 대응 방안 (➡ 과제, 각자 작성, 7줄 이상)

2차시 모의협상 시간에 메모하세요. 3차시 입장문 작성시 활용할 수 있습니다.

* 다음 시간 수행평가 안내 *

2차시 ⊙ 모둠별 모의협상 & 협상문 작성 ⊙

[진행]

- **1인 1역 담당** : 당사국 1인, 상대국 1인, UN 1인
- **사회 & 진행** : UN 대표
- **진행 순서** : 통합사회 시간에 받은 자료를 검토하며 문제 상황의 분석

　　　➡ 각국 & UN의 입장 발표

　　　➡ 각국의 요구 발표 후 3자 간 논의 (20분 이상)

　　　➡ 합의 사항 정리 ➡ **합의문 작성**

　　　　　└, 모둠별로 배부한 4절지에 작성

337

○○고등학교	갈등을 해결하는 협상, 그리고 평화(2차시)

수행평가 안내 ▶ 주제 : '대립과 갈등을 넘어 평화로'

차시	활동 평가 내용

1	**통합사회 시간에 다룬 내용을 바탕으로 모둠활동 & 개별학습지 작성**
	1) 학습지의 '가~다' 항목까지 논의는 함께, 작성은 각자 꽉 채워 개인별 작성, '라' 항목은 개인이 작성
	2) 통합사회 시간에 받은 자료(6가지) 준비 ➡ 그중 모둠별로 택 1
	
	· 내용 구성
	가. 문제 상황의 구체화
	나. 문제 해결 과정에서 해당 갈등 관계자들의 구체적인 입장 분석
	다. **모둠원이 함께** 각각의 상대국과 UN의 요구와 대응에 대하여 정리 분석
	라. 모둠원 각자 자신이 맡을 역할 결정 후
	  ➡ 1) 당사국 역 & 상대국 역 : 상대측의 요구에 대한 대응 방안 마련
	    2) UN 역 : 모의협상 진행 계획 & 양국의 요구에 대한 대응 방안 마련

2	**모둠별 모의협상 & 협상문 작성**
	· 모둠원별 1인 1역을 맡아 모의협상 진행
	  ➡ 각자의 입장 발표 ➡ 각국 입장에 대한 문제점, 유리한 점 분석
	  ➡ 문제 해결 방안, 각국이 취할 수 있는 이익 등 논의 ➡ 협상 합의 결과 정리
	  ➡ 협상안 점검 : 실현 가능성, 구체성, 현실성, 갈등 당사자의 만족 여부 등
	· 협상문 작성 (4절지 1장)
	  ➡ 각자의 입장과 대응 방안, 해결 방안 모색 ➡ 협상문 작성 (교과서 p.363 참조)

3	**갈등 해결을 위한 각국의 입장문 작성 (자신이 맡은 역할에 따라)** · A4 1장 분량 ➡ 각 단락별로 포함해야 할 내용 제시 예정 · 평가 요소 : 내용 제시의 구체성과 정확성, 원인 분석의 기준의 명확성, 인과 관계의 논리성, 해당 입장 반영의 충실성
4	**협상 결과 발표** · 모둠별 발표 순서 ➡ 총 7분 이내 : 어떤 갈등에 대한 협상인지 개괄적 소개 + 당사국의 입장과 요구 (2~3분) ➡ 상대국의 입장과 요구 (2분~2분30초) ➡ UN의 입장 & 협상 결과 (2~3분) · 자기 영역은 숙지하여 파일을 보지 않고 발표 · 평가 항목 : 속도, 발음, 성량/몸짓과 표정/소통과 전달력 등

338

모둠활동 개별학습지	1학년　　반　　번 이름:

모둠별 모의협상

1. 모의협상 진행 과정 (총 40분)

• 사회 & 진행자 : UN 대표

• 진행 순서

　1) 통합사회 시간에 받은 자료를 검토하며 문제 상황의 분석

　2) 각국 & UN의 입장 발표

　3) 각국의 요구 발표 후 3자 간 논의 ➡ 20분 이상

　　　　　　　　　　　　　　　　➡ 각자 준비한 대응 방안 적극 활용

　4) 합의 사항 정리

2. 협상문 작성 ➡ 4절지 1장

* 다음 시간 수행평가 안내 *

3차시 ⊙ 갈등 해결을 위한 입장문 작성 ⊙

• 모둠에서 협의한 내용과, 자신이 준비한 대응 전략을 바탕으로

• A4 1장 분량의 **입장문 작성**

　– **당사국** : 현 문제가 자국에 미치는 영향, 그에 따른 당사국의 입장과 피해, 상대국과
　UN에 대한 요구사항 & 요구사항이 관철되었을 때 미칠 영향

　– **상대국** : 현 문제를 인식하는 자국의 입장, 현 상황을 바라보는 관점, 상대국과 UN에
　대한 요구사항 & 요구사항이 관철되었을 때 미칠 영향

　– **UN 대표** : 현 문제가 전 세계에 미치는 영향과 문제의 심각성, 양국의 요구 분석 후 양
　국에 대한 대응 방안과 세계 평화를 위한 UN의 역할